वैष्णव आगमों में प्रतिमा विज्ञान

वैष्णव आगमों में प्रतिमा विज्ञान

डॉ. विनोद कुमार

स्वाति पब्लिकेशन्स
दिल्ली

प्रथम संस्करण 2021
ISBN: 978-93-81843-31-4

यह ग्रन्थ भारतीय इतिहास अनुसंधान परिषद् नई दिल्ली द्वारा प्रदत्त अनुदान से प्रकाशित है। ग्रन्थ में अभिव्यक्त एवं विचार लेखक के है। भारतीय इतिहास अनुसंधान परिषद् उसके लिए उत्तरदायी नहीं है।

प्रकाशक:
स्वाति पब्लिकेशन्स
34, सैन्ट्रल मार्केट, अशोक विहार
दिल्ली–110 052
फोन: 91–11–27212195, 43513480
फैक्स: 91–11–27212195
ई–मेल: swatipublications7@gmail.com, agamkala101@gmail.com
www.agamkala.com

लेज़र टाइपसैटिंग:
अमन प्रिंटोग्राफिक्स
दिल्ली
फोन: 9891395309

भारत में मुद्रित।

समर्पण

पितरौ वंदे !

पूज्य पिताश्री

एवं

प्रात: स्मरणीया ममतामयी माँ

को सादर

विषय-सूची

आमुख

वैष्णव धर्म की प्राचीनतम संज्ञा भागवत धर्म तथा पांचरात्र मत है। षट् ऐश्वर्य से सम्पन्न होने के कारण विष्णु ही 'भगवत्' शब्द से अभिहित किये जाते हैं तथा उनकी भक्ति करने वाले भक्त वैष्णव भागवत कहलाते हैं।

यह ग्रन्थ छः अध्यायों में विभक्त है। प्रथम अध्याय– वैष्णव आगम उद्‌भव एवं विकास के अन्तर्गत वैष्णव आगम की प्रमुख धाराएं, वैखानस एवं पांचरात्र, नारायण एवं वासुदेव, वैष्णव आगम परम्परा, प्राचीन संहिताएं तथा उसके पूजा–केन्द्र, वैष्णव आगमों का व्यापक विषय क्षेत्र (दर्शन शास्त्र, मन्त्रशास्त्र, यन्त्रशास्त्र, माया योग, प्रतिमा–निर्माण, प्रतिमा–प्रतिष्ठा, मन्दिर–निर्माण, संस्कार, वर्णाश्रम व्यवस्था, उत्सव–विधान), प्रकाशित वैष्णव आगम का लेखक ने विस्तार से विवेचन किया है। द्वितीय अध्याय– प्रतिमा–लक्षण व्युत्पत्ति एवं अर्थवत्ता में प्रतिमा के लिए प्रयुक्त शब्दों, प्रतिमा के भेदों, कला में चतुर्व्यूह का प्रारम्भिक शिल्पांकन, वैनतेय–शिल्पांकन, द्वादश मासाधिपों का शिल्पांकन तथा दशावतारों का शिल्पांकन मूल स्रोतों में उल्लिखित तथ्यों के आधार पर लेखक द्वारा उल्लिखित है। तदनन्तर वासुदेव, संकर्षण, प्रद्युम्न एवं अनिरूद्ध के स्वरूप, आयुध, अलंकरण आदि का वैष्णव आगमों में वर्णित विधि–विधानों का वर्णन अत्यन्त रोचक एवं प्रेरक है। तृतीय अध्याय प्रतिमोपादान द्रव्य में यह उल्लिखित है कि द्रव्यों के आधार पर प्रतिमा पंचविध होती है– शिला, लौह, मणि, काष्ठ तथा मृद्। इन द्रव्यों से प्रतिमा–निर्माण की विधि पर प्रकाश डाला गया है। शिला के भेदों यथा– गिरिजा, भूमिजा, वारिजा आदि का विवेचन करते हुए लेखक ने बाला, वृद्धा, मध्या तथा शिला के दोष आदि का सम्यक् विश्लेषण किया है। चतुर्थ अध्याय प्रतिमा–मान में वैष्णव आगमों में प्रयुक्त शब्द अंगुलमान, तालमान, प्रतिमा के अन्य मान की विधि एवं देवालय में पूजी जाने वाली प्रतिमा की द्विविध कोटि

है। प्रतिमा–निर्माण में छः विधियों मान, उपमान, प्रमाण, उन्मान, परिमाण तथा लम्बमान का विश्लेषण लेखक द्वारा किया गया है। पंचम अध्याय प्रतिमा–प्रतिष्ठा के सम्बन्ध में वैष्णव आगमों में उल्लिखित तथ्यों के आधार पर प्रतिमा, प्रतिमा–प्रतिष्ठा, छायाधिवास, जलाधिवास, अन्नाधिवास, रत्नोदक, यमुनोदक, गंगोदक जैसे सौ घड़ों से स्नपन कराकर मन्त्रोचार द्वारा मन्दिर के गर्भगृह में आगमिक विधि–विधानों के आलोक में प्रतिमा की प्रतिष्ठा की जाती है तदनन्तर यह प्रतिमा पूजन के योग्य होती है। संतप्त को चिरषान्ति का दृढ़ साधन प्रदान करना प्रतिमा आराधना, उपासना, अभ्यर्थना एवं प्रार्थना का प्रमुख लक्ष्य रहा है। ध्यातव्य है कि बिना प्रतिष्ठा के प्रतिमा देवत्व को प्राप्त नही कर सकती। वैष्णव आगमों के अनुशीलन से यह परिज्ञात होता है कि निःश्रेयस प्राप्ति का मार्ग मूर्तिपूजा प्रधानमूलक आगम सम्प्रदाय से ही सुलभ है। लेखक ने षष्ठ अध्याय उपसंहार में समग्र अध्यायों का सार संकलन प्रस्तुत किया है। ग्रन्थ की भाषा प्रांजल है। यथोचित पाद टिप्पणियों एवं सम्बन्धित साहित्यिक एवं पुरातात्त्विक साक्ष्यों का समुचित उपयोग लेखक ने किया है।

अस्तु मैं लेखक को इस कार्य के लिए अपनी शुभाशंसा प्रदान करता हूँ।

डॉ० रामप्यारे मिश्र
प्राचीन इतिहास, पुरातत्त्व एवं संस्कृति विभाग
दीन दयाल उपाध्याय गोरखपुर विश्वविद्यालय, गोरखपुर

प्ररोचना

मुझे यह अतीव प्रसन्नता का अनुभव हो रहा है कि डॉ0 विनोद कुमार का शोध–प्रबन्ध 'वैष्णव आगमों में प्रतिमा प्रतिष्ठा : एक ऐतिहासिक अनुशीलन' 'वैष्णव आगमों में प्रतिमा–विज्ञान' शीर्षक से प्रकाशित हो रहा है।

ध्यातव्य है कि भारतीय संस्कृति निगमागम मूलक रही है। इस संस्कृति का आधार जिस तरह निगम है उसी तरह आगम भी। निराकार आराधनाश्रय में भक्ति, पूजा और ध्यान रमणीय नहीं होने के कारण अनर्थ का कारण हो सकता है। सूक्ष्मार्थ की प्राप्ति चिरकाल में भी सम्भव नहीं है अस्तु आगमविदों ने प्रतिमा आराधना की मान्यता प्रदान की। भगवत आराधन द्विविध कहा गया है– साकार और निराकार। अग्न्याधान तो आहिताग्नि पुरुष विशेष के मरणोपरान्त समाप्त हो जाता है, पर वेरार्चन की अनुवृत्ति अनन्तकाल तक होती है–

साकारं च निराकारं प्रतिमाराधनं द्विधा।
प्रतिमाराधनं मुख्यं साकारंमभिधीयते।।

वैष्णव आगमों के सम्यक् अनुशीलन के उपरान्त यह प्रतीत होता है कि निराधार तपश्चर्या याज्ञादियों के अपरिमित अनुष्ठान के बाद भी निःश्रेयस की प्राप्ति का मार्ग सुलभ नहीं दिखायी पड़ने पर मूर्तिपूजा प्रधान मूलक आगम सम्प्रदाय का विकास हुआ। इन आगमों के अनुसार अव्यक्त परविभु, आदि देव जो सार्वकालिक एवं सार्वत्रिक हैं, चतुर्व्यूह (वासुदेव, संकर्षण, प्रद्युम्न, अनिरूद्ध) के रूप में व्यक्त लक्षण सम्पन्न होता है।

डॉ0 विनोद कुमार ने इस महत्वपूर्ण विषय पर जो अपना अध्ययनानुसंधान कार्य किया है वह प्रतिमा विज्ञान के जिज्ञासुओं के लिए अत्यन्त उपादेय है साथ ही श्लाघनीय भी।

अस्तु मैं उनको इस महत्वपूर्ण कार्य पर अपनी हार्दिक शुभकामना प्रदान करता हूँ।

प्रो० राजवंत राव
प्राचीन इतिहास पुरातत्त्व एवं संस्कृति विभाग
दीन दयाल उपाध्याय गोरखपुर विश्वविद्यालय गोरखपुर

सम्मति

मुझे यह प्रसन्नता है कि डॉ0 विनोद कुमार का शोध–प्रबन्ध 'वैष्णव आगमों में प्रतिमा–प्रतिष्ठाः एक ऐतिहासिक अनुशीलन' 'वैष्णव आगमों में प्रतिमा–विज्ञान' शीर्षक से स्वाति पब्लिकेशनस्, दिल्ली द्वारा प्रकाशित हो रहा है।

यह सर्वज्ञात तथ्य है कि वैष्णव आगमों का साहित्य अत्यन्त विपुल है। वैष्णव आगम की दो धाराएं हैं– वैखानस एवं पांचरात्र। पांचरात्र सम्प्रदाय के अनुयायीयों को सात्वत, भागवत, एकायन एवं परमैकान्तिन नाम से जाना जाता है।

लेखक ने वैष्णव आगम के उद्भव एवं विकास पर विस्तृत प्रकाश डालते हुए प्रतिमा–लक्षण, व्युत्पत्ति एवं अर्थवत्ता का विवेचन करते हुए प्रतिमा की अवस्थिति, चतुर्व्यूह का आरम्भिक शिल्पांकन पर प्रतिमा–विज्ञान की दृष्टि से प्रकाश डाला है। साथ ही प्रतिमोपादान द्रव्य के रूप में शिला, लौह, मणि, काष्ठ, मृद्, दारु आदि उपादान द्रव्यों द्वारा निर्मित प्रतिमा के मान– अंगुलमान, तालमान, प्रतिमा के अन्य मान और प्रतिमा निर्माण की विधि तथा माप का सम्यक विश्लेषण किया है। तद्नन्तर प्रतिमा की प्रतिष्ठा, व्युत्पत्ति, अर्थवत्ता, प्रतिष्ठा के लिए प्रशस्त काल, स्नपन संस्कार, बिम्ब प्रतिष्ठापन, सजीवीकरण और प्रतिष्ठा के भेद का बड़ा ही सांगोपांग विवेचन इस ग्रन्थ में प्रतिपादित किया गया है।

अस्तु मैं इस महत्वपूर्ण कृति के लिए लेखक को अपनी शुभकामना प्रदान करता हूँ। निश्चय ही यह ग्रन्थ वैष्णव मतावलम्बियों के लिए और इतिहासविदों के लिए उपादेय होगा, ऐसा मेरा विश्वास है।

डॉ० बालमुकुन्द पाण्डेय

राष्ट्रीय संगठन सचिव

अखिल भारतीय इतिहास संकलन योजना, नई दिल्ली

आभार

सर्वद्वन्द्वं–विर्निमुक्तं सर्वोपाधिवर्जितम्।
षाड्गुण्यं तत् परं ब्रह्म सर्वकारण–कारणम्।।

परम ब्रह्म नारायण ही सभी कारणों का मूल कारण हैं वे निगुर्ण होकर भी सगुण हैं। प्राकृत गुणों से रहित होने के कारण वे निर्गुण हैं परन्तु षड्गुणों से सम्पन्न होने के कारण वे सगुण हैं। नित्य तथा सर्वाग्राही गुण ज्ञान कहलाता है। यह ज्ञान ब्रह्म का रूप भी तथा उसका गुण भी है। (अहिर्बुध्न्य संहिता, 2.53)

निश्चय ही वैष्णव आगम का साहित्य अत्यन्त विपुल है। यह एक विषय नही है बल्कि बहुत सारे विषयों का अप्रतिम साहित्य है। वैष्णव आगमों में यन्त्रशास्त्र, मन्त्रशास्त्र, योग, मायायोग, प्रतिमा निर्माण, प्रतिमा–प्रतिष्ठा, मन्दिर निर्माण आदि अन्यान्य विषयों का अध्ययनानुसंधान किया जा सकता है। सभी योग तन्त्रों में विष्णु तन्त्र उत्तम है और सभी विष्णु तन्त्रों में पांचरात्र सर्वश्रेष्ठ है। इसीलिए इसकी महत्ता और उपादेयता भारतीय धार्मिक एवं आध्यात्मिक जगत के लिए अत्यन्त उपादेय है। इसकी महत्ता को ध्यान में रखते हुए दक्षिण के आचार्यों एवं पाश्चात्य आचार्यों ने कुछ विषयों पर कार्य किया तद्नन्तर मैने अपने अनुसंधान कार्य के माध्यम से इसे आगे बढ़ाया। सम्प्रति यह ग्रन्थ के रूप में आपके समक्ष प्रस्तुत है।

'वैष्णव आगम तथा उसमें प्रतिमा–विज्ञान' से सम्बन्धित तत्व एक गूढ़ एवं अन्वेषणीय विषय है जो मेरे जैसे व्यक्ति के लिए दुरूह कार्य था परन्तु मेरे निर्देशक ने मुझे उत्साहित करते हुए प्रतिपल मेरा उत्साहवर्धन किया।

''यथा देवे तथा गुरौ' इस औपनिषदिक वचन के अनुसार जैसी भक्ति देव के प्रति तथैव गुरु में होनी चाहिए। मेरे गुरु डॉ0 रामप्यारे मिश्र जी के स्नेह–दान का ही परिणाम है यह ग्रन्थ, जिन्होंने न केवल आगम–परम्परा एवं उसके वर्ण विषयों की ओर हमारा ध्यान आकृष्ट किया अपितु भाषा व विचार, दोनों ही स्तरों पर इस ग्रन्थ को स्तरीय बनाया, साथ ही मुझ अल्पज्ञ को क्षणे–क्षणे प्रोत्साहित किया। मैं आपके प्रति सदैव श्रद्धानवत हूँ। आपको सादर नमन करता हूँ– 'वन्दे नमामि ते चरणारविन्दम्।'

चूंकि गुरु–ज्ञान तथा दिशा निर्देश शोध का आधार होता है। इसी उक्ति के तहत मैं आचार्य एवं पूर्व अध्यक्ष प्रो0 राजवन्त राव जी के प्रति सविनय कृतज्ञ हूँ जिन्होंने सदैव मेरा उत्साहवर्धन किया और सहायता की। विभागीय गुरुजनों में मैं आचार्य प्रो0 विपुला दुबे जी के प्रति प्रणति भाव से कृतज्ञ हूँ जिनका स्नेह और मार्गदर्शन हमेशा मिलता रहा जिससे यह ग्रन्थ पूर्णता को प्राप्त हुआ। मैं प्रो0 ईश्वरशरण विश्वकर्मा जी का अन्र्तमन से आभारी हूँ जिन्होंने समय–समय इस ग्रन्थ की पूर्णता तक आद्योपान्त हमारा मार्गदर्शन एवं उत्साहवर्द्धन पर किया।

मैं विभागीय गुरुजनों पूर्व अध्यक्ष प्रो0 प्रेमसाागर चतुर्वेदी, पूर्व अध्यक्ष प्रो0 गोरखनाथ, प्रो0 (श्रीमती) रेखा चतुर्वेदी, आचार्य एवं अध्यक्ष प्रो0 शीतला प्रसाद सिंह, प्रो0 दिग्विजयनाथ मौर्य, प्रो0 प्रज्ञा चतुर्वेदी, प्रो0 रामकेश गौतम, डॉ0 ध्यानेन्द्र नारायण दुबे एवं श्री कृष्णानन्द त्रिपाठी जी के प्रति मैं आभार व्यक्त करता हूँ जिनका मार्गदर्शन, आशीर्वाद एवं स्नेह सदैव प्राप्त होता रहा।

परम् श्रद्वेय अखिल भारतीय इतिहास संकलन योजना के राष्ट्रीय संगठन सचिव, डॉ0 बालमुकुन्द पाण्डेय जी के प्रति विनयावनत हूँ जिनका आशीर्वाद पदे–पदे प्राप्त होता रहता है। मैं उनके प्रति श्रद्वावनत हूँ।

मैं अपने अग्रज भारतीय इतिहास अनुसंधान परिषद के निदेशक डॉ0 ओम जी उपाध्याय के प्रति श्रद्धावनत हूँ जिनका सहयोग मुझे पदे–पदे, क्षणे–क्षणे प्राप्त होता रहा। समझ में नही आता कि किन शब्दों में उनके प्रति आभार व्यक्त करूँ मैं उनके प्रति अपनी हार्दिक कृतज्ञता ज्ञापित करता हूँ।

मैं अपने विभागीय अग्रज डॉ0 मनीष सिंह एवं अनुज डॉ0 प्रवीण कुमार शर्मा, डॉ0 मणिन्द्र यादव, डॉ0 शत्रुजीत सिंह, डॉ0 इक्ष्वाकु प्रताप सिंह आदि के प्रति कृतज्ञता ज्ञापित करता हूँ जिन्होने प्रत्यक्ष या अप्रत्यक्ष रूप से इस ग्रन्थ की पूर्णता में सहयोग प्रदान किया।

भला मैं कैसे भूल सकता हूँ वैष्णव आगम के आचार्यों को जिन्होंने अपने गहन चिन्तन और मनन के उपरान्त अपना कार्य सम्पन्न किया। उनमें वी0 राघवन, सीता पद्यमनाभन, डॉ0 एफ0 आट्टो श्रेडर, व्रज वल्लभ द्विवेदी, डॉ0 राघव प्रसाद चौधरी, डॉ0

अशोक कालिया, डोरिस श्रीनिवासन आदि के ग्रन्थ एवं लेख हमारे लिए अत्यन्त उपादेय रहे हैं अस्तु मैं उनके प्रति सविनय कृतज्ञ हूँ।

इस ग्रन्थ को लिखने में जिन ग्रंथालयों की सहायता ली है तथा उन सभी प्राच्य एवं पाश्चात्य विद्वानों जिनकी कृतियों से मुझे प्रत्यक्ष एवं परोक्ष रूप से प्रेरणा एवं सहायता प्राप्त हुई उन सभी के प्रति मै अंतःकरण से कृतज्ञ हूँ। स्रोत सन्दर्भों के संकलन एवं अध्ययन के लिए मैं दीनदयाल उपाध्याय गोरखपुर विश्वविद्यालय, गोरखपुर के केन्द्रीय ग्रंथालय, तथा विभागीय पुस्तकालय का अत्यन्त आभारी हूँ। मैं हिन्दू विश्वविद्यालय वाराणसी, ज्ञानप्रवाह ग्रन्थालय वाराणसी, विश्वनाथ पुस्तकालय वाराणसी तथा समस्त प्रकाशकों एवं कर्मियों के प्रति मैं आभारी हूँ जिन्होंने शोध कार्य में आवश्यक सहयोग प्रदान किया।

मैं अपने माता–पिता के चरणों में श्रद्धावनत हूँ जिनके स्नेहाशीष एवं वात्सल्य की छाया में रहकर यह कार्य करने में समर्थ हो सका। मैं अपने पूज्य पिता जी श्री खूबलाल रावत एवं माता श्रीमती मंजू देवी के प्रति आजीवन श्रद्धावनत रहूँगा जिन्होंने अपने सामर्थ्य एवं स्नेहाशीष से हमें जीवन यात्रा करने में समर्थ बनाया। मैं परिवार के अपने अग्रज श्री मनोज कुमार रावत एवं अनुज डॉ0 संतोष कुमार रावत तथा बहन श्रीमती मीना रावत का भी आभारी हूँ जो मुझे जीवन यात्रा में नई ऊँचाईयाँ छूने की प्रेरणा निरन्तर प्रदान करते रहे।

मैं अपनी पत्नी श्रीमती रीतू देवी के प्रति आभारी हूँ जिनका सहयोग इस ग्रन्थ की पूर्णता में सहायक रहा।

मैं अपने मित्र सुनील कुमार, लोकेन्द्र यादव और विश्वजीत शर्मा का आभारी हूँ जिनके सहयोग एवं उत्साहवर्धन के कारण ही यह ग्रन्थ पूर्णता को प्राप्त हो सका।

मैं आभारी हूँ अपने उन सभी मित्रों, सम्बन्धियों एवं सहयोगियों का जिन्होने नित प्रेरणा एवं सहयोग दिया।

भारतीय इतिहास अनुसंधान परिषद, नई दिल्ली एवं विश्वविद्यालय अनुदान आयोग, नई दिल्ली से प्राप्त फेलोशिप से यह शोध–कार्य पूर्ण कर सका अस्तु इन दोनों संस्थाओं के प्रति मैं अत्यन्त आभारी हूँ। मैं अन्यन्त आभारी हूँ कि भारतीय इतिहास अनुसंधान परिषद ने प्रकाशनानुदान प्रदान कर अनुगृहीत किया अस्तु मैं हृदय से परिषद का आभारी हूँ। साथ ही मैं इस पुस्तक के प्रकाशन के लिए स्वाति पब्लिकेशन्स्, दिल्ली और प्रकाशक को पुस्तक को सुन्दर तरह से प्रकाशित करने के लिए अभार प्रकट करता हूँ जिन्होंने पुस्तक के प्रकाशन के लिए महत्त्वपूर्ण सहयोग प्रदान किया है।

अन्त में परमेश्वर की अनन्तकीर्ति का स्तवन करते हुए मैं यही कहूँगा कि ग्रन्थ में जो भी श्लाघ्य है वह उसी परमेश्वर की अनुकम्पा का फल है। जो त्रुटियाँ रह गयीं है वह मेरी अज्ञानता व अनवधानता के कारण है। मैं प्रणति भाव से विनीत हूँ उस परम् ब्रह्म वासुदेव एवं अपने गुरु के प्रति जिनकी कृपा से यह शोध पूर्ण कर सका।

नमः सकज कल्याणदायिने चक्रपाणये। विषयार्णवमनानां समुद्धरण हेतवे।।

अक्षय तृतीया डॉ0 विनोद कुमार
2020 गोरखपुर

भूमिका

योग तन्त्रेषु सर्वेषु विष्णुतन्त्रमनुत्तम्।
विष्णु तन्त्रेषु सर्वेषु पंचरात्रं विशिष्यते।।

——सनत्कुमार संहिता, ब्रह्मरात्र 10.53

सभी योग तन्त्रों में विष्णु तन्त्र उत्तम है और सभी विष्णु तन्त्रों में पांचरात्र का वैशिष्ट्य है।

वैष्णव आगम साहित्य अत्यन्त विस्तृत आगमिक साहित्य है। वैष्णव आगमों के अन्तर्गत विष्णु का स्थान सर्वोच्च है। इसमें विष्णु की प्रधानता तथा आराधना का मुख्यतः प्रतिपादन किया गया है। विष्णु अथवा नारायण या वासुदेव का वर्णन करने वाले वैष्णव आगम की दो धाराएं– वैखानस और पांचरात्र है। विखनस ऋषि के द्वारा प्रवर्तित होने के कारण प्रथम प्रकार के आगम का नाम वैखानस आगम पड़ा।

पांचरात्र सम्प्रदाय के मतावलम्बियों को भागवत, सात्वत, एकान्तिन, एकायन और परमैकान्तिन् भी कहा जाता है। वैष्णव आगम के वक्ताओं के आधार पर इस शास्त्र को दिव्य, मुनिभाषित इन दो भागों में विभक्त किया जा सकता है। ईश्वर संहिता ने सामान्य रूप से इस साहित्य को दिव्य तथा मुनिभाषित माना है। इसके अनुसार मूलवेदानुसारी सात्वत, पौष्कर एवं जयाख्य इन दिव्य शास्त्रों का उपदेश भगवान वासुदेव ने संकर्षण को प्रदान किया था तदनन्तर संकर्षण ने लोक में इन दिव्य शास्त्रों का प्रर्वतन किया। इस शास्त्र को सात्वत शास्त्र के नाम से भी अभिहित किया गया। एकायन–वेद के सन्दर्भ में नारद ने स्वयं कहा है कि मोक्ष प्राप्ति के लिए पांचरात्र मार्ग के अतिरिक्त दूसरे मार्ग का

अभाव होने के कारण एकमात्र मोक्ष प्रदायक शास्त्र पांचरात्र को एकायन वेद कहा। पांचरात्र संहिताओं का कथन है कि भागवत धर्म वेद से सम्बद्ध है तथा पांचरात्र का सम्बन्ध वेद की एकायन शाखा से है 'एष एकायनो वेदः प्रख्यातः सर्वतो भुवि'। यह एकायन वेद महान वेद–वृक्ष का मूल है। इस शास्त्र को संशय–रहित अविद्या रूपी अन्धकार का विनाशक भी कहा गया है। अर्थात मोक्ष प्राप्ति का एकमात्र यही 'अयन' उपाय या साधन है।

पांचवी शताब्दी से लेकर शंकराचार्य के काल तक उत्तर भारत में और शंकराचार्य के बाद अनेक आचार्यों द्वारा खण्डन–मण्डन की एक लम्बी परम्परा चल पड़ी। दसवीं–ग्यारहवीं शताब्दी में विशिष्ट अद्वैत दर्शन के प्रवर्त्तक श्री यामुनाचार्य ने 'आगम–प्रामाण्य' नामक ग्रन्थ की रचना की। वैष्णव पांचरात्र के आचार्य श्री रामानुजाचार्य ने अपने 'श्री भाष्य' में यमुनाचार्य के मत का समर्थन किया तदनन्तर चौदहवीं शताब्दी के वेदान्त देशिक ने 'पांचरात्र–रक्षा' ग्रन्थ का प्रणयन कर पांचरात्र प्रामाण्य को प्रतिष्ठित किया। महाभारत (क्रिटिकल एडीशन पूना, 331.2–3 एवं 326.100) में भी पांचरात्र प्रशंसा के वचन भरे पड़े हैं तथा इसे महोपनिषद् की संज्ञा दी गयी है।

इदं महोपनिषदं चतुर्वेद समन्वितम्।
सांख्य योग कृतान्तेन पंचरात्रानुशब्दितम्।।

ऐतिहासिक दृष्टि से अपने को परमभागवत घोषित करने वाले गुप्त सम्राटों ने ही वास्तव में वैष्णव धर्म को अत्यन्त लोकप्रिय बनाया। गुप्तों के काल में निश्चय ही विष्णु के अवतारवाद सिद्धान्त की प्रतिष्ठा बढ़ गई जिसके साहित्यिक एवं पुरातात्त्विक दोनो प्रकार के प्रमाण उपलब्ध हैं।

यहाँ यह ध्यान देने योग्य है कि गुप्त शासकों के समान ही कालान्तर में दक्षिण एवं उत्तर भारत के अनेक राजवंशों ने वैष्णव धर्म के उन्नयन में अपना महत्वपूर्ण अवदान प्रदान किया। उत्तर में मालवा, मगध, कन्नौज, गोंड एवं गुर्जर राजवंशों ने तथा दकन में वाकाटकों, शरभों, इच्क्षवाकुओं, सालंकायनों तथा विष्णुकुंडिनों ने वैष्णव धर्म को प्रतिष्ठित किया। कर्नाटक में कदम्ब और गंग नरेशों ने वैष्णव धर्म के उत्थान में अमूल्य योगदान दिया।

वैष्णव–पांचरात्र परम्परा का लोकप्रिय सिद्धान्त यथा चतुर्व्यूह उपासना, अवतारों की उपासना, अर्चावतार की प्रतिष्ठा तथा पंचप्रकारों से विष्णु की उपासना इसी कालखण्ड में लोकप्रिय हुए। दक्षिण भारतीय अलवार संतों का कृतित्त्व वैष्णव धर्म के उत्थान में अत्यन्त व्यापक रहा।

वैष्णव पांचरात्र धर्म के इतिहास पर अद्यावधि सम्यक अध्ययन नही हो सका है इसका कारण यह है कि इस परम्परा का साहित्य विपुल है और अधिकांशतः अप्रकाशित

है, अतः अल्पज्ञात है। वैष्णव आगम बहुत कुछ अज्ञात है जो निश्चय ही अलग शोध का विषय है और जो ज्ञात अथवा अल्पज्ञात है उसके अमुद्रित रह जाने के कारण ही इस धर्म के अनुसंधान कर्त्ताओं को कठिनाई का अनुभव होना स्वाभाविक है।

वैष्णव पांचरात्र की सौभाग्य से कुछ संहितायें जो प्रमुख हैं प्रकाशित हो चुकी हैं इन्हीं को आधार बना कर श्रेडर (1916) से लेकर अमेरिकी विद्वान एच0 डैनियल स्मिथ (1980) तक के कार्यों को ध्यान में रखते हुए इस आगम की महिमा और उसकी विषय व्यापकता संकेतित होती है। दक्षिण भारतीय विद्वानों जिनमें वी0 राघवन्, ई0 कृष्णमाचार्य, बी0 कृष्णमाचार्य, आर0 एन0 सम्पत, सीता पद्मनाभन, ए0 श्रीनिवास आयंगर, डॉ0 राघव प्रसाद चौधरी, डॉ0 अशोक कुमार कालिया आदि नाम हैं जिनका हमने यथा प्रसंग उल्लेख किया है।

प्रस्तुत ग्रन्थ छः अध्यायों में विभक्त है। प्रथम अध्याय में **वैष्णव आगम उद्भव एवं विकास** है जिसके अन्तर्गत वैष्णव आगम की विविध परम्पराएं, वैष्णव आगम की प्रमुख धारायें–वैखानस एवं पांचरात्र, पांचरात्र का प्रारम्भिक इतिहास, उपास्य ब्रह्म नारायण एवं वासुदेव, प्रकाशित वैष्णव आगम आदि का विवेचन किया गया है।

द्वितीय अध्याय **प्रतिमा–लक्षण व्युत्पत्ति एवं अर्थवत्ता** के अन्तर्गत बिम्ब, बेर, अर्चा, मूर्ति, प्रतिमा, वैष्णव आगमो में प्रतिमा के आराधना का औचित्य, प्रतिमा के विविध भेद, प्रतिमा के स्वरूप तथा उपयोगिता आदि का उल्लेख है।

तृतीय अध्याय **प्रतिमोपादान–द्रव्य** में शिला, लौह, मणि, काष्ठ, मृद्, शिला–गिरिजा, भूमिजा तथा वारिजा, शिलाभेद– बाला, वृद्धा तथा मध्या, यौवनशिला के त्रिविध भेद– स्त्री शिला, पुंशिला तथा नपुंसक शिला, शिला के विविध अंग, शिला संग्रह, शिला–दोष, लौह– शुद्ध तथा मिश्र, लौह द्रव्य का तात्पर्य– सुवर्ण, रजत, ताम्र अयस, मणि–मणिजार्चा के त्रिविध रूप– चन्द्रकान्तमयी, सूर्यकान्तमयी तथा स्फटिकमयी, दारु–ग्राह्य एवं अग्राह्य, दारु लक्षण, मृद्– शुक्ल, रक्त, पीत तथा कृष्ण वर्ण मृद्, मृद् ग्रहण के लिए स्थान– नदी तीर, पर्वत, उद्यान, देवालय अथवा तीर्थक्षेत्र, मृद् संस्कार, दधिमिश्रित–मृत्तिका, मृद् बिम्ब द्विविध–पक्व, अपक्व आदि अन्यान्य विषयों का विवेचन हुआ है।

चतुर्थ अध्याय **प्रतिमा–मान** में अंगुल, मानांगुल, मात्रांगुल, देहलब्धांगुल, तालमान, अन्यमान, प्रतिमा के विविध माप– मान, उन्मान, प्रमाण, उपमान, लम्बमान के विधि–विधानों का उल्लेख है।

पंचम अध्याय **प्रतिमा–प्रतिष्ठा** के अन्तर्गत प्रतिष्ठा का अभिप्राय, प्रतिष्ठा के लिए प्रशस्त काल, यागशालादि विषय, बिम्ब–संस्कार, नेत्रोन्मीलन, भगवत्स्नपन तथा आराधना, अर्चाभिमानी जीव का मूर्ति में संयोजन, शक्ति–संयोजन, भगवदाराधन तथा

विविध अग्नि–कार्य, पिण्डिकाधिवास, गर्भागार में ब्रह्मादि पदकल्पन, पिण्डिका का स्थापन, अवसर रत्नादिन्यास, पादशाला–स्थापन, पच्चीस तत्त्वों का चिंतन, बिम्ब–प्रतिष्ठापन–क्रम, सजीवीकरण, प्रतिष्ठा के भेद तथा उनका विवरण, विविध न्यास–क्रम, होम–बलि, आलय वृत्ति–कल्पन, दक्षिणा–प्रदान, पुराण प्रतिमा– प्रतिष्ठा। तदनन्तर शाला, मण्डप, गोपुर, महानस, घण्टा एवं प्रपादियों की प्रतिष्ठा भी विवेच्य प्रसंग में वर्णनीय है।

छठा अध्याय उपसंहार है जिसके अन्तर्गत सभी अध्यायों में विवेचित प्रसंगों का निष्कर्षपूर्ण आकलन है। ग्रन्थ के अन्त में विस्तृत सन्दर्भ–ग्रन्थ एवं शोध लेखादि सूची के रूप में संलग्न है साथ ही चित्र–फलक भी द्रष्टव्य है।

चित्र-सूची

19. भगवान विष्णु, गदानाथ मन्दिर, अलमोड़ा, उत्तराखण्ड
20. गजेन्द्रमोक्ष विष्णु, दशावतार मन्दिर, देवगढ़
21. भगवान विष्णु विश्वरूप, ग्यारहवीं शताब्दी
22. भगवान कृष्ण, कालियादह, लक्ष्मीनारायण मन्दिर, होसहोलू
23. भगवान विष्णु, भारतीय कला संग्रहालय, सैनफ्रांसिसको, तेरहवीं शताब्दी ईस्वी
24. कल्कि अवतार, रानी की बाव, पाटन, गुजरात
25. कृष्ण, 11 वीं शताब्दी, नेशनल म्यूजियम ऑफ नेपाल, काठमाण्डु, नेपाल
26. शेषा शायी विष्णु (ग्रेनाइट) सरार पंचायत, मधुबनी, बिहार
27. मत्स्य अवतार, सोमनाथपुर मन्दिर, कर्नाटक
28. भगवान विष्णु, आधुनिक कला संग्रहालय (बिहार पुलिस संग्रहालय) पटना, बिहार
29. शेष शायी विष्णु
30. बेलूर, कर्नाटक
31. परशुराम अवतार, रानी की बाव, पाटन, गुजरात
32. नरसिंह अवतार, लक्ष्मी–नरसिंह मन्दिर, नुग्गेहल्ली, हासन, कर्नाटक
33. भगवान विष्णु, कौशाम्बी, उत्तर प्रदेश
34. भगवान विष्णु, नेशनल म्यूजियम ऑफ नेपाल, काठमाण्डु, नेपाल, 12वीं शताब्दी ईस्वी
35. विष्णु विक्रान्त, नेशनल म्यूजियम ऑफ नेपाल, काठमाण्डु, नेपाल, 467 ईस्वी
36. विश्वरूप विष्णु, नेशनल म्यूजियम ऑफ नेपाल, काठमाण्डु, नेपाल, 10वीं शताब्दी ईस्वी
37. महा विष्णु, सोमनाथ पुरा, केशव मन्दिर, कर्नाटक
38. भगवान विष्णु, संतनगर, झंझारपुर, म0ल0 सिंह, संग्रहालय, दरभंगा, बिहार
39. विष्णु, नेशनल म्यूजियम ऑफ नेपाल, काठमाण्डु, नेपाल, 8वीं शताब्दी ईस्वी
40. विष्णु, नेशनल म्यूजियम ऑफ नेपाल, काठमाण्डु, नेपाल, 8वीं शताब्दी ईस्वी
41. गरुड़ासन विष्णु, नेशनल म्यूजियम ऑफ नेपाल, काठमाण्डु, नेपाल, 10वीं शताब्दी ईस्वी
42. मत्स्यावतार विष्णु, नेशनल म्यूजियम ऑफ नेपाल, काठमाण्डु, नेपाल, 10वीं शताब्दी ईस्वी
43. नारायण, नेशनल म्यूजियम ऑफ नेपाल, काठमाण्डु, नेपाल, 13वीं शताब्दी ईस्वी
44. गरुण, नेशनल म्यूजियम ऑफ नेपाल, काठमाण्डु, नेपाल, 16 वीं शताब्दी ईस्वी

अध्याय– प्रथम

वैष्णव आगम उद्भव एवं विकास

भारतीय वाङ्मय के विपुल तथा विस्तृत क्षेत्र में दार्शनिक तथा आचार परक साहित्यों में वैष्णव आगम साहित्य का गौरवमय एवं महत्वपूर्ण स्थान है। वैष्णव आगम साहित्य में विभिन्न विषय प्रतिपादित हैं। सामान्यतः स्वीकार किया जाता है कि आगम–ज्ञान के बिना निगमों का वास्तविक ज्ञान असम्भव है। आगम और निगम वास्तव में परस्पर पूरक बताये जाते हैं। कलियुग में प्राणियों की अभ्युदय निःश्रेयस् (मोक्ष) सिद्धिदायिनी जो विद्या है वस्तुतः वही 'आगम' कहलाती है। प्रपंचसार तन्त्र में यह स्पष्ट किया गया है कि कृतयुग के लिए श्रुति, त्रेतायुग के लिए धर्मशास्त्र, द्वापरयुग के लिए पुराण और कलियुग के लिए आगम सिद्धिदायक हैं–

श्रुत्युक्तस्तु कृते धर्मस्त्रेतायां स्मृति सम्भवः।
द्वापरे तु पुराणोक्तः कलवागम–सम्भवः।।

आगम शब्द अत्यन्त व्यापक अर्थ रखता है। प्रायः समस्त शास्त्रों में प्रामाणिक सिद्धि के लिए आगम शब्द का व्यवहार होता है। त्रिपुरारहस्य में तो कहा गया है कि वेद निश्चित ही आगम भाग है। आचार्य अभिनव गुप्त ने कहा है कि आगम तो अनवच्छिन्न माहेश्वर प्रकाश–परमार्थ हैं– **''आगमस्तु अनवच्छिन्न प्रकाशपरमार्थः''।** आगमों को

सर्वविद्याओं की जन्मभूमि तक कहा गया है। आगम शब्द **'आसमन्ताद् अर्थं गमयति'** इस व्युत्पत्ति के द्वारा साक्षात् भगवान शिव के मुख से निःसृत माना गया है[1]–

आगतं शिव–वक्त्रेभ्यो गतं च गिरिजाश्रुतौ।
तदागम इति प्रोक्तं शास्त्रं परमपावनम्।।

आगम हिन्दू धर्म में विशिष्ट शास्त्रों (वेद, धर्मशास्त्र एवं पुराण) की तरह एक शास्त्र है जिसकी विभिन्न परम्परायें हैं और तद्नुसार मन्दिर एवं गृहकल्प (कर्मकाण्ड) के विविध विधान हैं। मूल प्रश्न यह है कि धर्म के जो सत्य हैं, किस प्रकार उनका साक्षात्कार किया जाय? **इसका उत्तर है– 'साधन'। यह साधनशास्त्र ही तन्त्र अथवा आगम** कहलाता है जिसके विभिन्न सम्प्रदाय हैं, जो जीवन के विशिष्ट मार्ग और आत्मानुशासन के लिए अभ्यासोपयोगी सैद्धान्तिक उपदेश रूप में प्रतिफलित हैं। वस्तुतः यही आगम का मूल उत्स है।

भारतीय संस्कृति निगमागम मूलक है। इस संस्कृति का आधार जिस तरह निगम है उसी तरह आगम भी।[2] आदि सम्प्रदाय–सिद्ध, गुरु–शिष्य परम्परा क्रमागत शास्त्र–सन्दर्भ 'आगम' शब्द से अभिहित होता है।[3] वाचस्पति मिश्र के अनुसार **'आगच्छन्ति बुद्धि भारोहन्ति यस्मात् अभ्युदयनिः श्रेयसोपायाः सः आगमः'**, अर्थात जिस से अभ्युदय (लौकिक कल्याण) तथा निःश्रेयस (मोक्ष) के उपाय बुद्धि में आते हैं, उसे 'आगम' कहते हैं।[4] निष्कर्ष रूप में अभ्युदय तथा निःश्रेयस के उपायों का प्रतिपादक शास्त्र आगमशास्त्र है। इस शास्त्र में प्रधान रूप से साधना पर बल दिया गया है। वराही तन्त्र[5] ने निम्न रूप में 'आगम' का लक्षण निरूपित किया है–

सृष्टिश्च प्रलयश्चैव देवतानां यथार्चनम्।
साधनं चैव सर्वेषां पुरश्चरणमेव च।।
षट्कर्मसाधनं चैव ध्यानयोगश्चतुर्विधः।
सप्तभिर्लक्षणैर्युक्तमागमं तद्विदुर्बुधाः।।

अर्थात् जिस शास्त्र में ये सात विषय प्रतिपादित हों, उसे आगमशास्त्र कहते हैं। ये सात विषय इस प्रकार हैं–

1–सृष्टिक्रम–वर्णन– जगदाद्युत्पत्ति–प्रकार–निरूपण।

2–प्रलयक्रम–निरूपण– संसार के सर्वांगीण तिरोहित होने की प्रक्रिया।

3–देवार्चनक्रम– देवताओं के आराधना का विधि–निरूपण।

4–सर्वसाधन–प्रकार–वर्णन– विभिन्न सिद्धियों के साधन प्रकार निर्देश।

5–पुश्चरणक्रम–वर्णन– मोहन, उच्चारण आदि विधियों का वर्णन।

6–षट्‌कर्म–निरूपण– शान्ति, वशीकरण, स्तम्भन, विद्वेषण, उच्चारण, तथा मारण का साधन–विधान।

7–ध्यानयोग– आराध्य के ध्यान के निमित्त योग–प्रक्रिया का वर्णन।

तन्त्र शास्त्रों के अनुसार तन्त्र का आधार कोई ग्रन्थ–विशेष नही है। वह अपौरुषेय ज्ञान विशेष है। इसी ज्ञान–विशेष को आगम कहते हैं।[6]

ब्रह्मसूत्र पर आचार्य श्रीकण्ठ के शैवभाष्य की व्याख्या 'शिवार्कमाणिदीपिका' में अप्पय दीक्षित ने आगम के दो भेद कहे हैं–

1– वैदिक

2– अवैदिक

वैदिक आगम वेदाधिकारियों के लिए तथा अवैदिक आगम वेद में अनाधिकृत लोगों के लिए कहा गया है।[7] बौद्धादि आगमों को अवैदिक आगम कहा जा सकता है। इतिहास, पुराण, महाभारत, पांचरात्रादिकों के विषय के आधार पर वैदिक आगम के अन्तर्गत स्वीकारा जा सकता है।

ये आगम मुख्यतः तीन प्रकार के होते हैं–

1–शैव

2–शाक्त

3–वैष्णव

शैव आगम के चार आन्तरिक भेद हैं– 1–कापालिक 2–कालमुख 3–पाशुपत 4–शैव। शैव सम्प्रदाय भी दो तरह के हैं– 1–कश्मीरी–शैव सम्प्रदाय 2–दक्षिण–भारतीय शैव–सम्प्रदाय।

शाक्त आगम के भी दो सम्प्रदाय प्रसिद्ध हैं– 1–दक्षिणाचार 2–वामाचार। दक्षिणाचार वैदिक कर्मानुगामी तथा वामाचार वैदिक मार्ग–परिभ्रष्ट मार्गानुगामी है। इन दोनो सम्प्रदायों में शक्ति को परम आराध्य मानकर उनकी पूजा तथा उपासना की जाती है।

वैष्णव आगम के दो भेद हैं– **पांचरात्रागम तथा वैखानस आगम।** ये दोनो आगम मुख्य रूप से विष्णु–आराधनापरक हैं। विविध आगमिक सम्प्रदायों के बारे में पण्डित वी0 कृष्णमाचार्य ने लक्ष्मी तंत्र की भूमिका में निम्न प्रकार उल्लेख किया है– 'आगमों नामानादिसंप्रदायसिद्ध गुरुशिष्यपरंपरोपदेशक्रमागतः शासत्रसंदर्भः। आगमशब्दौ वैदिकानिवावैदिकानप्यागमान्

क्रोडीकरोतिं तत्रावैदिका बौद्धाद्यागमाः। वैदिकास्तु वेदा इतिहासपुराणनि तन्त्राणि च। वेदा निगमापरपर्यायनामांनः ऋगादिभेदाश्चतुर्विधाः प्रसिद्धाः। इतिहासपुराणानि महाभारतपाद्यादीनि। आगमापरनामानितन्त्राणिशेवशाक्तवैष्णवभेदेनत्रेधाभिद्यन्ते।तत्रप्रथमेंकापालकालामुखपाशुपतशैवभेदेन चतुर्धा भवन्ति। तत्रापि चरमे काश्मीरशैवसिद्धान्तीादेन द्विधा भिद्यन्ते। सर्वेऽपीमे शैवागमाः शिवपारम्यं शिवपूजादिकं च प्राधान्येन प्रतिपादयन्ति। काश्मीरागमाणामुत्तरदेशेप्वेव प्रचुरः प्रचारः; ककचिद्दक्षिणदेशेप्वपि।शैवसिद्धान्तागमानांतुदक्षिणदेशेप्वेवप्रचारः।शाक्तागमादक्षिणाचारवामाचारीदेनद्विविधा भवन्ति। दक्षिणाचारः प्रायेण वेदिकमार्गानुसारी। वामाचारस्तु वैदिकमार्गपरिभ्रष्ट इति वदन्ति। तथा चाह भास्कररायदीक्षितः– ''वामाः वाममार्गरताः। पंचयज्ञादिविलापकत्वात् कुत्सिता इति वामकाः'' (ललितासहस्त्रनामभाप्यम्, श्लोक 225) इति। उभयेऽपीमे शक्तिपारमयं शक्तिपूजादिकं च विशेषतः प्रतिपादयन्ति। वैष्णवागमाश्च वैखानसपांचरात्रभेदेन द्विविधा भवन्ति। उभयेऽपीमे विष्णुपारम्यं विष्णुपूजादिकं च प्राधान्येन प्रतिपादयन्ति।'[8] इन विविध आगमिक सम्प्रदायों को संक्षेप रूप में निम्नवत प्रदर्शित कर सकते हैं[9]–

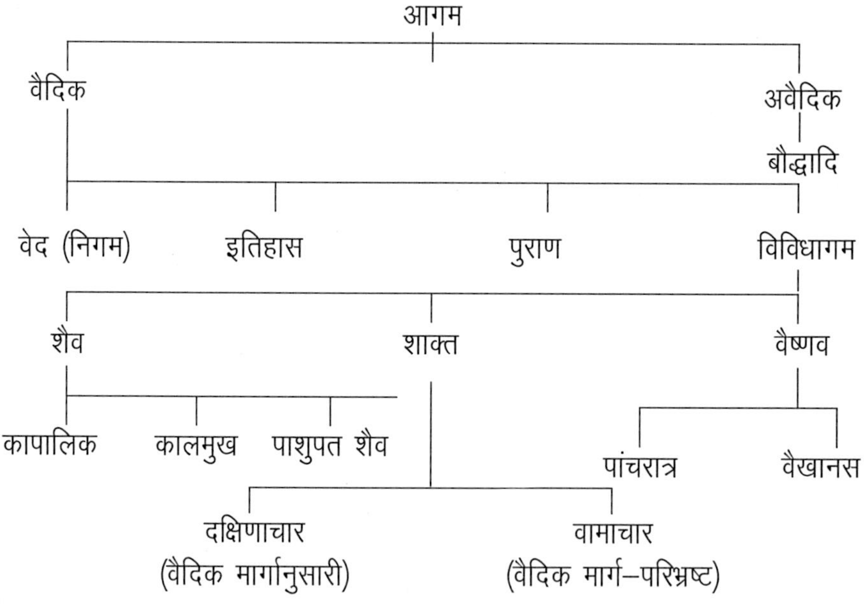

ध्यातव्य है कि आगम और तन्त्र अलग शब्द होकर भी मूलतः एक ही अर्थ का प्रतिपादन करते हैं। शास्त्र सन्दर्भ में जहाँ तक इनके मूलभूत सिद्धान्तों का प्रश्न है, तन्त्र–शास्त्र ऐसा कोई उपदेश नहीं देता जो भारतीय दर्शन में सारभूत प्राप्त न हो। आगम अथवा तन्त्रशास्त्र वेद–वेदान्त और षड्दर्शनों को अस्वीकारता नहीं। यह मीमांसकों के

शब्द–सिद्धान्त को अपने ढंग से स्वीकार करता है। इसी तरह सांख्य एवं योगदर्शनों के पुरुष और प्रकृति तत्वों के प्रति भी इसकी स्वीकृति है। जहाँ तक कर्मकाण्डीय विधान का प्रश्न है, हिन्दू धर्म में स्वीकृत सामान्य कर्मकाण्ड–पूजा–पद्धति उदाहरण के लिए न्यास, मन्त्र–पूजा–ध्यान इत्यादि, साथ ही अनेक वैदिक धर्म–कृत्य, विभिन्न संस्कारों और होम के प्रति भी इसकी आस्था है। चूंकि कलियुग में वैदिक कर्मकाण्ड सम्पादित करने की लोगों में सामर्थ्य नहीं है, अस्तु सामर्थ्य और सीमा के अनुरूप तन्त्रशास्त्र अपना अलग ही साधनशास्त्र प्रस्तुत करता है जो जीवन में प्रसन्नता एवं मुक्ति का प्रदायक है।[10] यहाँ शिव का तात्पर्य निश्चय ही परमब्रह्म परमेश्वर से है और इसमें भी सन्देह नहीं है कि आगम और तन्त्र वेदों के समान ही भारतीय सांस्कृतिक चेतना के मूल स्रोत कहे जा सकते हैं। किन्तु संहिता, आगम और तन्त्र इस दृष्टि से बड़े भ्रामक हैं कि वे शास्त्र विशेष से ही सम्बद्ध माने जाएँ। जैसा कि भारतीय साहित्य के इतिहासकार डॉ0 विन्तरनीत्ज ने लिखा है कि संहितायें वैष्णवों की, आगम शैवों की और तन्त्र शाक्तों की पवित्र शास्त्र रहे हैं।[11] विन्तरनीत्ज की यह बात इसलिए भी अप्रासंगिक लगती है कि आगम, संहिता और तन्त्र कहने से मत विशेष के शास्त्र का ही बोध नहीं होता। ज्ञातव्य है कि अनेक पांचरात्र संहिताओं में संहिता, आगम व तन्त्र शब्द एक ही अभिप्राय को व्यक्त करते हैं और एतदर्थ वेद और श्रुति जैसे शब्द भी प्रयुक्त होते रहे हैं। यहाँ यह ध्यातव्य है कि 'पाद्म संहिता' 'पाद्म तन्त्र' के नाम से भी जानी जाती है। भागवत्पुराण[12] में निर्दिष्ट किया गया है कि सात्वत तन्त्र, सात्वत संहिता तत्रैव लक्ष्मी तन्त्र पांचरात्र संहिता ही है। आगम और तन्त्र एक ही परम्परा के बोधक हैं।

ज्ञातव्य है कि हयशीर्ष और अग्निपुराण में पांचरात्र संहिता को तन्त्र शब्द से ही संकेतित किया गया है न कि संहिता पद द्वारा। वास्तव में आगम, संहिता और तन्त्र ये सभी एक अर्थ में प्रचलित रहे हैं। तदनुसार वैष्णव पांचरात्र श्रुति, एकायन, वेद, शास्त्र, संहिता, सिद्धान्त, तन्त्र, आगम, प्रभूति आदि अनेक नामों से जाना जाता हैं।[13]

वैष्णव आगम की प्रमुख धारायें

वैष्णव धर्म के आगम शास्त्र को वैष्णव नाम इसलिए दिया जाता है क्योंकि इस मत के अनुसार सर्वोच्च सत्ता विष्णु में निहित है। वस्तुतः वैष्णव शब्द इस धर्म के लिए बहुत बाद में प्रयुक्त होने लगा। वास्तव में इस धर्म के लिए वैष्णव शब्द पहली बार महाभारत में स्वर्गारोहण पर्व में प्रयुक्त हुआ है।[14] महाभारत में इस अंश का रचनाकाल लगभग 300 ई0 अथवा कुछ पहले माना जाता है।[15] **'विचक्रमाणस्त्रेधोरुगायः'** अथवा **'यस्योरुशु त्रिशु'**[16] इन ऋग्वेदीय वचनों में **'त्रिविक्रम विष्णु'** के व्यापकत्व और उनके वामावतार के संकेत–सूत्र की झलक है। नारायण व वासुदेव शब्दों की अर्थवत्ता उन्हें व्यापक ब्रह्म

के स्वरूप में प्रस्तुत करती है– **'वासुदेवः सर्वमिति'**[17] अथवा **''आपोनारा इति प्रोक्ता आपो वै नरसूनवः। ता यदस्यायनं पूर्व तेन नारायणः स्मृतः।।''**[18] इसके प्रमाण हैं। पुनः वैष्णव आगम संहिताओं में यह स्वीकृति, कि वे नारायण विष्णु द्वारा प्रोक्त हैं, भी ध्यान देने योग्य है। सनत्कुमार संहिता में वैष्णव मंत्रों को त्रिविध बताया गया है– वैदिक, तांत्रिक तथा वैदिक–तांत्रिक।[19] इस संहिता के ऋषिरात्र का एक उल्लेख ध्यातव्य है– **'वैदिकास्तान्त्रिकाश्चैव तथा वैदिकतान्त्रिका।'** वशिष्ठ संहिता[20] भी इस प्रसंग में उद्धरणीय है–

वैदिकं तांत्रिकं चैव तथा वैदिक तांत्रिकम्।
मिश्रितं वैदिकं मन्त्रैः तस्मात् वैदिक तान्त्रिकम्।।

ध्यान देने योग्य बात यह है कि हारीत ने अपने धर्मशास्त्र में कहा है– **श्रुतिश्च द्विविधा–वैदिकी तांत्रिकी च।**[21] वैष्णव–आगमिक परम्परा के अनुसार आगम तीन प्रकार के हैं–

1–निगम
2–तांत्रिक
3–मिश्र

वैखानस–आगम निगम, पांचरात्र तान्त्रिक तथा भागवत मिश्र हैं।[22] इस तरह वैष्णव आगम मुख्यतः तीन भागों में बँटा हुआ है–

1–वैखानस
2–पांचरात्र
3–भागवत।[23]

वैखानस शाखा को निगम तथा पांचरात्र को आगम की संज्ञा दी गई है।[24] वैखानस आगम को वैदिक तथा पांचरात्र आगम को तान्त्रिक कहा गया है।[25] वैखानस की वैदिकता तथा पांचरात्रागम की तान्त्रिकता, वस्तुतः इन दोनों आगम साहित्य के वर्ण–विषयों से भी स्पष्ट हो जाती है। सामान्य रूप से वैखानस–आगम–संहिता–ग्रन्थों में, उन तान्त्रिक विषयों का वर्णन नहीं दिखलायी पड़ता जो पांचरात्र आगम के प्रायः प्रत्येक संहिता ग्रन्थ में वर्णित है। पांचरात्र आगम में वैदिक मन्त्रों के प्रयोग के साथ–साथ बहुत सारे हूं, फट् आदि युक्त तान्त्रिक मन्त्रों के प्रयोग विहित हैं। मुद्रा–कल्पन–प्रकार, उसका विविध अवसरों पर प्रयोग, दीक्षा का विस्तृत वर्णन, मण्डल–कल्पन तथा अर्चन–प्रक्रिया, मारण, मोहन, उच्चाटनादि शुद्ध रूप से तान्त्रिक विषयों का विवेचन प्रायः सभी पांचरात्र–संहिताओं में उपलब्ध है। इस प्रतिपादन क्रम के विपरीत वैखानसागम–संहिता–ग्रन्थों में मुख्य रूप से केवल वैदिक

मन्त्रों का प्रयोग निर्दिष्ट है। वैखानस–आगम की किसी भी संहिता में पांचरात्रागम की तरह मुद्रा, तान्त्रिक मन्त्र–दीक्षा तथा मारण–मोहन–उच्चाटनादि का निर्देश नहीं देखते हैं। पांचरात्र का तान्त्रिक तथा वैखानस का वैदिक आगम होना कई वैखानसागम–संहिताओं में स्पष्ट निर्दिष्ट है।[26] प्रसिद्ध तांत्रिकाचार्य भाष्कर राव द्वारा उद्धृत प्रमाण के आधार पर वैष्णवागमों के अन्तर्गत **भागवत सम्प्रदाय** की पृथक सत्ता सिद्ध है, और श्रीमद्भागवत इसी संप्रदाय का ग्रंथ है जिसकी रचना सम्भवतः तन्त्र भागवत के आधार पर की गयी है। मध्वाचार्य ने अपने ग्रन्थों में तंत्र भागवत को उद्धृत किया है। प्रायः 15वीं–16वीं शताब्दी के आस–पास संकलित ग्रंथ शक्ति–संगम तंत्र में वैष्णवों के दस विभाग दिये गये हैं[27]– 1–वैखानस 2–राधावल्लभ 3–गोकुलेश 4–वृन्दावनी 5–पांचरात्र 6–वीर वैष्णव 7–रामानन्दी 8–हरिव्यासी 9–निम्बार्क 10–भागवत। साधारणतः वैष्णव आगम की दो परम्परायें हैं–

1–वैखानस
2–पांचरात्र

वैखानस

वैखानस परम्परा के मूल उद्गाता ऋषि 'विखना' हैं जिन्हें ब्रह्मा का ही एक रूप समझा गया है।[28] इस कुल की मूलोत्पत्ति सम्बन्धी एक रोचक गाथा मिलती है। शौनकीय बृहद्देवता में यास्क ने भी इस गाथा का स्मरण किया है जिसके अनुसार अंगिरा–भृगु, अत्रि और वैखानस की उत्पत्ति अग्नि से हुई।[29] जिन्होनें अत्रि, मारीचि, कश्यप एवं भृगु नामक अपने शिष्यों के द्वारा शास्त्र का प्रवर्तन किया था। गाथानुसार दक्ष और वरुण के यज्ञ से प्रसन्न होकर वाक् देवी साक्षात् प्रकट हो गयीं। उसे देखकर दक्ष और वरुण का वीर्य स्खलित हो गया जिसे वायु ने अपने प्रभाव से प्रज्वलित यज्ञ कुण्ड में गिरा दिया। अग्नि की लपटों में जो वीर्य कण भुज गया उससे भृगु और अंगार से अंगिरा उत्पन्न हुए[30]–

ततोऽर्चिभयो भृगुर्जज्ञे अंगारेष्वडिंगरा ऋषिः।

इस दृष्टि से अग्नि–कुण्ड के खनन से वैखानस की उत्पत्ति उक्त गाथानुसार मानी जाती है जो यास्क के निरूक्त और शौनक के बृहद्देवता में सुरक्षित है।

ज्ञातव्य है कि अत्रि एवं मारीचि संहितायें वैखानस आगम के प्रमुख पूजा–स्थल तिरुपति के श्री वेंकटेश्वर मन्दिर द्वारा प्रकाशित की जा चुकी हैं। भृगु संहिता भी इन्हीं का प्रकाशन है। यास्क ने वैखानस शब्द की जो निरूक्ति की है तदनुसार **'विखननाद् वैखानस'**।[31] कालन्तर में अपनी कृति वैखानस विजय में उत्तभूरवीर राघवाचार्य ने इस शब्द का विलक्षण निर्वचन प्रस्तुत किया– '**विशेषेण खननाद् गभीरार्थोद्ध**

रणात् विशिष्ट वैष्णवधर्मावधारणैपयिक मीमांसविशेषाद् विखना इति विखनसः इति चोच्यते इति ज्ञायते।'[32] राघवाचार्य का यह निर्वचन वैखानस मत की प्रतिष्ठा और विशिष्ट वैष्णव धर्मावधारणा की दृष्टि से किया गया है। वस्तुतः इसकी वैदिक परम्परा से पवित्र अग्नि–वेदिका के खनन से व्युत्पन्न वैखानस नाम पर प्रभाव पड़ता है।

वैखानस वस्तुतः वैदिक ऋषि विखनस का अपतयवाची नाम है और इस नाम से ही इस परम्परा को वैखानस कहा और समझा गया। बाद में वैखानस आचार्यों ने इसकी महिमा को बड़े विस्तार से प्रस्तुत किया है। वैखानस विजय में भगवान नारायण तथा वैखानस में पिता–पुत्र के सम्बन्ध को इंगित किया है। अन्यत्र वैखानस और ब्रह्मा को एक ही पिता नारायण का पुत्र बताया गया है।[33] कहीं–कहीं ब्रह्मा को वैखानस कहा गया है, संभवतः इसीलिए सम्भावना व्यक्त की जाती है कि नारायण से विखनस के आागमों का उपदेश पाकर ब्रह्मा वैखानस कहलाये क्योंकि ब्रह्मा की उत्पत्ति नारायण के नाभिपद्म से मानी गयी है।[34] इसमें सन्देह नहीं कि विखनस अत्यन्त प्राचीन ऋषि का नाम है। श्री के0 साम्ब शिव शास्त्री ने वैखानस आगमों को कम से कम **सातवीं शताब्दी ईसा पूर्व** तक माना है। मरीचि प्रोक्त वैखानस आगम, जिसका सम्पादन के0 साम्ब शिव शास्त्री ने किया, इस परम्परा की अत्यन्त प्राचीन आगमिक कृति है जो 'मरीचि रुवाच' से आरम्भ होकर 'इत्याह मरीचिः' पर समाप्त होती है। ऐसा लगता है कि मरीचि इस परम्परा के उद्गाता और प्रवर्त्तक गुरु रहे हैं। इसकी पाण्डुलिपि पर 'वैखानस मरीचि प्रोक्तं' अंकित है।[35] इससे प्रतीत होता है कि वैखानस एक जन–समूह का नाम है जिसका अपना धार्मिक आचरण रहा है। **कवि कुल शिरोमणि कालिदास ने शकुन्तला के वैखानस व्रत की चर्चा की है।**[36]

वैखानस विजय के अनुसार तैत्तिरीय शाखा और वैखानस शाखा संभवतः एक ही हैं। इसकी परम्परा के अनुसार वैखानस सूत्र वेद–विरुद्ध न होने के कारण स्वयं प्रमाण हैं। इन सूत्रों का मूल वैखानस शाखा है। अस्तु वैखानस विजय का उक्त कथन विचारणीय है। तदनुसार यह सम्भव है कि विखनस एक अत्यन्त प्राचीन ऋषि का नाम था जो वैखानस धर्म–प्रश्न के सूत्रकार और अन्य धार्मिक कृत्यों के प्रणेता के रूप में जाने जाते हैं। उन्होंने वैखानस नाम की धार्मिक एवं आगमिक परम्परा का प्रवर्तन किया तथा जिसे उनके शिष्यों मरीचि तथा अन्य ने विस्तार दिया। मरीचि सुविख्यात सप्त ऋषियों में से एक थे और विखनस ऋषि का काल निश्चय ही अत्यन्त पुरातन माना जा सकता है। पूर्वोक्त शाखा–सन्दर्भ में कहा जा सकता है कि वैखानस शाखा यजुर्वेद की एक शाखा होने के कारण वेद सम्मत है अतः वैखानस आगम सर्वथा प्रामाण्य है। यदि ऐसा न होता तो जगद्गुरु शंकराचार्य अपने ब्रह्मसूत्र–भाष्य में वैखानस आगमों के विषय में मौन न रहते।

वैखानस आगम का वेद सम्मत होना वेदान्त देशिक ने भी स्वीकार किया है।[37] वैखानस सूत्रों के आधार पर इस परम्परा के जिन चार महर्षियों ने आगमों की रचना की है, उनके नाम हैं– कश्यप, भृगु, मारीचि एवं अत्रि।[38]

इस प्रकार महर्षि विखनस एवं उनके अनुयायियों (वैखानस) ने वैखानस आगम की प्रतिष्ठा की। वर्तमान में वैखानस मतावलम्बी सर्वाधिक आन्ध्र प्रदेश में हैं। अधिकांशतया वैखानस मतानुयायी दक्षिण भारतीय हैं। 108 वैष्णव दिव्य देशों की संख्या प्राप्य है, ये सभी दक्षिण भारत में हैं। उन दिव्य देशों में वैखानस आगम के अनुसार ही आराधना होती है।[39] **तिरुपति वैखानसों का सर्वप्रमुख दिव्यदेश** माना जाता है जिस प्रकार **पांचरात्रिकों का प्रमुख दिव्य देश श्रीरंगम्** है।

उपर्युक्त विवेचन से स्पष्ट है कि वैष्णव आगमों में वैखानस आगम का महत्वपूर्ण स्थान है। पांचरात्रियों की लोकप्रियता होने से पहले वैखानसों का प्रभाव दक्षिण भारत में बहुत अधिक था। विशिष्ट वैष्णव मन्दिरों में पूजा–अर्चा का विधान इसी आगम के अनुसार होता था जिसे **श्री रामानुज** ने पांचरात्र तन्त्रों के अनुसार परिवर्तित कर दिया। **दार्शनिक सिद्धान्तों में वैखानसों तथा पांचरात्र मतावलम्वियों में विशेष अन्तर नहीं है। जो कुछ अन्तर है वह मूर्ति–निर्माण तथा पूजा–अर्चा के विविध तथा विशिष्ट विधान में है।** वैखानस कृष्ण यजुर्वेद की एक स्वतन्त्र शाखा थी। चरणव्यूह के अनुसार कृष्णयजुः की प्रधान शाखायें हैं– आपस्तंब, बौधायन, सत्याषाढ़, हिरण्यकेशी तथा औखेय। 'वैखानस श्रौतसूत्र' के भाष्यकार वेंकटेश के अनुसार वैखानसों का संबंध इसी 'औखेय शाखा' के साथ था। इसी कारण अप्पय दीक्षित जैसे मान्य वेदान्ती की दृष्टि में यह आगम विशुद्ध वैदिक है और इसके सिद्धान्त सर्वथा वेदानुकूल है। परन्तु दुःख के साथ कहना पड़ता है कि वैखानस आगम का विशाल साहित्य आज लुप्तप्राय है। बहुत संभव है कि पांचरात्र की प्रचंड लोकप्रियता की यह प्रतिक्रिया थी जिससे वैखानस आगम एकदम दबकर नष्ट हो गया। मरीचिप्रोक्त **'वैखानस आगम'** नामक ग्रन्थ इस तंत्र का एक मात्र प्राचीन प्रतिनिधि है।[40] किसी माधवाचार्य के पुत्र वाजपेययाजी श्री नरसिंह यज्वा ने 'प्रतिष्ठा विधि–दर्पण' नामक ग्रन्थ लिखा है जिसमें वैखानसों की आचार्य परम्परा का उल्लेख इस प्रकार है। नारायण–विखनसमुनि–कश्यप–मरीचि और इन्हीं अंतिम आचार्य की रचना है प्रकाशित 'वैखानस आगम'। इस तंत्र का प्रभाव साधारण हिन्दू समाज पर विशेष रूप से था, क्योंकि हमारे तृतीय आश्रम–वानप्रस्थ का नियमन इसी के द्वारा निष्पन्न होता था। गौतम, बौधायन तथा वशिष्ठ के धर्मसूत्रों में वानप्रस्थ यतियों के लिए 'वैखानस' शब्द का प्रयोग किया गया है। मनु इन्हें 'वैखानस मत का अनुयायी' बतलाते हैं **'वैखानस मते स्थितः'**।[41] वैखानसों की अपनी मंत्र संहिता है तथा अपने सूत्र (गृह्य, धर्म तथा श्रौत) हैं। संहिता के अंतिम चार अध्यायों में विष्णु पूजा का विशेष विधान है। वैखानस गृह्यसूत्र

में भी इसी प्रकार विष्णु अर्चा की स्थापना, प्रतिष्ठा तथा अर्चना का विशिष्ट वर्णन है। इस प्रकार वैखानस अर्चाविधि नितान्त वैदिक है और इनके किसी दार्शनिक तत्त्व की ऐसी कोई सूचना नही मिलती जिससे इसे वेद–विरोधी कहा जा सके।

वैखानस एवं पांचरात्र

वैखानस एवं पांचरात्र आगमों में परस्पर निन्दा–वचनों के साथ स्व–शास्त्र–प्रशंसा के अधिकांश उल्लेख मिलते हैं।[42] वैखानस आगम अपने को सौम्य और पांचरात्र को आग्नेय कहते हैं, यथा–

वैखानसं सौम्यं आग्नेयं पांचरात्रम्।[43]
आग्नेयं पंचरात्रं तु दीक्षा युक्तं च तांत्रिकम्।
अवैदिकत्वात् तत्तन्त्रं त्यक्त्वा वैखानसेन तु।।
सौम्येन वैदिकेनैव देवदेवं समर्चयेत्।[44]

विमानार्चन कल्प में द्विविध धाराओं का स्पष्ट उल्लेख है–

वैष्णवं द्विविधं वैखानसं पांचरात्रामिति।
वैखानसं वैदिकं वैदिकैरर्चितम्।।
अहैकामुष्मिक फलप्रदयं, पांचरात्राग्नेयं।
अवैदिकं, आमुष्मिक फलप्रदम् सौम्यं सर्वत्र सम्पूयज्म।।[45]

यही बात आनन्द संहिता में वैखानस की श्रेष्ठता व्यक्त करते हुए की गयी है–

वैखानसं पांचरात्रं वैदिकं तान्त्रिकं क्रमात्।
तयोर्वेखानसं श्रेष्ठमैहिकामुष्मिकप्रदम्।।
वैखानसेन तन्त्रेणं देवदेवस्य शार्गिणः।
अर्चनं सर्वशान्त्यर्थं राजराष्ट्र विवर्धनम्।।
तान्त्रिकं पूजनं चैव राजराष्ट्रविनाशनम्।[46]

ध्यातव्य है कि इसी प्रकार पांचरात्र में भी वैखानसों की निन्दा मिलती है। उदाहरण के लिए पांचरात्र रक्षा में तन्त्रसार सम्मुच्चय का निम्नलिखित श्लोक उद्धृत किया गया है–

अश्रीकरमसौम्यं च वैखानसमसात्विकम्।
तद्विधानं परित्यज्य पांचरात्रेण पूजयेत्।।[47]

इस तरह परस्पर निन्दा और स्व–स्वशास्त्र प्रशंसा आगमों, तन्त्रों के विभिन्न पंथों में दिखाई देती है बल्कि यह परम्परा बड़ी पुरानी है।[48] वास्तव में वैखानसों एवं पांचरात्रिकों के परस्पर विषयों के संवाद दिखाई देते हैं। दोनों ही विषयों के परमानुयायी रहे हैं। उदाहरण के लिए **पांचरात्र में वासुदेव, संकर्षण, प्रद्युम्न, अनिरुद्ध भगवान के ही चतुर्व्यूह भेद माने जाते हैं तो वैखानस में पुरुष, सत्य, अच्युत एवं अनिरुद्ध नामक व्यूह भेद प्रतिपादित है।** पांचरात्र आगम विधि का प्रमुख पूजास्थल श्रीरंग, हस्तिशैल आदि में तो वैखानस विधि से वेंकटेश भगवान की आराधना की जाती है। दोनों ही विधियां सर्वास्तिक सम्प्रतिपन्न है। इसके अतिरिक्त पर, व्यूह, विभव, अर्चा एवं अन्तर्यामी–इन पंच विभागों की व्यवस्था समान रूप से दिखाई देती है।

पांचरात्रागमों में वैखानस

पांचरात्र संहिताओं में वैखानस की चर्चा प्रायः पांचरात्र विरुद्ध हुई है। सामान्यतः दोनों को भिन्न परम्परा माना जाता है किन्तु पांचरात्र साहित्य कभी इनके परस्पर विरुद्ध तो कभी एक ही परम्परा की दो सरणि (धारा) के रूप में दिखाई देते हैं। न्याय परिशुद्धि में **'विष्णोस्तन्त्रं द्विधा प्रोक्तम्'**[49] इस तरह के वचनों से दोनों ही आगमों की प्रामाणिकता सिद्ध होती है। जिस प्रकार श्रीरंगम् को पांचरात्र का दिव्यदेश माना जाता है उसी प्रकार वैखानस का दिव्य देश तिरुपित रहा है। दोनों ही दिव्य देश समान रूप से प्रामाणिक एवं पूज्य माने गये हैं। यहाँ यह उल्लेखनीय है कि वैखानस श्रीवैष्णवों का आगम सम्प्रदाय है। पांचरात्र वाड्.मय कभी इनसे अपनी मित्रता प्रकट करते हैं तो कभी शत्रुता–निन्दा वचन।

अगस्त्य संहिता में वैखानस को असात्वत कहा गया है जबकि पांचरात्र को वेद सम्मत।[50] अतः पांचरात्र को सात्वत संज्ञा मिली है। अनिरुद्ध संहिता के अनुसार अगर पांचरात्र मन्दिर में कोई वैखानस कृत्य सम्पादित हो जाय तो उसका शुद्धीकरण अपेक्षित है।[51] ईश्वर संहिता में पांचरात्र, वैखानस को सात्वत एवं राजस की संज्ञा दी गयी है।[52] इसी संहिता में अन्यत्र अनिरुद्ध संहिता के समान वैखानस कृत्य सम्पादन के उपरान्त पांचरात्र मन्दिर के शुद्धिकरण की बात कही गयी है।[53] एक उल्लेख के अनुसार वैखानस की गणना शैवागम पद्धति के अनुसार की गयी है।[54]

पराशर संहिता के अनुसार अनुष्ठान चाहे मन्दिर में हो या घर में पांचरात्र पद्धति के अनुसार होनी चाहिए न कि वैखानस पद्धति से।[55] इसी संहिता के अनुसार स्नपन विधि पांचरात्र व वैखानस दोनों सम्प्रदायों को मान्य है[56] दोनों की प्रतिष्ठा के विधान भी समान है।[57] पाद्म संहिता के चर्यापाद में यह निर्देश है कि यदि कोई वैखानस प्रतिमा का स्पर्श कर लेता है तो सम्प्रोक्षण अनिवार्य है।[58]

इसी प्रकार पारमेश्वर संहिता में वर्णित है कि अगर एक मन्दिर वैखानस विधि से संचालित है तो पांचरात्र कर्मकाण्ड को प्रभावी बनाने के लिए नवीन प्रतिष्ठा कर्म करणीय है।[59] विष्णु तिलक के अनुसार सात्वत से जुड़ा व्यक्ति दूसरी तांत्रिक विधियों का अभ्यास कर सकता है लेकिन उसके विपरीत नहीं।[60] शाण्डिल्य संहिता के अनुसार वैखानस को 'श्रौत' एवं पांचरात्र को 'आगम' की संज्ञा मिली है।[61] शेष संहिता के अनुसार पांचरात्र एवं वैखानस के बीज मंत्रों को नहीं मिलना चाहिए।[62] इसी तरह सनत्कुमार संहिता में भी वर्णन मिलता है।[63]

पांचरात्र का आरम्भिक इतिहास

पांचरात्र शब्द अत्यन्त पुरातन है। यह एक यौगिक शब्द है। इसका प्रथम उल्लेख शतपथ–ब्राह्मण के पुरुषमेध के प्रसंग में हुआ है। शतपथ ब्राह्मण के इस परिच्छेद के देवता नारायण बताये गये हैं और इस ब्राह्मण के प्रथम मंत्र में ही कहा गया है– **'पुरुषो ह नारायणो अकामयत्'**[64] अर्थात् पुरुष, नारायण ने कामना की कि मैं इस पुरुषमेध पंचरात्र यज्ञ के द्वारा समस्त जीवों में व्याप्त हो जाऊँ। यहां पुरुष शब्द नारायण का विशेषण है। ज्ञातव्य है कि ऋग्वेदीय दशम मण्डल में जो प्रसिद्ध पुरुष सूक्त[65] मिलता है, उसके ऋषि का नाम नारायण है। ऐसा प्रतीत होता है कि नारायण शतपथ ब्राह्मण के रचना–काल तक एक विशिष्ट देवता के रूप में समावृत हो चुके थे। यह भी उल्लेखनीय है कि नारायण शब्द वैष्णव धर्म के प्रारम्भिक चरण में इस परम्परा के अधिष्ठात्रि देवता के रूप में सर्वाधिक महत्वपूर्ण नाम है। विष्णु नारायण का एवं नारायण वासुदेव का तादात्म्य बाद में हुआ। महाभारत में एक स्थान पर आया है– **नारायण अयनं ख्यातमहमेकः सनातनः।** इस तरह यह कहना ठीक ही लगता है कि वैष्णव धर्म के नाम से विख्यात इस धर्म में विष्णु तत्व का प्राधान्य परवर्ती विकास है और प्रारम्भिक काल में इसके सर्वोपरि देवता नारायण ही थे।[66]

ऋग्वेद में नारायण व विष्णु का कोई सम्बन्ध नहीं दिखाई देता। ज्ञातव्य है कि महाभारत में विष्णु का विश्वरूपत्व वर्णित है। पुनः श्रीमद्भगवद्गीता में कृष्ण का विराट रूप अंकित है। इस दृष्टि की मूल अवधारण ऋग्वेदीय पुरुष सूक्त में प्रतिबिम्बित है जहाँ पुरुष को सहस्त्रशीर्षा, सहस्त्राक्ष तथा सहस्त्रपात् कहा गया है और इस पुरुष तथा परवर्ती विष्णु की धारणा नारायण शब्द की श्रृंखला द्वारा जुड़ी हुई है।[67] सर्वप्रथम कृष्ण यजुर्वेद की मैत्रायणी संहिता में हमें इन दोनों का तादात्म्य दिखाई देता है।[68] यहाँ विष्णु गायत्री मंत्र मिलता है– **तत् केशवाय विद्महे नारायणाय धीमहि। तन्नो विष्णुः प्रचोदयात्।** यह गायत्री मंत्र किंचित् संशोधन के साथ महानारायण उपनिषद् में उपलब्ध है– **नारायणाय विद्महे वासुदेवाय धीमहि। तन्नो विष्णुः प्रचोदयात्।**[69]

इस उपनिषद् की रचना तीसरी शताब्दी ईसा पूर्व मानी जाती है।[70] उपर्युक्त गायत्री मंत्रों के आधार पर नारायण, वासुदेव एवं विष्णु के समीकरण का बोध होता है। किन्तु भगवद् गीता में नारायण शब्द नहीं मिलता। वासुदेव कृष्ण के विशेषण के रूप में यह अवश्य उपलब्ध है, दूसरी ओर **हेलियोडोरस के विदिशा अभिलेख में भागवत** शब्द मिलता है।[71]

इस प्रकार ऐसा प्रतीत होता है कि ईसा पूर्व की शताब्दियों में इस धर्म की अपेक्षा भागवत धर्म अधिक लोकप्रिय था। यह कहना कठिन है कि नारायण देवता को केन्द्र में रखकर अथवा उन्हें सर्वोच्च उपास्य देव मानकर उनकी आराधना करने की परम्परा कब वासुदेव धर्म में समाहित हुयी, जिसके उपासकों को भागवत समझा जाने लगा। हेलियोडोरस का विदिशा–अभिलेख दूसरी शताब्दी ईसा पूर्व के अंतिम चरण का है।[72] यह अभिलेख यवन राजदूत भागवत हेलियोडोरस (दियोन–पुत्र) तच्छशिला का निवासी था। स्पष्ट है कि यह धर्म (भागवत धर्म) इस काल तक अर्थात् दूसरी शताब्दी ईसा पूर्व तक भारत के सीमान्त तक लोकप्रिय होने लगा था। रोचक बात यह है कि वासुदेव और नारायण की वास्तविक अवधारणा के विषय में विद्वानों में पर्याप्त मतभेद है। वासुदेव कृष्ण और संकर्षण की उपासना मूलतः अवैदिक यानी लौकिक मानी जाती थी। उनकी पूजा का ब्राह्मणीकरण शास्त्र सम्मत देवता नारायण विष्णु के साथ उनके एकीकरण के द्वारा हुआ। इस सन्दर्भ में महाभारत के नारायणीय खण्ड का मुख्य लक्ष्य वासुदेव कृष्ण तथा नारायण–कृष्ण के साथ तादात्म्य स्थापित करना बताया जाता है।[72] यह भी माना जाता है कि अनार्य मूल के प्रमुख देवता नारायण बहुत प्राचीन काल में ही ब्राह्मणीकृत हो चुके थे। क्योंकि शतपथ ब्राह्मण उनका सम्बन्ध पुरुष सूक्त की एक ऋचा से जोड़ता है जो जातियों के चतुर्वर्गीय विभाजन का उल्लेख करने वाला प्राचीनतम प्रमाण है। सुवीरा जायसवाल का निष्कर्ष है कि इस ग्रन्थ के रचना काल तक उनके उपासकों का कम से कम एक वर्ग, वर्ण–व्यवस्था को स्वीकार कर चुका था।

नारायण के उपासक दो प्रकार के थे। वे प्रारम्भिक अनुष्ठानों से भी जुड़े हुए थे और **पांचरात्रों** के नाम से विख्यात थे। दूसरे वे जो ब्राह्मणीय समाज व्यवस्था तथा वेदों के प्रमाण को स्वीकार करते थे और **भागवतों** के नाम से प्रसिद्ध थे। नारायण शब्द के व्युत्पत्यर्थ को व्यक्त करने के लिए अनेकविध तर्क प्रस्तुत किये जाते हैं। इसकी व्युत्पत्ति कभी नर से तो कभी इसे द्रविड़ मूल का देवता मान कर नर का संबंध द्रविड़ नीर से जोड़ा जाता है। पुराणों–महाकाव्यों एवं धर्म शास्त्र में इसके जो निर्वचन मिलते हैं वहां भी इसकी काल्पनिक व्युत्पत्ति देने का प्रयास मात्र है।[73]

इस दृष्टि से उल्लेखनीय है कि महाभारत के उद्योगपर्व[74] एवं नारायणीय पर्व[75] में परमात्मा को ही सभी नरों का आश्रय स्थान कहा गया है और इसीलिए वह नारायण नाम

से विख्यात है। अधिकांश विद्वानों की धारणा है कि नारायण शब्द मनुष्य की समष्टिगत सत्ता या अस्तित्व का सूचक है और नर व्यष्टिगत सत्ता या अस्तित्व का बोधक है। इसी प्रसंग में शतपथ ब्राह्मण में वर्णित पंचरात्र सत्र के पुरुषमेध को नरबलि माना जाता है और नारायण उसी से जुड़े हुए प्रमाणित किये जाते हैं।[76] पांचरात्र संहिताओं में भी 'नारायण' की व्युत्पत्ति प्रायः पौराणिक–स्मार्त–परंपरा के समान ही मिलती है। यथा अहिर्बुध्न्य संहिता[77] में नारायण–निर्वचन इस प्रकार है–

नर संबन्धिनो नारा नरः स पुरुषोत्तमः।
नयत्यखिलविज्ञानं नाशयत्यखिलं तमः।।
न रिष्यति च सर्वत्र नरस्तस्मात् सनातनः।
नर संबन्धिनः सर्वे चेतनाचेतनात्मकाः।।
ईशितव्यतया नारा धार्यपोष्यतया तथा।
नियाम्यत्वेन सृज्यत्वप्रवेशहरणैस्तथा।।
अयते निखिलान्नारान् व्याप्नोति क्रियया तथा।

वास्तव में पांचरात्र और नारायण दोनों ही शब्द मूलार्थ–अभिज्ञान की दृष्टि से अत्यन्त महत्वपूर्ण है। इस सन्दर्भ में प्रो0 विश्वम्भर शरण पाठक द्वारा किये गये इन शब्दों के भाषा–वैज्ञानिक विवेचन को समीचीन और उल्लेखनीय कहा जा सकता है। तद्नुसार नारायण शब्द में जो प्रथम पद 'नारा' है वह समूह का या वर्ग का बोधक है। विष्णु सहस्त्र नाम में प्रयुक्त नारायण शब्द पर शंकराचार्य ने जो टीका की है उससे भी इस बात की पुष्टि होती है। और 'अयन' शब्द अय् धातु से निष्पन्न होता है जिसका अर्थ है चलना–**अयतीत अयनः**। इस अयन शब्द का जो अर्थ–विकास होता है वह ध्यान देने योग्य है। यह अपने पहले चरण में संचरण, दूसरे में मार्ग और अन्ततः गन्तव्य को व्यक्त करता है।[78]

नारायण शब्द में यही अंतिम अर्थ सन्निहित है। इस प्रकार नारायण का बोध होता है। तथैव कहा जा सकता है कि समग्र समष्टि नारायण का प्रतीक है। लेकिन यह स्थिति पंचरात्र से अभिव्यक्त होती है। पंच का अर्थ है सर्व, विश्व अथवा समग्र। पांच का अर्थ है– सर्व का, विश्व का अथवा समग्र का और 'रात्र' शब्द रात् धातु से निष्पन्न हुआ है जिसका प्राथमिक अर्थ है शिक्षा देना और दूसरा है उपासना करना। **इस प्रकार पांचरात्र का अर्थ हुआ सर्वस्व की उपासना।** अस्तु सर्वस्व की उपासना के माध्यम से नारायण सर्वस्व का प्रतीक है।[79] इस दृष्टि से हम कह सकते हैं कि शतपथ ब्राह्मण के काल तक नारायण नामक देवता आर्यों के ही एक वर्ग द्वारा परम ब्रह्म अथवा जगतपिता के रूप में पूज्य था, उसे अवैदिक अथवा अनार्य कहना भ्रामक है। इसकी उपासना–परम्परा और भी

पुरातन हो सकती है जो अत्यन्त प्राचीन काल से, संभवतः प्राक् ऋग्वेदीय युग से आर्यों के एक वर्ग में प्रचलित रही हो। पांचरात्र सत्र उसी की प्रतिच्छवि प्रस्तुत करता है।

पांचरात्र वाङ्मय में पांचरात्र संहिताओं को नारायण मुखोद्‌गीतम् अथवा **'वासुदेव हरिणा स्वयम्'** अथवा इस तरह के वचनों में नारायण या नारायण वासुदेव का ही स्मरण किया गया है। पुनः पंचरात्र के प्राचीनतम उल्लेख शतपथ ब्राह्मण में देवता नारायण के साथ देखकर इस मत की प्राचीनता कम से कम उस काल तक रेखांकित की जाती रही है। इसमें सन्देह नहीं कि पांचरात्र मत किसी न किसी प्रकार स्रोत रूप में शतपथ ब्राह्मण के पांचरात्र सत्र से जुड़ा है। अस्तु अपेक्षा इस बात की है कि पांचरात्र वाङ्मय के अवलोकन में शतपथ ब्राह्मण के स्त्रोत का अध्ययन अपरिहार्य है। शतपथ ब्राह्मण के त्रयोदश काण्ड के छठे अध्याय के आरम्भ में कहा गया है कि पुरुष–नारायण ने कामना की कि मैं सभी प्राणियों में इस पुरूष–मेध पंचरात्र यज्ञ के द्वारा व्याप्त हो जाऊं। इस तरह यहां पंचरात्र–यज्ञ–सत्र का निर्देश है जिसके अधिष्ठाता 'पुरुष–नारायण' बताये गये हैं। पुनः शतपथ ब्राह्मण के इसी क्रम में पुरुषमेध की व्याख्या करते हुए स्पष्ट किया गया है कि पुरुषमेध पंचरात्र यज्ञ है। यहां कामना की पूर्ति अथवा सफल कांक्षत्व उपासना के भाव में पुरुषमेध और उसके निमित्त अग्निष्टोम का उल्लेख है। जहाँ पंचविध आध्यात्म आधि–दैवोपासना निर्दिष्ट है जिसके केन्द्र में अतिरात्र और उभयतः ज्योति एवं उभयतः उक्थ्यः का विधान है। इसका स्वरूप क्रमशः इस प्रकार बना है– 1–अग्निष्टोम 2–उक्थ्यः 3–अतिरात्र 4–उक्थ्य 5–अग्निष्टोम। इसे ही कहा गया है– पांचरात्र मध्यवर्ती यव (अन्न) के समान।[80]

उक्त ब्राह्मण–सन्दर्भ के आधार पर पुरुषमेध की व्याख्या प्रायः हिंसात्मक यज्ञ के रूप में की जाती रही है जो कि सर्वथा अप्रासंगिक प्रतीत होता है। यहां स्पष्ट है कि इस यज्ञ का आरम्भ अग्निष्टोम से होता था और समापन भी अग्निष्टोम से होता था। इसीलिए इसे **'उभयतोज्योति'** कहा गया। प्रथम और अंतिम अर्थात् पांचवें दिन अग्निष्टोम वर्ग के अतिरिक्त दो बार अर्थात् दूसरे और चौथे दिन उक्थ्य किये जाने के कारण इसे **'उभयतः उक्थ्यः'** भी कहते हैं। केन्द्र में अर्थात् तीसरे दिन **'अतिरात्र'** सम्पन्न होता था। अग्निष्टोम की अपेक्षा उक्थ्य और उक्थ्य की अपेक्षा अतिरात्र में अधिक समय लगता था। अतिरात्र–कर्म के बाद पुनः समय का विपरीत क्रम निर्दिष्ट है। इस कर्मकाण्ड के अवधि–क्रम को ध्यान में रखते हुए पांचरात्र को **'यव मध्य'** कहा गया। यव एक अन्न विशेष है जिसकी गोलाई किनारों पर कम और बीच में अधिक होती है। यवमध्य के समान ही अतिरात्र अधिक विस्तृत होता था। यहां यह भी ध्यातव्य है कि यह यज्ञ पुरुष सूक्त[81] द्वारा सम्पन्न होता था और पुरुष सूक्त में **'सहस्त्र शीर्षा सहस्त्रपात'** आदि विशेषणों से युक्त सोलह ऋचाओं वाले विराट ब्रह्म का वर्णन किया गया है जिसके ऋषि

नारायण थे और यहां पांचरात्र सत्र के अधिष्ठातृ देवता नारायण बताये गये है। इस दृष्टि से पुरुष नारायण का शतपथ ब्राह्मण में जो सन्दर्भ आया है उसका और उसके साथ पांचरात्र का स्रोत ऋग्वेदीय पुरुष सूक्त प्रतीत होता है। इस प्रकार पांचरात्र–सत्र इस अध्यात्म–आधिदैवत उपासना का परिचायक है जिसकी परम्परा अत्यन्त प्राचीन प्रतीत होती है– सम्भवतः ऋग्वेद से भी प्राचीन।

पांचरात्र मत : मूल उद्गाता एवं प्रवर्त्तक-आचार्य

सामान्यतः स्वीकार किया जाता है कि पांचरात्र आगम परम ब्रह्म नारायण (वासुदेव) द्वारा प्रोक्त तदनुसार नारद और अनन्तर संकर्षण, शाण्डिल्य आदि द्वारा प्रवर्तित–प्रसारित हुआ। परम ब्रह्म नारायण व नारद के अतिरिक्त ईश्वर संहिता[82] में संकर्षण, शाण्डिल्य, सुमन्तु, जैमिनि, भृगु, औपगायन एवं मौंजायन के नाम मिलते हैं। ऐसा विश्वास व्यक्त किया गया है कि भागवत धर्म का अभ्युदय कृत युग में नारायण से नारद और द्वापरान्त में संकर्षण से शाण्डिल्य तथा कलियुग में विष्वक्सेन से शठकोप तक अथवा उनके द्वारा किया गया।[83]

पांचरात्र के भगवद् कर्तृकत्व के सम्बन्ध में यामुनाचार्य ने जो प्रमाणोपन्यास किया है तदनुदसार कहा गया है कि 'पंचरात्रस्य निर्माता केशवोभगवानिति' इससे आगे की पंक्तियां भी प्रसंगवशात् द्रष्टव्य हैं–

सांख्यस्य कपिलो वक्ता, पंचरात्रस्य केशवः।।
इति स्कन्द पुराणेऽपि पठ्यते, भारते तथा।
पंचरात्रस्य कृत्स्नस्य वक्ता नारायणः स्वयम्।।
इदं महोपनिषदं चतुर्वेदसमन्वितम्।
सांख्योगकृतान्तेन पंचरात्रानुशब्तिम्।।
नारायणमुखोद्गीतं नारदो श्रावयन्मुनीन्।
ब्रह्मणस्सदने तात यथादृष्टं यथाश्रुतम्।।
एवमादिपुराणोक्ति सहस्त्रैः न्यायबृहितैः।

उल्लेखनीय है कि यामुनाचार्य ''पंचरात्रस्य कृत्स्नस्य वक्ताः नारायणः स्वयम्'' इस श्लोक में ''पंचरात्रस्य कृत्स्नस्य'' पदों की सुविस्तृत व्याख्या श्री रामानुज ने अपने श्रीभाष्य[84] में की है। तदनुसार वेदान्तवेद्य परब्रह्मपूत नारायण स्वयमेव पंचरात्र समग्र के मूल वक्ता है– ''पंचरात्रतन्त्रस्य वक्ता नारायणः स्वयमेवेत्युक्तवान्। एवं वदतश्चायमाशयः। पौरुषेयाणां हि तन्त्राणां परस्परविरुद्धवस्तुवादितया, अपौरुषेयत्वेन, निरस्तप्रमादादि निखिलदोषगन्धवेदवेद्यवस्तु विरुद्धाभिधायित्वाच्च, यथावस्थितवस्तुनि प्रामाण्यं दुर्लभम्।

वेदवेद्यश्च परब्रह्मभूतो नारायणः। अतः तत्तन्त्राभिहित प्रधानपुरुष पशुपति प्रभुतितत्वस्य वेदान्तवेद्य परब्रह्मभूतनारायणात्मकतयैव वस्तुत्वमभ्युपगमनीयमिति। अतो वेदान्तवेद्यः परब्रह्मभूतो नारायणः स्वयमेव पंचरात्रस्य कृत्स्नस्य वक्तेति, तत्स्वरूपतदुपासनाभिधायि तत्तन्त्रमिति च तस्मिन्नितरतन्त्रसामान्यं न केनचिदुद्‌भावयितु शक्यम्।''

महाभारत के नारायणीयोपाख्यान में चित्रशिखण्डी सज्ञक सप्तर्षियों को इस मत का आदि प्रवर्तक कहा गया है। इनके नाम हैं– मरीचि, अत्रि, अंगिरा, पुलस्त्य, पुलह, ऋतु एवं वशिष्ठ। इन सात ऋषियों के अतिरिक्त आठवें स्वायम्भुव थे। इन ऋषियों ने मेरु पर्वत पर इस दिव्य शास्त्र को परम भगवत् के समक्ष प्रकाशित किया है।[85] इसी उपाख्यान में वसु उपरिचर की कथा भी मिलती है। जिसके अन्त में कहा गया है कि राजा वसु उपरिचर की मृत्यु के उपरान्त यह शास्त्र संसार से लुप्त हो जायेगा।[86] ऐसा प्रतीत होता है कि चित्र शिखण्डी एक अव्याख्यात शब्द है साथ ही इन ऋषियों में कुछ महत्वपूर्ण नाम वैखानस परम्परा में भी मिलते हैं।

पांचरात्र परम्परा में शाण्डिल्य को मूल प्रवर्तक ऋषि बतलाया गया है। तदनुसार चारों वेदों की उपासना से भी परम श्रेय की उपलब्धि न देखकर शाण्डिल्य ने पांचरात्र शास्त्र को प्राप्त किया था– **'चतुर्षुवेदेषु परंश्रेयोऽलब्ध्वा शाण्डिल्य इदं शास्त्रमधिगतवान्।'**[87] यहाँ यह अवधेय है कि ईश्वर संहिता में कहा गया है कि शाण्डिल्य ने सुमन्तु, जैमिनि, भृगु, औपगायन और मौंजायन को इस शास्त्र का उपदेश दिया था।[88]

उपास्य ब्रह्म : नारायण एवं वासुदेव

पांचरात्र वाङ्मय में इस मत के सर्वोच्च शक्तिमान परम् ब्रह्म परमेश्वर के कतिपय महत्वपूर्ण नाम विचारणीय है। इनमें सर्व प्राचीन नाम तो विष्णु है। किन्तु विष्णु को ही नारायण, वासुदेव, केशव, पुरुषोत्तम, कृष्ण, गोपाल, गोविन्द आदि भी कहा गया है। पांचरात्र वाङ्मय में ही उन्तालिस विभव नामों के अलावा विष्णु के अनेक अवतार–नाम और उनके चरित की भी चर्चा है। पांचरात्र वाङ्मय को विभिन्न संहिताओं में बार–बार विष्णु प्रोक्त, नारायण मुखोद्‌गीत अथवा वासुदेव प्रोक्त कहा गया है। इसके अतिरिक्त इस मत के अनुसार उपासना किये जाने के फल रूप में विष्णु अथवा नारायण अथवा वासुदेव अथवा केशव की प्राप्ति अर्थात् परम ब्रह्म के साक्षात्कार का निर्देश भी यत्र–तत्र–सर्वत्र किया गया है। विष्णु के नाम अथवा विष्णु स्वरूप, ब्रह्म के नाम एक, दो, दस, बीस नहीं सहस्त्र हैं और सहस्त्र का अर्थ निश्चय ही अगणित, अस्तु व्यापक है। ऋग्वेद के पुरुष सूक्त में विराट् पुरुष को **'सहस्त्राक्षः सहस्त्रपात्'** इसी दृष्टि से कहा गया और कालान्तर में **'विष्णु सहस्त्र नाम'** की रचना परम व्यापक ब्रह्म स्वरूप विष्णु की व्यापकता को

महिमान्वित करने के लिए ही की गयी। जिसका महत्व इस दृष्टि से अत्यधिक है, क्योंकि भगवत्पाद शंकराचार्य ने प्रस्थानत्रयी (ब्रह्मसूत्र, उपनिषद एवं श्रीमद्भगवद्गीता) के अलावा विष्णु सहस्त्र नाम की भी बड़ी सुन्दर टीका प्रस्तुत की थी।

पांचरात्र वाङ्मय–विमर्श के प्रसंग में अध्ययन की दृष्टि से तथा पौराणिक–ऐतिहासिक महत्व की दृष्टि से कम से कम नारायण, वासुदेव एवं केशव के स्वरूप एवं पांचरात्रागमों में उनके विषय में प्राप्त सामग्री का परिचय प्रासंगिक है।

नारायण

नारायण शब्द का उल्लेख वासुदेव के लिए हुआ है जो विष्णु का एक लोकप्रिय नाम है। नारायण की नाडायन शब्द से व्यंजना की गयी है। इस रूप में तो संहिताओं में यह नाम बार–बार आया ही है, ब्रह्म के द्वादश मूर्ति–रूपों में भी एक माना गया है। और इस रूप में भी यथाप्रसंग इसके उल्लेख हुए हैं। पांचरात्र संहिताओं में नारायण विषयक सन्दर्भ पर विचार करने के पूर्व इसके प्रारम्भिक स्वरूप पर विचार कर लेना अपेक्षित होगा। 'नारायण' ऋग्वेदीय पुरुष सूक्त के ऋषि थे। कात्यायन ने सर्वानुक्रमणी में ऋग्वेद के पुरुष सूक्त के ऋषि का नाम नारायण बताया है। कात्यायन श्रौत सूत्र[89] में नारायण शब्द पुरुष के विशेषण रूप में प्रयुक्त है। इसके अलावा शतपथ ब्राह्मण[90] में पुरुष–नारायण का उल्लेख है– **"पुरुषं ह नारायणं प्रजापतिरुवाच यजस्व यजस्वेति"**। इसी ब्राह्मण में पुरुष प्रजापति का विशेषण है और बाद में मनुस्मृति[91] तथा विष्णु पुराण[92] में नारायण तथा ब्रह्म का तादात्म्य दिखाई देता है।

स्पष्ट है कि प्रजापति का यह विशेषण प्राचीन काल में ही एक देवता के रूप में विकसित होने लगा था तथापि इसकी अवधारणा इतनी स्पष्ट नहीं हुई थी कि यह एक स्वतंत्र एवं महत्वपूर्ण देवता बन जाता।[93] ऐसा प्रतीत होता है कि नारायण एक पुरातन देवता का नाम है। यद्यपि देवता रूप में उत्तर वैदिक काल में ही वह उल्लिखित हुआ। शतपथ ब्राह्मण के पंचरात्र–सत्र के अधिष्ठात् देवता रूप में उनकी महत्ता निश्चय ही ध्यान देने योग्य है जो कालान्तर में वैष्णव–पांचरात्र–परम्परा के विपुल वाङ्मय में प्रख्यात् दिखाई देता है। मैत्रायणी संहिता और महानारायण उपनिषद् में नारायण और विष्णु का तादात्म्य स्थापित हुआ। नारायण और विष्णु के तादात्म्य से विष्णु का स्रष्टा रूप प्रत्यक्ष हुआ।[94] इस सन्दर्भ में डॉ0 पाठक का दृष्टिकोण समीचीन प्रतीत होता है कि नारायण एवं विष्णु धर्म का सामंजस्य इन देवताओं की पहचान सम्बन्धी विचार पर आधारित न होकर सम्प्रदाय में उनके समन्वय पर आधारित रहा है।[95]

महाकाव्यों, पुराणों और स्मार्त परम्परा में नारायण, नर–नारायण, नारायणीय, नारायण–विष्णु आदि के सन्दर्भ भरे पड़े हैं। महाभारत का नारायणीयोपाख्यान महत्ता की

दृष्टि से सर्वाधिक प्रख्यात कहा जा सकता है। इस उपाख्यान में सांख्य, योग, वेद, पांचरात्र व पाशुपत मतों का और उनके प्रवर्तक आचार्यों का उल्लेख मिलता है। उपाख्यान के आरम्भ में बताया गया है कि सर्वप्रथम इस धर्म का उपदेश नारायण ने नारद को दिया था। नर, नारायण, कृष्ण और हरि को यहाँ पर धर्म की चार मूर्तियाँ माना गया है। यहाँ यह अवधेय है कि इस उपाख्यान में एक.दो स्थल को छोड़कर सर्वत्र व्यूह शब्द के स्थान पर मूर्ति शब्द का प्रयोग किया गया है।'[96] इसके उपासकों को **ऐकान्तिक** कहा गया है क्योंकि वे एकान्त भाव से नारायण की उपासना करते हैं। एक जगह उन्हें **पंचकालज्ञ** भी कहा गया है। इस उपाख्यान में ही नारायण परमा प्रकृति को श्वेत द्वीप में अवस्थित बताते हैं। जिसने लोक कल्याण के लिए देव, पितृ कर्म की अपेक्षा के लिए मर्यादा निश्चित की है। इसे प्रवृति धर्म कहा गया है। हम जानते हैं कि श्वेत द्वीप की चर्चा पांचरात्र आगमों में हुई है। श्वेत द्वीप की तरह बदरिकाश्रम में तप करते हुए नर व नारायण को भी बहुत कुछ इसी रूप में चित्रित किया गया है। इसी उपाख्यान में नारायण भक्त वसु उपरिचर की कथा मिलती है जो काम्य एवं नैमित्तिक सब अनुष्ठान सात्वत–विधि से करता था।[97]

नारायण शब्द की अर्थवत्ता

नारायण का महत्व वास्तव में इस पद विशेष की अर्थवत्ता में सन्निहित है। सामान्यतः नारायण का सम्बन्ध जलीय गर्भ अथवा सृष्टि के आदि देवता के रूप में प्रतिबिम्बित हुआ है। महाभारत, स्मृतियों और पुराणों में समुद्र नर की प्रजा होने के कारण "नारा" नाम से भी प्रसिद्ध है। चूंकि समुद्र परब्रह्म का विश्राम स्थल है, इसलिए उन्हें नारायण नाम से अभिहित किया जाता है। कुछ विद्वान इस नारायण शब्द को द्रविड़ मूल का मानते हैं। आर0 जी0 भण्डारकर ने याद दिलाया है कि मनु के टीकाकार मेधातिथि ने नारायण शब्द की व्याख्या महाभारत के उद्योग पर्व एवं नारायणीय के उस कथन के अनुकूल की है कि परमात्मा ही सभी नरों का आश्रय स्थान है।[98]

नारायण शब्द में दो पद हैं **नर** एवं **अयन**। अयन का अर्थ है मार्ग। पाणिनि ने अपने एक सूत्र में नाडायन गोत्र की चर्चा की है। इसके अनुसार वह स्थान जहां पर नर समुदाय जाता है इस तरह नारायण शब्द मनुष्य की समष्टिगत सत्ता या अस्तित्व का सूचक है और नर व्यष्टिगत सत्ता या अस्तित्व का।[99] ज्ञातव्य है कि मार्कण्डेय पुराण के सांस्कृतिक अध्ययन के प्रसंग में डॉ0 वासुदेव शरण अग्रवाल ने नर–नारायण के प्रतीकत्व पर विस्तृत विवेचन किया है और इसी प्रसंग में आप तत्व का विश्लेषण किया गया है। शतपथ ब्राह्मण के पंचरात्र–सत्र का स्मरण करते हुए कहा है कि पांचरात्रियों ने उसी नर–नार–नारायण सूत्र का विकास किया और पुरुष सूक्त में निर्दिष्ट सृष्टि की व्याख्या को नारायण तत्व के आधार पर अपनी शब्दावली में ढाल दिया है।[100] डॉ0 अग्रवाल का यह विचार समीचीन

लगता है कि नारायण शब्द की जो व्याख्या भागवतों ने की, उसका मूल तन्तु वैदिक साहित्य से प्राप्त हुआ था। उसके अनुसार सृष्टि की प्राक्कालीन अवस्था में सब कुछ आप तत्व या सलिल ही था। वहीं से प्रजोत्पति हुई। शतपथ ब्राह्मण में कहा गया है– **'आपो ह वा इदमग्रे सलिलमेवास। ता अकामयन्त कथन्नु प्रजायेमहीति।'** यही बात शतपथ ब्राह्मण में अन्यत्र इस प्रकार कही गयी है[101] **सा इदं सर्वम् आप्नोद् यदिदं किंचि। यदप्नोत् तस्मादापः।।**[102]

नारायण शब्द की अर्थवत्ता और उसके अभिप्राय को उद्घाटित करने वाले उपर्युक्त संकेतिक सन्दर्भों के आधार पर एक तरफ पर ब्रह्म परमेश्वर रूप में उसकी पौराणिक छवि का परिचय मिलता है तो दूसरी तरफ उसके निर्वचन प्रस्तुत किये गये, ऐसा प्रतीत होता है। इस विवेचन से नारायण शब्द के मूलार्थ का ज्ञान नहीं हो पाता। पूर्वनिर्दिष्ट प्रो0 विश्वम्भरशरण पाठक का मत समीचीन है तदनुसार नारायण कहने मात्र से समग्र समष्टि के प्रतीकत्व का बोध होता है तथैव समग्र समष्टि नारायण का प्रतीक है। पंचरात्र शब्द नारायण से सम्बद्ध होने के कारण और भी महत्वपूर्ण है। **पंचरात्र का मूल अर्थ** है समग्र की उपासना (पंच = समग्र और रात्र = उपासना)।

पांचरात्र आगम में नारायण

पांचरात्र व नारायण का अन्तःसम्बन्ध सर्वज्ञात है। इसीलिए पांचरात्रागम परम्परा में बार–बार इस बात पर बल दिया जाता रहा है कि जिस प्रकार समस्त देवताओं में नारायण अन्यतम हैं उसी प्रकार सभी शास्त्रों में पांचरात्र।[103] पांचरात्र संहिताओं में नारायण शब्द का निर्वचन, नारायण के विभिन्न स्वरूप, उनकी शिक्षायें, प्रशस्ति, मूर्ति आदि ज्ञातव्य है। अहिर्बुध्न्य संहिता और श्रीप्रश्न संहिता तथा कतिपय अन्य संहिताओं में नारायण नाम के सूक्ष्म अर्थ पर विचार किया गया है। अहिर्बुध्न्य संहिता के 52वें अध्याय में विष्णु, नारायण, वासुदेव और देव शब्द का अर्थ निरूपण किया गया है।[104] नारायण शब्द के लिए यहाँ कहा गया है कि नर ही वह पुरुषोत्तम है जो अखिल विज्ञान का प्रकाशक है तथा अखिल तक का नाशक है। इसी प्रकार इसी क्रम में इस संहिता में महाकाव्यों, पुराणों द्वारा किये गये निर्वचनों का समाहार करते हुए नारायण शब्द का सूक्ष्मार्थ निरूपण इस प्रकार है–

नारायणो निबोधैतपद्रूपाणां त्रितयं मुने।।
क्रियाकारकलभ्योर्थस्तत्रस्थूलो निदर्शितः।
यः प्रातिपदिकस्थोअर्थः स सूक्ष्मो द्य निरूप्यते।।
इति ते सूक्ष्म उदिद्ष्टः परं वर्णाश्रयं श्रृणु।
अकुण्ठितश्चक्ररूपः समस्तदुरितानलः।।

व्यापकः सर्वशात्रेषु प्रथितो गोपनः सताम्।
सदानन्दमयः पन्था नाराणां च परा गतिः।।

श्रीप्रश्न संहिता में नारायण शब्द को प्रणवार्थ में अभिव्यक्त करते हुए इसे परम उपास्य देवता कहा गया है और नारायण शब्द में आदि स्रष्टा और पथ–प्रदर्शक के भाव निहित है, ऐसा बताया गया है।[105] ईश्वर संहिता के 24वें अध्याय में नारायण के विभिन्न स्वरूपों, ध्यान, मंत्र और नारायण द्वारा पांचरात्र शिक्षा सन्दर्भ संक्षेप में प्राप्त होते हैं।[106] पराशर संहिता के 10वें, 11वें एवं 13वें अध्यायों में नारायण की चर्चा है। विशेषकर 13वें अध्याय में उल्लेख केशव, माधव, गोविन्द, विष्णु, मधुसूदन आदि अनेक देवताओं के समान नारायण प्रकरण उपलब्ध है।[107] पाद्‌मसंहिता ''क्रियापाद'' के अंतर्गत ''चतुर्विंशति मूर्ति लक्षणम्'' प्रकरण में नारायण को शंख, पद्‌म, गदा, चक्रधर कहा गया है–नारायणः शंखपद्‌मगदाचक्रधरः स्मृतः।[108] इसी संहिता में अन्यत्र मूर्तिभेद के प्रसंग में भी नारायण की चर्चा है।[109] इसी संहिता के चर्यापाद के अन्तर्गत 19वाँ अध्याय उत्सव प्रायश्चित नारायण बलि परक है। यहाँ श्लोक संख्या 134 से 169 (अध्याय के अन्त) तक नारायण बलि का प्रकरण दिया गया है। बृहद्‌ब्रह्म संहिता के प्रथम पाद के चतुर्थ अध्याय में नारायणाश्रम का बड़ा ही रूचिर वर्णन है। यहाँ वस्तुतः नारायण और नारायण धाम की प्रशस्ति गायी गयी है।[110] विष्वक्सेन संहिता में नारायण की वेश–भूषा अलंकार आयुध आदि के साथ उनके स्वरूप का अतीव सुन्दर वर्णन किया गया है।[111] शेष संहिता में नारायण मंत्र का निर्देश है।[112] सात्वत संहिता के विभव देवता ध्यान नामक द्वादश परिच्छेद में नारायण के ध्यान का वर्णन किया गया है।[113] हयशीर्ष संहिता में भी नारायण की प्रशस्ति की गयी है।[114] इसी संहिता में केशवादि विभिन्न नामों से देवताओं के प्रतिमा शास्त्रीय स्वरूप का स्मरण किया गया है, नारायण के स्वरूप का वर्णन भी इसी प्रसंग में मिलता है।[115]

वास्तव में पांचरात्र और नारायण दोनों ही शब्द मूलार्थ–अभिज्ञान की दृष्टि से अत्यन्त महत्वपूर्ण है। इस सन्दर्भ में प्रोफेसर विश्वम्भर शरण पाठक द्वारा किये गये इन शब्दों के भाषा वैज्ञानिक विवेचन को समीचीन अस्तु उल्लेखनीय कहा जा सकता है। तदनुसार नारायण शब्द में जो प्रथम पद नारा है वह समूह का या वर्ग का बोधक है। विष्णु सहस्त्रनाम में प्रयुक्त नारायण शब्द पर शंकराचार्य ने जो टीका की है उससे भी इस बात की पुष्टि होती है। और अयन शब्द अय् धातु से निष्पन्न होता है जिसका अर्थ है चलना– ''अय–तीति अयनः।'' इस अयन शब्द का जो अर्थ–विकास होता है वह ध्यान देने योग्य है। यह अपने पहले चरण में संचरण, दूसरे में मार्ग और अन्ततः गन्तव्य स्थान को व्यक्त करता है। नारायण शब्द में यही अंतिम अर्थ सन्निहित है।

इस प्रकार नारायण कहने मात्र से समग्र समष्टि के प्रतीकत्व का बोध होता है। तथैव कहा जा सकता है कि समग्र समष्टि नारायण की प्रतीक है। यह स्थिति ''पांचरात्र'' से अभिव्यक्त होती है। पांच का अर्थ है– सर्व का, विश्व का अथवा समग्र का और ''रात्र'' शब्द ''रात्'' धातु से निष्पन्न हुआ है जिसका प्राथमिक अर्थ है शिक्षा देना और दूसरा है उपासना करना, ''रात्र'' का अर्थ है उपासना। इस प्रकार पांचरात्र का अर्थ हुआ सर्वस्व की उपासना। अस्तु सर्वस्व की उपासना के माध्यम से नारायण सर्वश्व का प्रतीक है।

पांचरात्र आगमों में वासुदेव

पांचरात्र परम्परा में उपास्य ब्रह्म वासुदेव स्वरूप है। नारायण के बाद वासुदेव नाम ही अत्यन्त प्रख्यात रहा है। षाड्गुण्य ब्रह्म के रूप में वासुदेव के स्वरूप एवं महत्व आदि पर हमने व्यूह एवं विभव शीर्षक अध्याय में विचार किया है। यहां इतना ही ध्यातव्य है कि वासुदेव की चर्चा एक प्रत्यय–विमर्श में महर्षि पाणिनि ने की थी। पाणिनि के एक सूत्र– वासुदेवार्जुनाभ्यां वुंञ में वासुदेव एवं अर्जुन शब्द का उदाहरण दिया गया है। वुंज (अक्) वासुदेव से जुड़ कर भक्ति के भाव में वासुदेवक शब्द बनाती है। जिसका अभिप्राय है वासुदेव के भक्त। महर्षि पतंजलि ने पाणिनि के इस सूत्र की व्याख्या में आदरपूर्वक–संज्ञैषा तत्र भवतः क्षत्रियस्य, टिप्पणी की है[116]–जो वस्तुतः क्षत्रिय वासुदेव की याद दिलाती है। इस आधार पर कुछ विद्वानों की धारणा है कि उन दिनों वासुदेव की प्रतिष्ठा एक वीर के रूप में थी। यद्यपि महाभाष्य की टिप्पणी पर ध्यान देते हुए कैयट ने वासुदेव को शाश्वत परम ब्रह्मस्वरूप माना है–**''नित्यः परमात्मा देवता विशेष इह वासुदेवो गृह्यत इत्यर्थः।''**[117] ज्ञातव्य है कि श्रीमद्भगवतगीता में वासुदेव को सर्वव्यापक ब्रह्म के अर्थ में प्रस्तुत किया गया है[118]–

बहूनां जन्मनामन्ते ज्ञानवान्मां प्रपद्यते।
वासुदेवः सर्वमिति स महात्मा सदुर्लभः।।

इस प्रकार ऐसा प्रतीत होता है कि वासुदेव महर्षि पाणिनि के युग के पूर्व ही परम ब्रह्म के रूप में प्रतिष्ठित हो गये थे। पुनः हेलियोडोरस के विदिशा अभिलेख द्वितीय शताब्दी ई0 पू0 से उन्हें देवताओं में सर्वश्रेष्ठ (देवदेवस वासुदेवस) संज्ञा मिली। इस अभिलेख में यवन राजदूत हेलियोडोरस अपने को भागवत कहता है और अपने आराध्य के देवताओं का देवता वासुदेव। ई0 पू0 की शताब्दियों से ही, इस तरह, साहित्यिक एवं पुरातात्विक साक्ष्यों के आधार पर, वासुदेव परमात्मा के रूप में प्रतिष्ठित दिखाई देता है। पांचरात्रागमों में व्यूह, वासुदेव रूप में विभिन्न संहिताओं यथा–ईश्वर, पराशर, वृहद्, ब्रह्म, मार्कण्डेय, विश्वामित्र, विष्णु, विष्वक्सेन, हयशीर्ष (आदिकाण्ड) इत्यादि में उसकी प्रतिष्ठा वर्णित है।[119]

भागवत

वैष्णव धर्म की प्राचीनतम संज्ञा भागवत धर्म तथा पांचरात्र मत है। षट् ऐश्वर्य से सम्पन्न होने के कारण विष्णु ही 'भगवत्' शब्द से अभिहित किये जाते हैं और उनकी भक्ति, उपासना, साधना करने वाले 'भागवत' कहे जाते हैं। भागवत तो भगवान् के भक्त की ही संज्ञा है। पांचरात्र आगमों में विष्णु–भक्त के लिए सामान्यतः वैष्णव शब्द प्रयुक्त है और पांचरात्र वैष्णव धर्म का विशिष्ट सम्प्रदाय है। लेकिन ब्राह्मण परम्परा के जिस वैष्णव धर्म की हम बात करते हैं, प्रारम्भ में उसके लिए वैष्णव शब्द का प्रयोग नहीं होता था। इस धर्म के लिए ई0 पू0 की शताब्दियों में जो शब्द प्रचलित रहे हैं, उनमें भागवत, सात्वत, ऐकान्तिक और पांचरात्रिक शब्द विशेष महत्व के हैं। महर्षि पाणिनि की अष्टध्यायी[120] के एक सूत्र में वासुदेव और अर्जुन शब्द का उदाहरण प्रस्तुत किया गया है तदनुसार **''वासुदेवक व ''आर्जुनक''** शब्द मिलते हैं। ''वासुदेवक'' शब्द स्पष्टतः यहां वासुदेव भक्त के लिए प्रयुक्त है। इस तरह पाणिनि के काल में (लगभग 500 ई0 पू0 के आसपास) इस धर्म और भगवान वासुदेव के भक्त को वासुदेवक कहा जाता रहा होगा। वासुदेवक की तरह ही ऐकान्तिक व पांचरात्रिक भी पुरातन नाम है, क्योंकि उत्तर वैदिक साहित्य में एकान्तियों और पांचरात्र–मतानुयायियों की प्रकारान्तर से चर्चा है भागवत शब्द भी इस सन्दर्भ में प्राचीन है। क्योंकि ई0 पू0 की दूसरी शताब्दी के यवन राजदूत हेलियोडोरस द्वारा विदिशा में स्थापित गरुड़ध्वज–स्तम्भ–लेख द्वारा सर्वप्रथम भगवान विष्णु के भक्त के लिए वासुदेवक शब्द का प्रयोग किया गया है जहां वासुदेव को देवदेवस (देवाधिदेव) बताया गया है।[121]

इस विशिष्ट धर्म के लिए 'वैष्णव' शब्द का पहली बार उल्लेख महाभारत के 'स्वर्गारोहणपर्व'[122] में हुआ है। महाभारत के इस पर्व की रचना लगभग 300 ई0 माना जाता है।[123] एकान्तिन, सात्वत, पांचरात्रिक जैसे अनेक नाम एक ही विशिष्ट सम्प्रदाय– पांचरात्र सम्प्रदाय के बोधक हैं। पांचरात्र आगम ई0 पश्चात् के शताब्दियों में संकलित हुए। विद्वानों के विचार से सामान्य तौर पर इन आगमों का प्रणयन गुप्त युग से 17वीं, 18वीं शताब्दी ई0 तक होता रहा। किन्तु पांचरात्र आगम का स्रोत और भी पुरातन है बल्कि पांचरात्र मत के प्रतिबिम्ब वैदिक वाङ्मय तक में देखे जा सकते हैं। जहां तक पांचरात्र आगम–शास्त्रों का प्रश्न है, उनमें रत्नत्रय काफी पुराने हैं और सात्वत् संहिता निःसन्देह सर्व प्राचीन है। इस तरह पांचरात्र धर्म का विपुल वाङ्मय इस सम्प्रदाय के इतिहास के लिए तो अत्यन्त महत्वपूर्ण है ही, इसके साथ ही गुप्त काल से लेकर मध्यकाल तक की वैष्णव प्रवृत्तियों के वे अनुपम कोश है। पांचरात्र धर्मानुयायियों के लिए पांचरात्रागमों में अनेक प्रकार के सम्बोधन मिलते हैं, यथा–भागवत, पांचरात्रिक, सात्वत, समयिन्, अर्चक, आचार्य, आराधक,

सूरि अथवा नित्यसूरि, दीक्षित, एकान्तिन, कर्म सात्वत, जपनिष्ठ, चक्रवर्तिन, तापस, दास, पार्षद, पुत्रक, मूलक, यति, योगी, शास्त्रज्ञ, शास्त्र धारक, शिखी, सम्प्रवर्तिन जैसे शब्द अत्यन्त महत्वपूर्ण है। इसी तरह वैष्णव भगवद्–भक्तों के लिए वैखानस शब्द का प्रयोग सामान्य अर्थ में यत्र–तत्र हुए हैं।

पांचरात्र संहिताओं में उक्त अनेक नामों के अतिरिक्त 'वैष्णव' शब्द भी कहीं–कहीं प्रयुक्त हुआ है। उदाहरण के लिए बृहद्ब्रह्म संहिता में वैष्णव शब्द 'एकान्तिनों' अथवा परमैकान्तिनों के सम्बन्ध में आया है।[124] पराशर संहिता में कहा गया है कि वैष्णव के लिए पंच संस्कार आवश्यक है।[125] विश्वामित्र संहिता में दीक्षा–विधि नामक नवम् अध्याय में एकान्ती, पांचरात्रिक, सूरि, भागवत, सात्वत, पांचकालिक जैसे नाम एक साथ आये हैं। यही कहा गया है कि ज्ञान आदि षड्गुण को 'भग' कहा जाता है, उनसे जो युक्त है वही भगवान है और, उस भगवान के भक्त हो भागवत कहा जाता है।[126] पांचरात्र मतावलम्बियों के लिए भागवत शब्द का प्रयोग नारदीय, परम, पाद्म (चर्यापाद), पारमेश्वर, मार्कण्डेय, विश्वामित्र, विष्णु, सनत्कुमार आदि संहिताओं में हुआ है। परम संहिता में कहा गया है कि अर्चन की अष्टधा विधि के अनुसार जो भगवान की पूजा करता है वह भागवत कहलाता है।[127] यही बात पाद्म संहिता के चर्यापाद में कही गयी है।[128] विष्णु संहिता में भागवत शब्द को परिभाषित करते हुए कहा गया है कि जो तत्वज्ञ है अर्थात् सत्य का ज्ञाता है, वह भागवत है।[129] इसी संहिता में अन्यत्र भागवत को सर्वश्रेष्ठ कहा गया है।[130] मार्कण्डेय संहिता में पांचरात्र विधि से सम्बद्ध व्यक्ति को भागवत कहा गया है।[131] पारमेश्वर संहिता के वचनानुसार अर्चक होने के लिए सर्वोत्त्म है भागवत।[132] सनत्कुमार संहिता के इन्द्ररात्र में वर्णन आया है कि किस प्रकार भगवान सात्वत अथवा कृष्ण रूप में संसार को सात्वत अथवा भागवत यानी पांचरात्र धर्म का उपदेश देते हैं।[133] इत तरह भागवत शब्द पांचरात्रिकों के लिए प्रसिद्ध रहा है। पांचरात्र शास्त्र को "सात्वत शास्त्र" भी कहा गया है। महाभारत में भगवान संकर्षण द्वारा उद्गीत सात्वत विधि का वर्णन है। इस सात्वत शास्त्र के अनुयायी को सात्वत कहा जाता था। ईश्वर[134] और विष्णु[135] से यह बात स्पष्ट है। जयाख्य संहिता में इन्हें कर्म सात्वत संज्ञा मिली है।[136] विष्णु के आराधक अथवा भक्त के लिए एक बड़ा ही महत्वपूर्ण शब्द मिलता है–अर्चक। वास्तव में इस शब्द का प्रयोग मन्दिरों में अर्चना करने वाले भक्त के लिए ही प्रायः हुआ है। अनिरुद्ध संहिता में कहा गया है कि अविवाहित व्यक्ति अर्चक नहीं हो सकता।[137] इसी तरह परम पुरुष संहिता में विस्तारपूर्वक अर्चक की योग्यता, उसके कर्तव्य अधिकार आदि की चर्चा है।[138] ऐसा प्रतीत होता है कि किसी अर्चक ने ही इसी रचना की हो। पाद्म[139] और पारमेश्वर[140] में मन्दिर एवं गृह में अर्चक होने की योग्यता आदि के निर्देश हैं, साथ ही उसे भट्टाचार्य भी कहा गया है। पौष्कर संहिता में अर्चक के लिए पंच संस्कारों की अपेक्षा पर बल दिया गया है। विष्णु तिलक[141] और श्रीप्रश्न[142] में

भी अर्चक के विषय में पर्याप्त प्रकाश डाला गया है। अर्चक के लिए ही एक शब्द मिलता है। "साधक"। संहिताओं में इस शब्द का प्रयोग उस व्यक्ति के लिए किया गया है जो बिना किसी त्रुटि के ईश्वर की प्रतिमा की अर्चा करता है। जयाख्य,[143] पौष्कर,[144] विष्णु,[145] और सनत्कुमार संहिताओं में साधक सम्बन्धी विवरण प्राप्य हैं। सनत्कुमार संहिता में उसे आचार्य के चार प्रकारों में से एक माना गया है।[146]

सामान्यतः स्वीकृत पांचरात्र रीति को मानने वाला समयिन कहलाता है। जयाख्य संहिता में कहा गया है कि जो अपने गुरु का आदर करता है, योगाभ्यास करता है, विष्णुतिलक धारण करता है और पवित्र तिथियों में व्रत, उपवास करता है वह समयिन कहलाता है।[147] पौष्कर संहिता में एक समयिन के लिए विशिष्ट दीक्षावधि का वर्णन है।[148] विष्णु संहिता में कहा गया है कि जो मण्डल की रचना कर सके और उसमें निहित ईश्वर की आराधना करे वह समयिन है।[149] इसी प्रकार अन्यत्र सात प्रकार के समयिन बताये गये हैं एवं उनके आचार का वर्णन प्राप्त होता है। सनत्कुमार संहिता के ब्रह्मरात्र,[150] इन्द्ररात्र[151] एवं ऋषिरात्र[152] में समयिन के सन्दर्भ में विस्तार से उल्लेख है। वस्तुतः पांचरात्र धर्म में जो लोकप्रिय आचार पक्ष है उसे समय कहा जाता था और उसके कर्ता समयिन कहलाते थे।

दीक्षा

दीक्षा प्राप्त व्यक्ति दीक्षित कहलाता था। विष्णु संहिता[153] में समयिन के विभिन्न प्रकार बताये गये हैं, इसी संहिता में चार प्रकार के दीक्षित बताये गये हैं। वास्तव में इसी संहिता में पांच प्रकार के दीक्षित कहे गये हैं, वे हैं– समयिन, पुत्रक, साधक, देशिक एवं गुरु। ईश्वर संहिता[155] और पौष्कर संहिता[154] में दीक्षित के विवरण हैं तथा नारदीय संहिता[156] में अभिषेकों की संख्या के आधार पर विभिन्न प्रकार के दीक्षित बताये गये हैं। इसी संहिता में उनके सात प्रकार बताये गये हैं।[157] ध्यातव्य है कि दीक्षा के द्वारा मलयुक्त आत्मा का संस्कार होता है। शास्त्र में स्पष्ट रूप से प्रकाश डालते हुए कहा गया है–

दीयते ज्ञानसद्‌भावः क्षीयते पशुवासना।
दानक्षपणसंयुक्ता दीक्षा तेनेह कीर्तिता।।

अर्थात् जिसके द्वारा ज्ञान दिया जाता है और पशुवासना का नाश होता है, ऐसी दान और क्षपणयुक्त क्रिया को दीक्षा कहते हैं। वास्तव में पूजा–अर्चा के लिए आवश्यक गुणों से युक्त व्यक्ति को ही दीक्षा प्राप्त होती थी, उसे पंच संस्कार में अभिज्ञ होना अनिवार्य था। इसके अतिरिक्त मंत्र, जप, यज्ञ, व्रत, उत्सव आदि तथा शास्त्र के विभिन्न व्यावहारिक पक्षों में दीक्षित होने के कारण उसे दीक्षित कहा जाता था। जयाख्य संहिता के वैष्णावाचार लक्षण में शास्त्रधारक[158] शिखी,[159] शास्त्रज्ञ,[160] समप्रवर्तिन[161] जैसे शब्दों के प्रयोग वैष्णव

अथवा पांचरात्रिक अर्थ में हुए हैं। इस प्रकार वैष्णवमतावलम्बियों या पांचरात्रानुयायियों अथवा पांचरात्र आगमविदों के लिए पांचरात्र संहिताओं में अनेक नाम उनके कार्य, महत्व आदि के वर्णन मिलते हैं।

वैष्णव आगम परम्परा

पांचरात्र–आगम वैदिक है अथवा अवैदिक, यह प्रश्न कम से कम 7वीं शताब्दी ई0 अथवा इससे कुछ पहले से ही विचारणीय रहा है। दूसरे शब्दों में इस काल से ही पांचरात्र के वैदिक अथवा वेद सम्मत होने में सन्देह व्यक्त किया जाता रहा है। दूसरी तरफ वैखानस आगम निर्विवाद रूप से वैदिक माना गया। उसका कारण यह था कि विखनस (वैदिक ऋषि) के सूत्रों को वैखानस साहित्य का स्रोत माना गया है कि जिसे उनके शिष्यों अत्रि, मरीचि, कश्यप और भृगु ने अपनी संहिताओं में सुन्दर ढंग से अभिव्यक्त किया। जहाँ तक पांचरात्र का प्रश्न है, यद्यपि इनमें वैदिक तत्व विद्यमान है तथापि दूसरे तमाम अवैदिक तत्व भी यहाँ उपलब्ध है। आगम प्रामाण्य में इन विवादों को पूर्व पक्ष के रूप में प्रस्तुत और स्वीकृत किया गया है।[162] वास्तविकता यह है कि **पांचरात्र आगमों में यह बराबर कहा गया है कि वे स्वयं परम ब्रह्म वासुदेव के श्रीमुख से निःसृत है और उनका आधार शुक्ल यजुर्वेद की एकायन शाखा है।** एकायन शाखा को कभी–कभी वेदों का मुकुट तो कभी मूल स्रोत बताया गया है।[163] ईश्वर संहिता में पांचरात्र वाङ्मय को चतुर्धा विभक्त किया गया है– आगम, मंत्र, तंत्र और तन्त्रान्तर।[164] इसप्रकार शास्त्र–निर्देशों को ध्यान में रखते हुए एक तरफ दिव्य, मुनिभाषित एवं मानुष इन त्रिविध शास्त्रों का परिचय मिलता है, तो दूसरी तरफ उपर्युक्त चतुर्विध–शास्त्रों के निर्देश स्पष्ट है। पूर्वोक्त त्रिविध शास्त्रभेद को वस्तुतः द्विविध कहना चाहिए क्योंकि पांचरात्रशास्त्र के सन्दर्भ में यह बात स्पष्ट है। जहाँ तक चतुर्विध आगमादि भेदों का प्रश्न है इन्हें ही श्रीकर संहिता[165] में क्रमशः वेद, सिद्धान्त, दिव्य सिद्धान्त, तंत्र सिद्धान्त तथा पुराण सिद्धान्त नाम दिये गये हैं और हयग्रीव[166] में क्रमशः इनकों स्वयं व्यक्त, दिव्य, सैद्ध और आर्ष संज्ञा प्राप्त है। प्रथम वर्गीकरण के अनुसार दिव्य कोटि की संहितायें सात्वत्, जयाख्य एवं पौष्कर हैं। इन्हें ही **रत्नत्रय** भी कहते हैं। ईश्वर संहिता में ब्रह्म रुद्रादि प्रमुख देवताओं–ऋषियों द्वारा स्वयं प्रणीत शास्त्र को **मुनिभाषित** तथा स्वयं हरि (नारायण) द्वारा मूलवेदानुसार प्रणीत शास्त्र को **दिव्य** बताया गया है।

उपर्युक्त विवेचन से स्पष्ट है कि पांचरात्रआगम की जो द्विविध परम्परा हमें ज्ञात है उसके अनुसार पांचरात्रशास्त्र के दो भेदों का निर्देश किया गया है। इस क्रम में दिव्यशास्त्र के बाद मुनिभाषित शास्त्र का स्थान आता है। मुनिभाषित शास्त्र चार प्रकार के होते हैं–

1– सात्विक शास्त्र
2– राजस शास्त्र
3– तामस शास्त्र
4– पौरुष (मानुष कृत) शास्त्र

सात्विकशास्त्र पुण्डरीकाक्ष के द्वारा यथास्थित अर्थजाल को जानकर उस अर्थ के अनुरूप जिस शास्त्र का प्रणयन हुआ उसे सात्विकशास्त्र कहते हैं। **राजसशास्त्र** सात्विकशास्त्र के अर्थ को जानकर और उसका अवलम्बन कर स्वबुद्धयुन्मेष के द्वारा अर्थजात का बोधक, विज्ञान–तत्वयुक्त, ग्रन्थ–विस्तार से युक्त, सर्वेश्वर से लेकर संक्षेप प्रसार से अपने विकल्प विज्रम्भणों के द्वारा ब्रह्मादि से प्रणीत पुनः ब्रह्मादि से संक्षेप में ऋषियों द्वारा सुनकर स्वविकल्प से उनके द्वारा ही प्रणीत शास्त्र को राजसशास्त्र कहा गया है। **तामसशास्त्र** केवल स्वविवेक से कल्पित शास्त्र तामसशास्त्र कहा गया है। **पौरुषशास्त्र** केवल मनुजों के द्वारा निर्मित शास्त्र पौरुषशास्त्र कहा गया है।[167] इस शास्त्र के सम्बन्ध में पांचरात्ररक्षा में कहा गया है– **केवलं मनुजैर्यत्तु कृतं तन्मानुषं भवेत् ।** वैष्णव आगम या पांचरात्र शास्त्र परम्परा को निम्नांकित तालिकाओं से हम उनका स्पष्ट परिचय प्राप्त कर सकते हैं–

तालिका 'अ'

पांचरात्रागम

- दिव्य
  - सात्वत संहिता
  - पौष्कर संहिता
  - जयाख्य संहिता
- मुनिभाषित
  - सात्विक (उत्कृष्ट)
  - राजस (मध्यम)
  - तामस (अधम)

तालिका 'ब'

पांचरात्रागम

आगम	मन्त्र	तन्त्र	तन्त्रातार
वेदसिद्धान्त	दिव्यसिद्धान्त	तन्त्रसिद्धान्त	पुराणादि
स्वयंव्यक्त	दिव्य	सैद्ध	आर्ष

नारायणसंहिता में पांचरात्र आगम के सात्विक, राजस तथा तामस–ये तीन भेद कहे गये हैं। यहाँ तीनों के लक्षण नहीं कहे गये हैं। केवल सात्विकादि शास्त्रों के नाम–निर्देश किये गये हैं। सात्विक संहिताओं के नाम–निर्देश के क्रम में अधोलिखित संहिताओं के नाम निर्दिष्ट हैं[168]–

1–पौष्कर	2–श्रीकर	3–विष्णुसिद्धान्त
4–हारित	5–वैहिगेन्द्र	6–प्रयनाख्य (पाँच संहिताएँ)
7–सत्यसंहिता	8–विश्वसंहिता	9–महाप्रश्नसंहिता
10–श्रीसंहिता	11–सनन्दसंहिता	12–परमसंहिता
13–पुरुषसंहिता	14–पुरुषोत्तमसंहिता	15–महासनत्कुमारसंहिता
16–बृहन्नारदीयसंहिता	17–अनन्तसंहिता	18–भागवतसंहिता
19–जयाख्यसंहिता	20–तत्वसारसंहिता	21–विष्णुवैभविक संहिता।

अन्त में यहाँ **'षट्त्रिंशत् सात्विकाः मताः'** का निर्देश किया गया है। इस तरह इस कथन के अनुसार सात्विक संहिताओं की संख्या 36 कही गयी है। परन्तु ऊपर केवल 21 संहिताओं के नामोल्लेख प्राप्त हैं। **'प्रश्नाख्यां पंच संहिता'** का उल्लेख अवश्य मिलता है। इसका अर्थ यदि यह माना जाय कि प्रश्न नाम की विविध पाँच संहिताएँ हैं, तब कुल मिलाकर सात्विक संहिताओं की संख्या 25 होगी। तब यहाँ यह अनुमान किया जा सकता है कि अन्तिम में निर्दिष्ट संख्या षट्त्रिंशत् न होकर पंचविंशत् होनी चाहिए। सम्भवतः लेखन–परम्परा के कारण यह हुआ हो।

राजस संहिताओं की अनुक्रमणिका के अन्तर्गत निम्नलिखित संहिताएँ दिखाई गई हैं–

1–पाद्म	2–पाद्मोद्भव	3–मायावैभव
4–नलकूबर	5–त्रैलोक्यमोहन	6–विष्वक्सेन

7–ईश्वरसंहिता	8–नारायणसंहिता	9–आत्रेयसंहिता
10–वाशिष्ठसंहिता	11–द्राविड़संहिता	12–वैहायससंहिता
13–भार्गवसंहिता	14–हारितसंहिता	15–ताण्डवसंहिता
16–संकर्षणसंहिता	17–प्रद्युम्नसंहिता	18–वामनसंहिता
19–शार्वसंहिता	20–पाराशर्यसंहिता	21–जाबालिसंहिता
22–अहिर्बुध्न्यसंहिता	23–उपेन्द्रसंहिता	24–योगिहृदयसंहिता
25–आदिरामभिहिरसंहिता	26–वाराहमिहिरसंहिता	27–योगसंहिता
28–नारदीयसंहिता	29–वारिणसंहिता	30–भारद्वाजसंहिता
31–नरसिंहसंहिता	32–कार्ष्णाम्बरसंहिता	33–राघवसंहिता।

ये 33 राजस संहिताएँ परिगणित हैं। इन राजस संहिताओं की संख्या के विषय में कहा गया है, **'राजस्यः षट्त्रिंशत् संहिताः स्मृताः'।** अर्थात् राजस संहिताओं की कुल संख्या 36 है। परन्तु ऊपर जिस प्रकार नाम–निर्देषपूर्वक राजस संहिताओं का परिगणन किया गया है, उसके अनुसार ये केवल 33 ही देखी जाती हैं।[169]

तामस संहिताओं के अन्तर्गत अधोलिखित नामों का निर्देष किया गया है–

1–शातातपसंहिता	2–त्रैलोक्यविजयसंहिता	3–विष्णुसंहिता
4–पुष्टितन्त्र	5–शौनकीय	6–संवादसंहिता
7–शुकसंहिता	8–इन्द्रसंहिता	9–याज्ञवल्क्यसंहिता
10–गौतमसंहिता	11–पुलस्त्यसंहिता	12–दक्षसंहिता
13–अर्चकप्राप्ति	14–सांख्यसंहिता	15–दत्तात्रेयसंहिता
16–काश्यपसंहिता	17–पैंगलसंहिता	18–मार्कण्डेयसंहिता
19–कात्यायनसंहिता	20–वाल्मीकिसंहिता	21–बोधायनसंहिता
22–याम्यसंहिता	23–नारायणसंहिता	24–बार्हस्पत्यसंहित
25–कापिलसंहिता	26–जैमिनिसंहिता	27–जयोत्तरसंहिता
28–कौमारमयसंहिता	29–मारीचसंहिता	30–तैजससंहिता
31–उशनससंहिता	32–हिरण्यगर्भसंहिता[170]	

यहाँ तामस संहिताओं की कुल संख्या 36 कही गयी है। परन्तु ग्रन्थ के क्षतिग्रस्त होने के कारण कुछ संहिताओं के नाम स्पष्ट ज्ञात नही होते ।

जहाँ तक नारायण संहिता का प्रश्न है, इस नाम से दो संहिता उपलब्ध हैं। एक तेलगुलिपि में मुद्रित तथा प्रकाशित है। इस नारायण संहिता में उपर्युक्त गुणपरक संहिताओं का वर्णन नही प्राप्त होता है। दूसरी नारायण संहिता मातृका रूप में उपलब्ध है और उसी में उपर्युक्त वर्णन प्राप्त होता है। इस मातृका–ग्रन्थ में ग्रन्थपात तथा अशुद्धियां अधिक हैं।[171]

वैष्णव आगम संहिताएं-संख्या

पांचरात्र आगम–संहितायें कितनी रही हैं, इस बात का निश्चित प्रमाण नहीं है। यद्यपि इस परम्परा के विद्वान अध्येताओं ने संहिताओं की संख्या निश्चित करने का यथासमय प्रयास किया है। सर्वप्रथम श्रेडर (1916 ई0) ने विभिन्न संहिताओं विशेषकर कपिंजल, पाद्म, विष्णु एवं हयशीर्ष साथ ही अग्नि पुराण को आधार बनाकर 210 संहिताओं की परिगणना की है। इसके साथ ही उन्होंने पाँच संहिताओं के नाम जोड़कर कुल 215 संहिताओं की सूची प्रस्तुत किया है। इसके पूर्व 1931 ई0 में जयाख्य संहिता के सम्पादक ई0 कृष्णमाचार्य नें 16 प्रकाशित संहिताओं तथा 34 हस्तलिखित ग्रन्थ संग्रह रूप में अमुद्रित संहिताओं की सूची प्रस्तुत किया। लक्ष्मीतंत्र के सम्पादक पं0 वी0 कृष्णमाचार्य (1956 ई0) ने 225 संहिताओं की एक सूची प्रस्तुत की है। इसके पश्चात् डॉ0 एच0 डैनियल स्मिथ लगभग एक दशक तक पांचरात्रागम (वैष्णव आगम) का अध्ययन करते हुए मुद्रित संहिताओं की विस्तृत विषय–सूची, दो भागों में (A Descriptive Bibliography of the Printed Text of the Pancaratragama, vol. I, Baroda, 1975; – vol. II, Baroda, 1980) प्रकाशित किया। स्मिथ के इस कार्य से हमें अद्यावधि प्रकाशित संहिताओं में 25 संहिताएं देवनागरी में तथा 7 संहिताएं तेलगु लिपि में ज्ञात हैं। गंगानाथ झा शोध संस्थान, इलाहाबाद द्वारा प्रकाशित भार्गव तन्त्रम् का विवरण डैनियल स्मिथ की बिब्लियोग्राफी में नहीं है। इस प्रकार अब तक देवनागरी लिपि में कुल 26 संहितायें प्रकाश में आ चुकी हैं। मद्रास से प्रकाशित 'पैनोरमा ऑफ पांचरात्र लिटरेचर' में अब तक 104 पांचरात्र संहिताओं का विस्तृत विवरण प्रकाशित किया गया है। और लगभग 300 संहिताओं के नाम एकत्रित किये गये हैं। तिरुपति के केन्द्रीय संस्कृत विद्यापीठ के विद्वान पण्डित आसूरि श्रीनिवास आयंगर ने पांचरात्र संहिताओं की सूची में और कुछ नवीन नाम जोड़े हैं। इस प्रकार दक्षिण भारत की जागरूकता के कारण विशाल पांचरात्र साहित्य आज भी सुरक्षित है।[172]

जैसा कि डॉ0 एफ0 आट्टो श्रेडर आदि अनेक विद्वानों के विमर्श से ज्ञात है और वह तर्कसंगत भी है कि समस्त पांचरात्र संहिताओं की संख्या का निर्धारण कठिन कार्य है यद्यपि यह साहित्य विपुल है। तथापि वास्तव में आगम साहित्य की संख्या की अपनी एक परम्परा रही है। पुराणों की ही तरह पांचरात्रों की संख्या पहले 18 फिर 108 पुनः 1008

अन्ततः सार्धकोटि (डेढ़ करोड़) तक कही गयी है। तात्पर्य यह है कि ये संहिताऐं प्रायः 1000 शाखा–उपशाखाओं में विभक्त है। और इनमें प्रायः डेढ़ करोड़ श्लोक हैं जैसा कि श्री पौष्कर संहिता के एक वचन **द्विषट् सहस्त्र पर्यन्तं सहिताख्यंसदागमम्।**[173] से स्पष्ट है कि अब तक प्रकाशित संहिताओं की संख्या को देखते हुए उसे परम्परया ज्ञात विपुल वाङ्मय के सम्मुख नगण्य कहा जा सकता है।

प्राचीनतम संहिताएं : त्रिरत्न एवं त्रिरत्ननिष्ठ संहितायें एवं उनके पूजा-केन्द्र

कतिपय संहिताओं में सात्वत, पौष्कर एवं जयाख्य के लिए रत्नत्रय अथवा त्रिरत्न पद प्रयुक्त हैं। इनमें प्रत्येक संहिता एक विशिष्ट स्थान से सम्बद्ध है। उदाहरण के लिए यदुशैल[174] (मेलकोटे) पर सात्वत विधि से, श्रीरंगम्[175] में पौष्कर विधि से और हस्तिशैल[176] (कांचीपुरम्) में जयाख्य विधि से हरि की आराधना की जाती है।

सात्वताद्यं त्रिकं चैतत् व्यापकं मुनिसत्तमाः।
यथा चाअष्टाक्षरादीनां मन्त्राणां त्रितयं बुधाः।।
एततन्त्रत्रयोक्तेन विधिना यादवाचले।
श्रीरंगे हस्तिशैले च क्रमात्सम्पूज्यते हरिः।।[177]

पारम्परिक रूप से यह भी ज्ञातव्य है कि इन्हीं प्रमुख स्थानों और संहिताओं से सम्बद्ध हमें अन्य संहिताओं के नाम दिखाई देते हैं, यथा–ईश्वर संहिता, सात्वतनिष्ठ, पारमेश्वर संहिता, पौष्करनिष्ठ और पाद्म संहिता जयाख्यनिष्ठ बतायी जाती है। स्पष्ट है कि ईश्वर पारमेश्वर और पाद्म संहितायें क्रमशः सात्वत, पौष्कर एवं जयाख्य की उपवृहिका है। अलशिंग भट्ट लक्ष्मी तंत्र को भी सात्वत संहिता का पूरक मानते हैं। इसी प्रकार वे अहिर्बुध्न्य संहिता को सात्वत संहिता से ही सम्बद्ध मानते हैं। पारमेश्वर संहिता पौष्कर संहिता के विषयों का उपबृंहण करती है। इस बात का उल्लेख स्वयं उस संहिता में भी मिलता है किन्तु भाष्यकार अलशिंग भट्ट इसका सम्बन्ध सात्वत संहिता से भी जोड़ते हैं।

इसका कारण यह है कि ईश्वर और पारमेश्वर संहिता में आनुपूर्वी वाले सैकड़ों श्लोक मिलते हैं। पारमेश्वर की अपेक्षा ईश्वर संहिता प्राचीन है। इस प्रकार ईश्वर संहिता जब सात्व की पूरिका है तो उससे सामग्री का संकलन करने वाली पारमेश्वर संहिता का भी सम्बन्ध सात्वत से मानने में कोई अनौचित्य नहीं है। वास्तव में देखा जाय तो उक्त दोनों संहिताओं में जयाख्य और पौष्कर संहिता से भी सामग्री संकलित की गयी है और इस प्रकार इन सभी संहिताओं का एक दूसरे से सम्बन्ध सिद्ध हो जाता है–**अनुक्तमन्यतो ग्राह्यम्** अर्थात् जो बात एक संहिता में नहीं कही गयी है उसका ग्रहण अन्य संहिता से कर लेना चाहिए–इस न्याय के अनुसार ऐसा किया गया है। उक्त सभी प्रकरणों के

अवलोकनोपरान्त यह सिद्ध हो जाता है कि **पौष्कर व जयाख्य, सात्वत संहिता में संक्षिप्त रूप से वर्णित विषयों का विस्तार करती है। फलतः सात्वत संहिता ही इन सब में प्राचीनतम संहिता है।**[178] सात्वत संहिता का प्राचीनता कतिपय अन्य सन्दर्भों से भी प्रमाणित होता है। पांचरात्र परम्परा त्रिरत्न अथवा रत्नत्रय की जहाँ भी चर्चा है, सर्वप्रथम सात्वत का नाम लिया गया है साथ ही सात्वत, पौष्कर एवं जयाख्य के नाम इसी क्रम से लिये गये हैं। दूसरी बात यह है कि सात्वत में विभव देवताओं के केवल नाम एवं ध्यान ही वर्णित हैं। जबकि पौष्कर में विस्तार से इनके अवतार स्थलों का भी वर्णन है। **सर्वतः पणिपाद्म** सात्वत संहिता[179] का यह वचन जयाख्य संहिता[180] में थोड़ा पाठ भेद के साथ मिलता है। जयाख्य[181] में ही अन्यत्र उक्त श्लोक की विस्तार से व्याख्या मिलती है। इसी प्रकार **अकाराद्यो विसर्गान्तः** आदि सात्वत वचन[182] की जयाख्य संहिता[183] में स्पष्ट व्याख्या की गयी है। इस प्रकार सात्वत संहिता के संक्षिप्त वचनों की विस्तार से व्याख्या करने वाली यह जयाख्य संहिता निश्चित रूप से उसके बाद की है और वे सात्वत संहिता के विषयों का उपबृंहण करती है।[184]

सात्वत संहिता के लिए एक आभिलेखिक समर्थित साक्ष्य भी है। पतंजलि के महाभाष्य से प्राचीन **मध्यमिका नगरी** का उल्लेख मिलता है।[185] मध्यमिका की स्थिति राजस्थान के **चित्तौड़गढ़** के निकट विद्यमान घोसुण्डी ग्राम के पास मानी जाती है। घोसुण्डी से एक शिलालेख उपलब्ध हुआ है, जिसके आधार पर हमें यह जानकारी मिलती है कि यहां पहले पत्थर के परकोटे से घिरी हुई नारायण वाटिका थी जिसे पाराशरि पुत्र गाजायन ने वासुदेव और संकर्षण को समर्पित किया था।[186] रोचक बात यह है कि सात्वत संहिता[187] में इस प्रकार की वाटिका को भगवान को समर्पित करने का विधान है। इस तरह घोसुण्डी शिलालेख से प्रकारान्तर से सात्वत संहिता के प्रस्तुत विधान की प्राचीनता सिद्ध होती है। रत्नत्रय के प्रसंग में डैनियल स्मिथ को सात्वत संहिता के एक वचन के आधार पर यह भ्रम हुआ कि यहाँ पौष्कर, वराह एवं प्राजापत्य (ब्राह्म) इन तीन संहिताओं का स्मरण किया गया है। इस सन्दर्भ में पं0 ब्रजवल्लभ द्विवेदी का प्रतिवाद समीचीन लगता है कि यहां इन तीन संहिताओं का नहीं बल्कि त्रिविध सर्गों का प्रतिपादन किया गया है। सात्वतोक्त वचन इस प्रकार है–

यः स्थितस्त्रिविधे सर्गे विभवः पारमेश्वरः।
पौष्कराख्ये च वराहे प्राजापत्ये महामते।।
सूक्ष्मत्वेन च निश्शेषं प्रत्येकस्मिन् हि वर्तते।[188]

रत्नत्रय के प्रसंग में इतना स्पष्ट कहा जा सकता है कि इसका क्रम सात्वत, पौष्कर एवं जयाख्य है और पांचरात्रागमों में ये तीन संहितायें ही इसी क्रम से सर्वप्राचीन मानी जा सकती हैं।[189]

वैष्णव आगमों का व्यापक विषय-क्षेत्र

पांचरात्र आगम शास्त्र का विषय–क्षेत्र अत्यन्त व्यापक रहा है। डॉ0 एफ0 आट्टो श्रेडर ने इसके प्रमुख विषयों को दस भागों में विभक्त किया है–

1– दर्शन शास्त्र
2– मंत्रशास्त्र
3– यन्त्रशास्त्र
4– मायायोग
5– योग
6– आलय–निर्माण
7– प्रतिष्ठा–विधि
8– संस्कार, आह्निक कर्म
9– वर्णाश्रम–व्यवस्था
10– उत्सव–विधि–वर्णन

डॉ0 श्रेडर का कहना है कि इनमें प्रत्येक विषय अपनी जगह पर मोनोग्राफ हो सकते हैं। पांचरात्र परम्परा में भी ऐसे कुछ संकलन पहले से ही तैयार मिलते हैं। उदाहरण के लिए उत्सव संग्रह आदि।[190] वास्तव में पांचरात्र परम्परा के समग्र साहित्य का सम्यक् मूल्यांकन होना अभी शेष है अन्यथा अब तक इसके प्रत्येक वर्ग की प्रभूत स्रोत–सामग्री सामने आ जाती। साधारणतया **पांचरात्र–शास्त्र को चतुष्पाद कहा जाता है** और वस्तुतः इन्हीं चारों पादों में सारे विषयों का समाहार है। ये चतुष्पाद हैं[191]–

1– ज्ञान
2– योग
3– क्रिया
4– चर्या

इन चतुर्विध विषयों में ज्ञान मुक्ति प्रदायक **ज्ञान** को कहते हैं। इस तरह के साहित्य में ब्रह्म, जीव तथा जगत तत्व के आध्यात्मिक रहस्यों का उद्घाटन तथा सृष्टि तत्व का विशेष निरूपण मिलता है। दूसरा पाद **योग** मुक्ति के उपायभूत योग एवं तत्सम्बद्ध प्रक्रियाओं के वर्णन के परिचायक है। **'क्रिया पाद'** वैष्णव–मन्दिरों के निर्माण,

प्रतिमा के विविध आकार–प्रकार का सांगोपांग वर्णन और प्रतिमा की स्थापना आदि का परिचायक है। **चर्यापाद** इस परम्परा के उपासकों या भक्तों के निमित्त आह्निक क्रिया (संस्कार), मूर्तियों तथा मंत्रों के पूजन विधान के विस्तृत विवरण, पर्व और उत्सव के अवसर पर विशिष्ट पूजा–विधान आदि का परिचायक है।[192] **इन चतुष्पादों में प्रथम दो भागवत–पांचरात्र धर्म के सैद्धान्तिक और अन्तिम दो व्यावहारिक पक्ष** का उद्घाटन करते हैं। दूसरे शब्दों में पूर्वार्द्ध, भावात्मक अथवा आंतरिक उपासना तथा उत्तरार्द्ध वाह्य उपासना के परिचायक हैं।[193]

वैष्णव आगमों का अधिकांश भाग क्रिया एवं चर्यापाद के विषय रूप में उपलब्ध है। एक धारणा यह भी है, जो उपयुक्त प्रतीत होती है कि पांचरात्रागम में सर्वाधिक चर्या–पचास प्रतिशत से अधिक, इसके बाद क्रिया, क्रिया से कम ज्ञान और उससे भी कम योग शास्त्र का विवेचन है। **अस्तु चर्या तथा क्रिया की व्यावहारिक विवेचना ही वैष्णव पांचरात्र संहिताओं का मुख्य प्रयोजन है।**[194]

प्रकाशित वैष्णव आगम

(1) सात्वत संहिता

सात्वत संहिता[195] पांचरात्रागम की सर्वप्राचीन संहिताओं में से एक है। ईश्वर सहिता (1.64) पारमेश्वर संहिता (1.19) और जयाख्य संहिता (1.1–14) में इसे त्रिरत्नों में एक बताया गया है। और वे रत्नत्रय संहितायें सात्वत, पौष्कर एवं जयाख्य हैं। सात्वत संहिता का एक देवनागरी संस्करण 1907 में प्रकाशित हुआ था। पुनः **आचार्य ब्रज बल्लभ द्विवेदी द्वारा सम्पादित अलशिंग भट्ट–भाष्य समेत सम्पूर्णानन्द संस्कृत विश्वविद्यालय से 1982 में प्रकाशित हुआ है।** 25 अध्यायों और 3560 श्लोकों में विभक्त यह संहिता निश्चय ही अत्यन्त महत्वपूर्ण है। इसका तीन चौथाई भाग मंत्र सम्बद्ध है। उदाहरण के लिए दूसरे से छठवें अध्यायों में चतुर्व्यूहों की एक मूर्ति की उपासना विषयक मंत्रों का निर्देश है। पारम्परिक रूप में ईश्वर संहिता इस संहिता से सम्बद्ध है। जैसाकि हम जानते है कि ईश्वर संहिता रामानुज की पवित्र भूमि मेलकोटे में पूज्य समझी जाती है। सात्वत संहिता का मेलकोटे में अन्यतम स्थान है। स्पन्द प्रदीपिकाकार उत्पल ने सात्वता, पौष्करा एवं जयाख्य–इस रूप में रत्नत्रय की चर्चा की है। डॉ0 श्रेडर के अनुसार सात्वत का अर्थ है 'सात्वतमत' के अनुयायी। किन्तु आचार्य वेदान्त देशिक के अनुसार यह सात्वत संहिता का वाचक है। आचार्य वेदान्त देशिक ने 'सचरित्ररक्षा' में 'सर्वसंहिता सारभूते श्रीसात्वते' तथा 'भगवच्छास्त्र सारभूते श्री सात्वते' कह कर प्रस्तुत संहिता के वैशिष्ट्य पर प्रकाश डाला है।[196]

सात्वत संहिता निःसन्देह सर्वप्राचीन संहिता है। पौष्कर एवं जयाख्य दोनों संहितायें सात्वत संहिता के विषयों का उपबृंहण करती हैं। उपलब्ध साहित्यिक एवं पुरातात्त्विक साक्ष्यों के साथ ही संहिताओं में उपलब्ध अन्तःसाक्ष्यों के आधार पर यह निश्चय किया गया है कि सात्वत संहिता सर्वप्राचीन संहिता है। यह दिव्य कोटि की संहिता है और इसमें दर्शन के स्तर पर वैष्णव–पांचरात्र मत के प्रारम्भिक स्वरूप का आभास होता है। इस संहिता में चतुर्विध अथवा पंचविध परब्रह्म के बजाय त्रिविध ब्रह्म का प्रतिपादन हुआ है। प्रस्तुत संहिता में परब्रह्म लक्षण और पर के चतुरूपत्व, व्यूह, व्यूहान्तर तथा 39 विभवों शक्तीश और उसकी शक्तियों, भवोपकरणों, शब्द ब्रह्म, सात्वतीय योग, याग, दीक्षा–अभिषेक, नियमाः इत्यादि का वर्णन है।[197]

(2) श्रीपौष्कर संहिता

त्रिरत्नों में दूसरी संहिता पौष्कर संहिता[198] पांचरात्रागम की एक विशिष्ट कृति है। इसकी अनेक पाण्डुलिपियां उपलब्ध हैं और **देवनागरी में यह बंगलौर से एच0 एच0 श्री यतिराज सम्पत कुमार मुनि द्वारा सुसम्पादित एवं श्री ए0 श्रीनिवास आयंगर एवं एम0 सी0 थिरमल चैरियर द्वारा 1934 ई0 में प्रकाशित है।** श्री पौष्कर एवं श्री भगवान के संवाद के रूप में 43 अध्यायों में विभक्त 5900 श्लोकों में वर्णित यह एक विशाल ग्रन्थ है। प्रथम पच्चीस अध्यायों में श्रीभगवान ने पौष्कर को मण्डपादि लक्षण का विस्तारपूर्वक उपदेश दिया है। इसके उपरान्त जो मुख्य विषय इस संहिता में मिलते हैं वे सामान्य व असामान्य पूजा–विधान विषयक हैं।

श्रीरंगम् एवं कांजीवरम् के मन्दिरों में अर्चक पौष्कर संहिता को बड़े आदर की दृष्टि से देखते हैं। पारमेश्वर संहिता इससे सम्बद्ध है। यह संहिता प्राचीनतम् संहिताओं में से एक है और अधिकांश सूचियों में इसे परिगणित किया गया है। पांचरात्र के प्रामाण्य के निमित्त श्रीरामानुजाचार्य ने अपने श्रीभाष्य में और वेदान्त देशिक ने अनेकत्र इस संहिता से उद्धरण प्रस्तुत किया है।[199] पौष्कर संहिता का जो संस्करण उपलब्ध है वह अत्यन्त महत्वपूर्ण नहीं कहा जा सकता, अस्तु इस संहिता पर अभी शोधकार्य होना शेष है। इस सन्दर्भ में डा0 एच0 डैनियल स्मिथ का केन्द्रीय संस्कृत विद्यापीठ, तिरुपति से प्रकाशित विमर्श, भाग एक के अन्तर्गत ''दि थ्री जेम्स ऑफ दि पांचरात्रागम कैनन–ऐन ऐप्रेजल'' शीर्षक लेख द्रष्टव्य है।

(3) जयाख्या-संहिता

पांचरात्र की त्रिरत्न कही जाने वाली संहिताओं में से तीसरी संहिता जयाख्य संहिता[200] **गायकवाड़ ओरियन्टल इन्स्टीट्यूट, बड़ौदा से एंबार**

कृष्णमाचार्य (श्रीरंगम्) द्वारा सम्पादित होकर सर्वप्रथम 1931 में प्रकाशित हुई थी। पुनः एक लम्बे अन्तराल के बाद **1967 ई0 में इसका द्वितीय संस्करण प्रकाशित हुआ।** यह प्राचीनतम् पांचरात्र संहिताओं में से एक है। इस संहिता के प्रारम्भ में ऋषियों के बीच और्व, सम्वर्तक एवं शाण्डिल्य के संवाद मिलते हैं जो वास्तव में पुराणों की प्रकृति को लक्षित करते हैं, लेकिन बाद में संहिता का अधिकांश भाग विष्णु भगवान एवं नारद के संवाद रूप में प्रतिफलित है। जयाख्य संहिता का उल्लेख आचार्य उत्पल (दशम् शताब्दी) ने तथा अन्य आचार्यों ने किया है। जैसा कि हमने आरम्भ में संकेत दिया कि नारद ने श्रीभगवान से पांचरात्र मार्ग का ज्ञान प्राप्त किया। नारद से शाण्डिल्य ने और पुनः शाण्डिल्य से और्व–सम्वर्त आदि ने इसका प्रचार किया। **जयाख्य का मूल क्षेत्र प्रभास तीर्थ है।** त्रिरत्नों में जयाख्य संहिता को श्रेष्ठ तन्त्र कहा गया है।[201]

जयाख्य संहिता का अनुसरण करने वाली संहिता पादम् संहिता है। जयाख्य संहिता में लगभग 4500 श्लोक मिलते हैं जो 33 पटलों में विभक्त है। इसमें सन्देह नहीं कि जयाख्य संहिता का बड़ौदा से प्रकाशित देवनागरी संस्करण सर्वश्रेष्ठ प्रकाशन है जिसमें सम्पादक ने डा0 बी. भट्टाचार्य की अंग्रेजी एवं संस्कृत में अपनी विस्तृत भूमिका के अतिरिक्त अपेक्षित अनुक्रमणिकाएँ भी प्रस्तुत की है। इस संहिता पर एक शोध कार्य गोरखपुर विश्वविद्यालय से सम्पन्न हुआ है। जो (जयाख्य संहिताः एक अध्ययन, श्रीमती ज्ञानप्रभा सिंह, 1980) अद्यावधि अप्रकाशित है। यह संहिता वस्तुतः अत्यन्त महत्वपूर्ण है, क्योंकि इसमें अनेकविध वैदिक, पौराणिक एवं आगमिक तत्व भरे पड़े हैं। इन विविध प्रवृत्तियों का सम्यक् परीक्षण के साथ ही इसके द्वारा पांचरात्र परम्परा का विश्लेषण अद्यावधि होना शेष है।

जयाख्य संहिता में उपलब्ध कतिपय विशिष्टतायें उल्लेखनीय महत्व की है। उदाहरण के लिए 24वें पटल में **प्रेत संस्कार** का वर्णन है, साथ ही इसके अंतिम पटल (33) जिसका शीर्षक है **'सोमाख्यान'** वहां भी नारद ने भगवान से देहपात की स्थिति पर विमर्श किया है। यह बात पारमेश्वर संहिता (11.26–27) में भी मिलती है। दूसरी महत्वपूर्ण विशिष्टता इसके प्रायोगिक सन्दर्भों की है जो साधारणतया सर्वत्र दिखाई देते हैं, किन्तु 26वें (मूलमंत्रसाधन) और 28वें (शक्ति मन्त्र साधन) पटलों में विशेषतः ध्यान देने योग्य है। उपर्युक्त सन्दर्भों के अतिरिक्त, डॉ0 स्मिथ ने जयाख्य में उल्लिखित (25.144) बारह आचार्यों की ओर संकेत किया और कहा कि यह आचार्य परम्परा पांचरात्र में उत्तरकालीन है। अतः सम्भव है कि रामानुजाचार्य के किसी शिष्य ने इसे जोड़ दिया हो।[202]

प्रस्तुत संहिता निश्चय ही आचार्य उत्पल अर्थात् 10वीं शताब्दी के पूर्व की रचना है। इस संहिता के उपलब्ध विशिष्ट संस्करण में बी0 भट्टाचार्य ने 'प्रवेशक' में इसके रचना–काल पर सैद्धान्तिक एवं लिपि शास्त्रीय दृष्टि से विस्तारपूर्वक विचार किया है और तदनुसार वे इस निष्कर्ष पर पहुंचे हैं कि जयाख्य संहिता की तिथि का निर्धारण निश्चित रूप से कर पाना कठिन है, क्योंकि एक तरफ यहाँ पौराणिक शैली में संवाद मिलते हैं दूसरी तरफ इस संहिता में अधिकांश तान्त्रिक अभिचारों (आभिचारिक क्रियाओं) का यत्र–तत्र वर्णन है। डा0 भट्टाचार्य ने लिपि शास्त्रीय अथवा अक्षर सिद्धान्त की दृष्टि से भी जयाख्य के काल पर विमर्श करते हुए इस संहिता के 6वें पटल में प्राप्त विभिन्न अक्षरों का नामकरण एवं उनके विकास–क्रम का स्मरण दिलाया है। इस दृष्टि से बी0 भट्टाचार्य ने जयाख्य संहिता का रचना काल 450 ई0 के लगभग निर्धारित किया है। लगभग यही समय सैद्धान्तिक दृष्टि से भी निश्चित किया जा सकता है। यह काल (गुप्त काल) भारत के इतिहास का स्वर्णिम युग कहलाता है। गुप्त सम्राट स्वयं अपने को परमभागवत या महाभागवत कहते थे। गुप्त काल में न केवल जयाख्य संहिता अपितु अन्य दोनों रत्नों–पौष्कर संहिता तथा सात्वत संहिता की भी रचना हुई।

(4) अगस्त्य संहिता

प्रो0 वी0 राघवन् ने 'अगस्त्य (वाल्यूम–I) मद्रास से प्रकाशित किया था। पुनः उन्होंने सन् 1966 ई0 में द्वितीय भाग के रूप में 'अगस्त्य' का प्रकाशन किया। महर्षि अगस्त्य के नाम से अनेकविध रचनायें प्राप्त होती हैं। जो अगस्त्य नाम ऋषि की प्राचीनता को सूचित करती हैं। कपिंजल, पादम्, पुरुषोत्तम, भारद्वाज, विश्वामित्र एवं विष्णुतिलक जैसी संहिताओं में अगस्त्य संहिता परिगणित है। डैनियल स्मिथ ने पांचरात्रागम के विस्तृत विवरण (भाग–I) में अगस्त्य संहिता प्रथम एवं अगस्त्य संहिता द्वितीय प्रस्तुत किया है और द्वितीय को प्रामाणिक माना है। अब तक इसके केवल 9 अध्याय उपलब्ध हैं। उपलब्ध अध्याय 1–11 के बीच सातवां, आठवां अध्याय अनुपलब्ध है और शेष अध्याय हैं– 1–प्रासाद लक्षण 2–प्रतिमा लक्षण 3–शयनासन लक्षण 4–प्रतिमा लक्षण 5–प्रतिष्ठा विधि (प्रथम पटल) एवं (द्वितीय पटल) अर्चना 6–यह शीर्षकविहीन है और इसमें उत्सव समारोह की विधियां वर्णित हैं 9–पवित्रारोपण प्रायश्चित 10–तंत्र–संकर–भेद 11–नैमित्तिक प्रायश्चित विधि।

अगस्त्य–सुतीक्ष्ण–सम्वाद रूप में जो दूसरी अगस्त्य संहिता मिलती है उसके चार संस्करण, लखनऊ (1898), कोलकाता (बंगाली में, 1910), अयोध्या (देवनागरी में) एवं मैसूर (कन्नड़ में, 1957) से प्रकाशित है। इसमें कुल 34 अध्याय है यद्यपि किसी–किसी संस्करण में 32 मिलते हैं। स्मिथ के विचार से ऐसा लगता है कि यह बहुत बाद की कृति है। इसके अनेक अध्यायों को 16वीं शताब्दी के बंगाल निवासी गोविन्दानन्द एवं रघुनन्द तथा

13वीं शताब्दी के अन्त के हेमाद्रि को उद्धृत किया है। अतः निश्चित ही इसकी तिथि 13वीं शताब्दी के पूर्व की होनी चाहिए। जबकि डा0 जे0 एन0 फर्क्यूहर ने इस कृति को 550–900 ई0 के मध्य माना है। किन्तु स्मिथ ने इस पर टिप्पणी करते हुए कहा है कि इस संहिता को इतना पुराना नहीं होना चाहिए तथापि कहा जा सकता है कि यह संहिता फर्क्यूहर द्वारा निर्धारित सीमा–रेखा के अन्त में ही सही, नवीं, दसवीं शताब्दी की अवश्य होगी।

(5) अनिरुद्ध संहिता

अनिरुद्ध संहिता का एक मात्र प्रकाशित संस्करण देवनागरी में उपलब्ध है जिसके सम्पादक एवं प्रकाशक हैं श्री ए0 श्रीनिवास आयंगर (मैसूर, 1956)। डैनियल स्मिथ का यह विचार समीचीन प्रतीत होता है कि यह संस्करण शुद्ध नहीं है क्योंकि इसमें अनेक भाषागत त्रुटियाँ हैं। इस संहिता की अनेक पाण्डुलिपियाँ सुरक्षित हैं अस्तु इसका एक विशुद्ध संस्करण अद्यापि प्रतीक्षित है। इस संहिता में कुल छोटे व मध्यम श्रेणी के 34 अध्याय है। इसके मूल उद्गाता श्री भगवान 'अनिरुद्ध' बताये गये हैं। जिनसे भृगु ने इसका ज्ञान प्राप्त करके ऋषियों को अवगत कराया। केवल विष्णु तन्त्र में संहिताओं की, सूची में इस संहिता का नामोल्लेख है। यहां 154 संहिताओं की सूची में इसकी संख्या 14 है। इस संहिता के श्लोक वास्तव में द्वितीय श्रेणी के पांचरात्र ग्रंथों यथा–पांचरात्र संहिता, पांचरात्रागम, प्रायश्चित–संग्रह, भक्त–प्रतिष्ठा, उत्सव–संग्रह आदि की पाण्डुलिपियों में उद्धृत हैं।

जहां तक इसकी तिथि का प्रश्न है– यह श्री रामानुजाचार्य के बाद की प्रतीत होती है। यद्यपि नवम् शताब्दी के अन्त में आविर्भूत नम्मालवार षठकोप का यहाँ (34.16) उल्लेख है और इस संहिता में सात्वत एवं पौष्कर संहिताओं के भी उल्लेख हैं। अनिरुद्ध संहिता (10.5) में 'चेर', 'केरल' एवं 'पाण्ड्य' के उल्लेख हुए हैं। इस आधार पर स्मिथ का कहना है कि यह श्री रामानुजाचार्य के बाद की रचना है। इसका एक कारण यह भी है कि कपिंजल, ज्ञानामृतसार, पाद्म, पारमेश्वर, पुरुषोत्त्म, भारद्वाज, मार्कण्डेय, विश्वामित्र और हयशीर्ष संहिताओं में पांचरात्रागम की जो सूचियाँ मिलती हैं। उनमें इस संहिता का न होना भी विचारणीय है।

चौंतीस अध्यायों में और 1800 श्लोकों में उपनिबद्ध इस संहिता में अधिकांशतया मन्दिर, प्रतिमा और उत्सव आदि के विवरण मिलते हैं। प्रारम्भ में ही शास्त्रावतरण के अन्तर्गत भृगु द्वारा श्वेत द्वीप का वर्णन है जहाँ श्री भगवान अनिरुद्ध ने भृगु को भुक्ति–मुक्ति प्रदायक पांचरात्र मार्ग का निर्देश किया था। इसके आगे पांचरात्र की महिमा वर्णित है। दशम अध्याय में राजलक्षण इसी में राज भवन (प्रासाद) में होने वाले दैनिक कृत्यों के वर्णन हुए हैं। 12वें अध्याय में बेर–लक्षण के अन्तर्गत वासुदेव, केशव आदि की प्रतिमाओं

के स्वरूप का निर्देश है। इस संहिता के 21वें अध्याय में महोत्सव विधि का विस्तारपूर्वक वर्णन हुआ है, साथ ही अनेक अध्यायों विभिन्न प्रकार के उत्सवों का वर्णन हुआ है।

(6) अहिर्बुध्न्य संहिता

पाश्चात्य विद्वानों की दृष्टि में अहिर्बुध्न्य संहिता[203] पांचरात्र आगम की विशिष्ट संहिताओं में से एक है। जर्मन विद्वान डॉ0 एफ0 ओ0 श्रेडर ने इस संहिता की विस्तृत भूमिका इस शताब्दी के दूसरे दशक (1916) में आड्यार मद्रास से अंग्रेजी में प्रकाशित किया। डा0 श्रेडर की धारणा रही है कि समस्त पांचरात्रागम का आकलन, अहिर्बुध्न्य संहिता के विवेचन को आधार बनाकर करना चाहिए। डॉ0 एच0 डैनियल स्मिथ श्रेडर से सहमत नहीं है। उनके विचार से यह संहिता पांचरात्र आगम के समग्र का प्रतिनिधित्व नहीं करती और इसकी तिथि भी वर्तमान शोध कार्यों के आधार पर अद्यापि निश्चित नहीं की जा सकी है। इस संहिता के 5वें एवं 19वें अध्यायों के अन्त में क्रमशः सात्वत एवं जयाख्य के उल्लेख हुए हैं। आश्चर्य इस बात का है कि उत्पल, यामुन एवं रामानुज जैसे दर्शनाचार्यों ने इस संहिता का उल्लेख नहीं किया है। पहली बार 13वीं शताब्दी के आचार्य वेदान्त देशिक ने अवश्य ही इसका उल्लेख किया है। इसके अतिरिक्त पाद्म संहिता एवं विश्वामित्र संहिताओं में 108 संहिताओं की जो सूचियां मिलती हैं, वहां क्रमशः इस संहिता का उल्लेख 31वें एवं 25वें स्थान पर है।

अहिर्बुध्न्य संहिता 60 अध्यायों में विभक्त एक विशाल ग्रंथ है। यह दो भागों में विभक्त है। पूर्वार्द्ध में प्रथम अध्याय से 30वें अध्याय तक और उत्तरार्द्ध में 31वें से 60वें अध्याय तक सम्मिलित है। महर्षि दुर्वाशा एवं भारद्वाज के संवाद–रूप में अभिव्यक्त इस संहिता में भारद्वाज ने नारद एवं अहिर्बुध्न्य (शिव) के संवाद की चर्चा की है। नारद अहिर्बुध्न्य से प्रश्न करते हैं और अहिर्बुध्न्य उनका समाधान करते हैं। इस संहिता में विष्णु के सुदर्शन चक्र की महिमा वर्णित है।

(7) ईश्वर संहिता-1

ईश्वर संहिता के तीन संस्करण (तेलगु लिपि, षड्विद्या प्रेस, मैसूर, 1890, कुल पृ0 547; देवनागरी लिपि, सुदर्शन प्रेस, कांजीवरम्, 1923, कुल पृ0 667; देवनागरी लिपि, केन्द्रीय संस्कृत विद्यापीठ, तिरुपति, 1960) प्राप्त हैं। एक तेलगू और दो देवनागरी में है। अगस्त्य एवं भारद्वाज संहिताओं के समान ईश्वर संहिता नाम की भी दो भिन्न–कृतियाँ उपलब्ध है। दूसरी कृति को 'नृसिंह कल्प' भी कहते हैं, जिसकी पाण्डुलिपि बड़ौदा में सुरक्षित है। प्रस्तुत ईश्वर संहिता 25 मध्यम श्रेणी के अध्यायों में विभक्त है और इसमें 8200 श्लोक हैं। यह संहिता सामान्तया नित्य, नैमित्तिक एवं काम्य–इन त्रिविध विषयों

में विभक्त है। ईश्वर संहिता को जिन संहिताओं की सूचियों में परिगणित किया गया है वे इस प्रकार हैं–पाद्म (35.108), पारमेश्वर (4.17), भारद्वाज (5.103), मार्कण्डेय (32.91), विष्णुतन्त्र (94.154), हयशीर्ष (10.25) अग्नि पुराण (10.35) और माहेश्वर तन्त्र (11.25)। यामुनाचार्य (9वीं, 10वीं शताब्दी) ने अपने प्रसिद्ध ग्रंथ 'आगम प्रामाण्य' में ईश्वर संहिता से कम से कम दो उद्धरण दिया है।

इसके अतिरिक्त वेदान्त देशिक (13वीं शताब्दी) ने अपने विख्यात ग्रंथ पांचरात्र रक्षा, में ईश्वर संहिता से अनेक उद्धरण प्रस्तुत किया है। इसमें सन्देह नही कि ईश्वर संहिता सर्वप्राचीन संहिता सात्वत संहिता से सम्बद्ध है और यामुनाचार्य ने आगम प्रामाण्य में इस से उद्धरण दिया है। अतः यह प्राचीन संहिताओं में से एक है। श्रेडर के विचार से यह 800वीं ई0 के पूर्व की रचना है। जब कि डैनियल स्मिथ इसे 10वीं शताब्दी के आस–पास की रचना मानते हैं।

ईश्वर (नृसिंह कल्प) संहिता-2

ईश्वर संहिता नाम से एक अन्य संहिता की पाण्डुलिपि बड़ौदा (संख्या 7967) के ओरियन्टल इन्स्टीट्यूट में, 88 पत्रों में अच्छी हालत में सुरक्षित है। इस संहिता को बार–बार 'नृसिंह कल्प' कहा गया है। इसकी पाण्डुलिपि में 'ईश्वरसंहितायाम्', पांचरात्र, 'नृरसिंहकल्प' तथा 'श्रीसुदर्शन नृसिंह कल्प' के उल्लेख मिलते हैं। ये सभी इस संहिता के अभियान हैं। प्रस्तुत संहिता 14 अध्यायों में विभक्त है। इसमें कुल 640 श्लोक हैं और यह संहिता ईश्वर एवं पार्वती के संवाद रूप में है। ऐसा प्रतीत होता है कि काश्यप संहिता की भाँति ही यह संहिता भी पांचरात्र परम्परा की प्रमुख धारा से सम्बद्ध नहीं है।

(8) काश्यप संहिता

काश्यप संहिता देवनागरी लिपि में, श्री यतिराज सम्पत् कुमार मुनि द्वारा सम्पादित, मेलकोटे से 1933 ई0 में प्रकाशित हुई थी। इसमें कुल 13 अध्याय हैं और यह पश्चात्वर्ती कृति प्रतीत होती है। ऋषि अगस्त्य की तरह ऋषि कश्यप का नाम भी अत्यन्त प्राचीन काल से प्रसिद्ध रहा है। पांचरात्र आगम, आयुर्वेद, ज्योतिष और तंत्र–इन सभी क्षेत्रों में कश्यप का योगदान ज्ञात होता है। इस तरह काश्यप की एक परम्परा दिखाई देती है। **प्रस्तुत संहिता में सर्पदंश, उसके विष तथा सर्पदंश के निदान आदि का वर्णन है।** यहाँ निदान गरुड़ मंत्र द्वारा बताया गया है। इस प्रकार के वर्ण्य–विषय को देखते हुए यह संहिता आयुर्वेदिक होने के साथ–साथ तांत्रिक भी प्रतीत होती है। इसे पांचरात्र वाङ्मय कहना कठिन प्रतीत होता है, चूंकि यह संहिता कपिंजल (11.100),

पाद्म (85.108), पुरुषोत्तम (7.106), भारद्वाज (11.103) और मार्कण्डेय (7.91) में वर्णित है। इसलिए इसे पांचरात्र संहिता रूप में स्वीकार किया जाता है।

(9) ज्ञानामृतसार संहिता (नारद पांचरात्र)

यह प्रथम संहिता है जिसका अंग्रेजी अनुवाद सबसे पहले हुआ। अतः विद्वानों में इसे प्रसिद्धि मिली। स्वामी विज्ञानानन्द ने इसका अनुवाद किया था जो इलाहाबाद सेक्रेट बुक्स ऑफ दि हिन्दूज, ग्रंथ माला के भाग–23 के अन्तर्गत 1921 में प्रकाशित हुआ था। इसके पूर्व बिबिल्योथिका इण्डिका सीरीज, भाग–38 के अन्तर्गत 1865 ई0 में श्रीनारद पांचरात्र ज्ञानामृतसार संहिता शीर्षक से इस संहिता का पहली बार प्रकाश हुआ था। इस संहिता में कुल 61 अध्याय हैं जो पांच खण्डों में विभक्त हैं। प्रत्येक खण्ड को 'रात्र' संज्ञा दी गयी है। प्रथम रात्र में 15, द्वितीय रात्र में 8, तृतीय रात्र में 15, चतुर्थ रात्र में 12 और पंचम रात्र में 11, इस प्रकार कुल 61 अध्यायों में विभक्त इस संहिता में 3100 श्लोक मिलते हैं। इस संहिता के अनुसार, नारद ही सर्व प्रमुख उद्गाता है, जिन्हें महेश्वर (शिव) से ज्ञान प्राप्त हुआ था। तदुपरान्त उन्होंने व्यास को और व्यास ने अपने पुत्र शुक को ज्ञान प्रदान किया। यह संयोग की बात है कि एक अन्य संहिता 'नारदर पांचरात्र' के नाम से भी उपलब्ध है।

यह संहिता वस्तुतः उत्तरकालीन है और यह समग्र पांचरात्र परम्परा का प्रतिनिधित्व नहीं करती। इसमें वस्तुतः कृष्ण एवं राधा के सम्प्रदाय की महिमा वर्णित है। इस संहिता में कतिपय पारम्परिक सिद्धान्त, उदाहरण के लिए व्यूह सिद्धान्त का महत्व कम है, जबकि कतिपय अन्य पक्ष यथा–शक्ति की महत्ता, प्रबलतर है। इसके अतिरिक्त इसमें राधा सम्प्रदाय का विकसित रूप देखने को मिलता है। जो पांचरात्र धारा में निमंजित होता गया है।

(10) नारदीय संहिता

केन्द्रीय संस्कृत विद्यापीठ, तिरुपति द्वारा 1970 ईस्वी में प्रकाशित एवं श्री राघव प्रसाद चौधरी द्वारा सम्पादित नारदीय संहिता का देवनागरी संस्करण उपलब्ध है। इसके अतिरिक्त नारदीय संहिता नाम के दो ग्रन्थ वाराणसी से प्रकाशित हैं, किन्तु वे दोनों ही ज्योतिष शास्त्र के ग्रन्थ हैं। प्रस्तुत कृति से इनका कोई सम्बन्ध नहीं है। पांचरात्र–आगम ग्रन्थ रूप में नारदीय संहिता 30 अध्यायों में सहस्त्र से अधिक श्लोकों में उपलब्ध है। यहाँ भृगु ने अत्रि को वही उपदेश दिया है जो नारद ने गौतम को। इस प्रकार यहाँ जो पांचरात्र–ज्ञान का अवतरण–क्रम है, वह वासुदेव–नारद–गौतम–भृगु–अत्रि तक परम्परया ज्ञात है। मद्रास में ग्रंथ लिपि में 'नारदीय पद्धति' नाम की पाण्डुलिपि सुरक्षित है जो संभवतः 18 अध्यायों में प्रस्तुत संहिता की टीका प्रतीत होती है।

प्रस्तुत संहिता में कतिपय सन्दर्भ बड़े ही रोचक प्रतीत होते हैं। उदाहरण के लिए एक स्थल पर लिखा है कि जहाँ पारसीक कटाः, कीकट, सिंहल हो वे स्थान वर्जनीय हैं। इसी तरह कलिंग, सिन्धुसौवीर आदि म्लेच्छ देशों विशेषकर कामरूप भी इसी कोटि के स्थान हैं। कुरुक्षेत्र आदि को बसने योग्य क्षेत्र माना गया है।[204] इसके अतिरिक्त इस संहिता में जिन नदियों, झीलों और क्षेत्रों को महत्वपूर्ण बताया गया है वे उत्तर भारत एवं दक्षिण भारत दोनों के हैं। इस संहिता के वर्ण्य–विषय के अध्ययन से यह ज्ञात होता है कि इसमें अनेक नवीन तत्त्वों का समावेश किया गया है जो अन्य संहिताओं में प्रायः नहीं है। नारदीय संहिता का वैशिष्ट्य उसके 'फल' निरूपण का है, जो एक नियतिवादी विचार है और नितान्त नूतन भी। इसी प्रकार भगवान को मत्स्य उपहार का उल्लेख वैष्णव परम्परा के विरुद्ध है।[205] विवेच्य संहिता में शैव सम्प्रदाय के पाशुपत का उल्लेख तथा अवतारों में बुद्ध[206] का उल्लेख और वैखानसी[207] के सम्बन्ध में परस्पर विरोधी उल्लेख है।

नारदीय संहिता के रचना काल के सम्बन्ध में पर्याप्त विवाद है। वेदान्त देशिक के पांचरात्ररक्षा में उल्लिखित कतिपय नारदीय संहिता के श्लोकों के आधार पर इसका रचना काल 1269–1369 ई0 विद्वानों ने माना है। अन्तः साक्ष्यों के आधार पर इसकी रचना तिथि आठवीं शताब्दी ई0 तक मानी जाती है। वर्ण्य–विषय के आधार पर इसकी तिथि यद्यपि विवादास्पद है परन्तु आठवीं से ग्यारहवीं तक मानी जा सकती है।

(11) परम संहिता

परम संहिता प्राचीन पांचरात्र संहिताओं में से एक है। इसका देवनागरी संस्करण गायकवाड़ ओरियण्टल सीरीज संख्या 86 के अन्तर्गत बड़ौदा से 1940 में प्रकाशित हुआ था, जिसका सम्पादन एवं अंग्रेजी अनुवाद श्री एस0 कृष्ण स्वामी आयंगर ने किया है। परम संहिता 31 अध्यायों में विभक्त है और इसमें 2100 से अधिक श्लोक हैं। यह एक पूर्ण कृति है। इसे न केवल रामानुज (12वीं शताब्दी) अपितु यामुनाचार्य (10वीं शताब्दी) भी जानते थे जिन्होंने इसके उद्धरण पांचरात्र–प्रामाण्य के प्रसंग में प्रस्तुत किया है। यह संहिता पाद्म (7.108 तथा 3.5), पुरुषोत्तम (23.106), मार्कण्डेय (45.91), विश्वामित्र (3.108) में परिगणित है। हयशीर्ष में भी जो सूची मिलती है उसमें इसका स्थाना पांचवां है। पांचरात्र–परम्परा के साहित्य में परम संहिता से बार–बार उद्धरण दिये गये हैं। इस प्रकार यह संहिता अत्यन्त महत्वपूर्ण एवं प्राचीन प्रतीत होती है। संहिता में देवल–मार्कण्डेय–संवाद मिलता है। देवल ने मार्कण्डेय से वह ज्ञान प्राप्त किया जो मार्कण्डेय को सनक से मिला था। सनक उन तमाम ऋषियों में से एक हैं जिन्हें ब्रह्मा से ज्ञान प्राप्त हुआ था और ब्रह्म को यह मूल ज्ञान भगवान परम से प्राप्त हुआ। यह एक विशाल कृति है और इसके वर्ण्य–विषय भी विविध हैं। सृष्टि–क्रम, पूजा–विधान, मन्त्रविधान, दीक्षा–विधान, आत्मानुशासन, सामाजिक

आचरण, मन्दिर से जुड़े प्रसंग इत्यादि इसके विषय हैं। ज्ञानामृतसार के अलावा यही एक मात्र संहिता है जिसका अंग्रेजी अनुवाद उपलब्ध है।

(12) पाद्म संहिता

पाद्म संहिता के दो भाग हैं। पाद्म संहिता को 'पाद्म तंत्र' भी कहते हैं क्योंकि मैसूर (सद्विद्या से) 1891 में यह संहिता पाद्म तंत्र (भाग–एक) नाम से तेलगु लिपि में प्रकाशित हुई थी। इसके बाद 1927 ई0 में तेलगु लिपि में ही दो भागों में मेलकोटे से पाद्म संहिता का प्रकाशन हुआ। पुनः पाद्म संहिता मैसूर से प्रकाशित हुई। इसके पहले भाग में ज्ञान एवं योग पाद, दूसरे भाग में क्रिया पाद और तीसरे भाग में चर्या पाद। तेलगु लिपि न जानने से हमारे लिए इन संस्करणों का महत्व नहीं। सौभाग्य से 1974 एवं 1982 में श्रीमती पद्मनाभन्, प्रो0 आर0 एन0 सम्पत द्वारा संशोधित एवं सम्पादित पाद्म संहिता (दो भागों में) पांचरात्र परिशोधन परिषद् मद्रास द्वारा प्रकाशित की गयी। इसके प्रथम भाग में ज्ञान, योग एवं क्रिया पाद सम्मिलित है जबकि दूसरे भाग में चर्यापाद। पांचरात्र संहिताओं में यह सबसे विशाल ग्रंथ है। पांचरात्र परम्परा का समग्र विषयवस्तु इसके चतुष्पादों में संकलित है। इस संहिता के दोनों भागों में 82 अध्याय और 9124 श्लोक हैं।

वास्तव में अन्य संहिताओं की अपेक्षा पाद्म संहिता पांचरात्र उपासकों के लिए अत्यधिक महत्वपूर्ण, अतः लोकप्रिय रही है। ध्यान देने योग्य है कि **श्री वैष्णवों के चार प्रसिद्ध तीर्थ रहे हैं। श्री रामानुजाचार्य से जुड़े होने के कारण ये तीर्थ–श्रीरंगम्, तिरुपति, कांजीवरम् एवं मेलकोटे ख्यातिलब्ध हुए।** श्रीरंगम् में पौष्कर से सम्बद्ध पारमेश्वर संहिता का महत्व है। तिरुपति त्रैखानस आगम का केन्द्र है, यहां पांचरात्र विधि से पूजा होती है और इसी के समान मेलकोटे (मैसूर) में ईश्वर संहिता का महत्व है। एक **पाँचवां केन्द्र कुम्भकोणम** है जहां श्री प्रश्न संहिता की प्रतिष्ठा है। उल्लेखनीय है कि प्रायः इन सभी केन्द्रों पर पाद्म संहिता लोकप्रिय रही है। इसका सबसे महत्वपूर्ण कारण यह है कि इसमें जो कर्मकाण्डीय विधियाँ वर्णित हैं, वे अन्य संहिताओं की अपेक्षा अधिक वर्णित हैं। दूसरी बात यह है कि यह संहिता उत्तरकालीन विभिन्न संहिताओं को प्रभावित करती हैं और उनके लिए एक महत्वपूर्ण स्रोत है। स्वयं वेदान्त देशिक ने अपने ग्रन्थ पांचरात्ररक्षा में इस संहिता के तमाम उद्धरण दिये हैं। जहाँ तक इस संहिता के रचना काल का प्रश्न है इसमें पांचरात्र परम्परा की आरम्भिक शैली का अभाव है। तात्पर्य यह है कि जो भाषा–शैली सात्वत, ईश्वर, सनत्कुमार व विष्वक्सेन जैसी आरम्भिक कृतियों में दिखाई देती है वैसी शैली पाद्म संहिता में नहीं मिलती। अतः इसे प्राचीन संहिता नहीं कहा जा सकता है। अतः यह उत्तरकालीन भी नहीं है। ऐसा लगता है कि यह पांचरात्र आगम परम्परा की मध्यवर्ती कड़ी है।

(13) पारमेश्वर संहिता

पारमेश्वर संहिता पौष्कर संहिता से सम्बद्ध है। यह पांचरात्र आगम का एक अत्यंत महत्वपूर्ण ग्रंथ है और श्री वैष्णवों के सर्वाधिक महत्वपूर्ण केन्द्र श्रीरंगम् में इसकी उपासना होती है। 26 अध्यायों और 8700 श्लोकों में रचित पारमेश्वर संहिता देवनागरी में श्री य0 वी0 गोविन्दाचार्य द्वारा सम्पादित एवं श्रीरंगम् से 1953 ई0 में श्रीविलास प्रेस द्वारा प्रकाशित है। प्रथम अध्याय जो वस्तुतः 'शास्त्रावतार' शीर्षक में है, वह ज्ञानकाण्ड कहलाता है। इसमें 113 श्लोक हैं। शेष 25 क्रियाकाण्ड का प्रवर्तन करते हैं। पारमेश्वर संहिता सनक और शाण्डिल्य के संवाद के रूप में प्रस्तुत है। प्रस्तुत संहिता के प्रवेक्षक (अंग्रेजी में, एम0 कृष्ण स्वामी आयंगर तारा) से ज्ञात होता है कि इसमें 16000 श्लोक थे किन्तु दुर्भाग्य से ज्ञानकाण्ड प्रवर्तक केवल एक अध्याय है, शेष लुप्त हैं। इस संहिता के भाष्यकार श्री नृसिंह सूरि पिछली शताब्दी के पूर्वार्द्ध में हुए थे। उनका कहना है कि ज्ञानकाण्ड उन्हीं के युग में लुप्त हुआ। सम्प्रति लगभग 8000 श्लोक उपलब्ध हैं। जिसमें स्नान, शौच, प्राणायाम, भूतसिद्धि, न्यास, योग आदि विषय वर्णित है। यह विवरण धार्मिक महत्व के हैं।

इस संहिता में महोत्सव विधि (अध्याय 17) का बड़ा ही सुन्दर वर्णन हुआ है। उल्लेखनीय है कि पारमेश्वर तंत्र नामक एक अन्य ग्रंथ भी उपलब्ध है जो कि विवेच्य संहिता से भिन्न है। यह वस्तुतः वीर–शैव सम्प्रदाय का ग्रंथ है जो 23 पटलों में विभक्त पाण्डुलिपि के रूप में सुरक्षित है।[208]

(14) बृहद्ब्रह्म-संहिता

वर्तमान शताब्दी के आरम्भ में बृहद्ब्रह्म संहिता के तीन संस्करण (एक तेलगू और दो देवनागरी में) प्रकाशित हुए थे किन्तु वे अप्राप्य हैं। इनमें आनन्दाश्रम प्रेस, पूना से 1912 में मुद्रित संस्करण महत्वपूर्ण है। ऐसा लगता है कि यह पांचरात्र परम्परा की पश्चात्वर्ती कृति है क्योंकि न तो पांचरात्र संहिताओं की सूचियों में यह उल्लिखित है और न ही प्रमुख वैष्णवाचार्यों में इसकी चर्चा है। विष्णु संहिता (1.25–30) में अवश्य ही यह संहिता (4 पाद एवं 32 अध्यायों में) उल्लिखित है। बृहद्ब्रह्म संहिता (4.10.73) में स्वयं को 'ब्रह्म संहिता' नाम दिया गया है। संभव है कि दोनों में एक ही कृति की चर्चा हो। यह संहिता निश्चित ही रामानुज के काल के बाद की है।[209] श्रेडर ने बृहद्ब्रह्म संहिता को एक आधुनिक कृति कहा है। इस संहिता के अध्याय चार पादों में विभक्त है। प्रथम पाद में 13 अध्याय, द्वितीय पाद में 7 अध्याय, तृतीय पाद में 10 अध्याय और चतुर्थ पाद में 10 अध्याय, इस तरह कुल 40 अध्याय हैं।

(15) भारद्वाज संहिता

भारद्वाज संहिता एक लघुकृति है। इसके दो पाठ उपलब्ध हैं। डेनियल स्मिथ द्वारा निर्दिष्ट द्वितीय पाठ महत्वपूर्ण है। इसका सम्पादन पंचनदीय वेदान्त गोविन्दाचार्य मिश्र ने किया तथा इसका प्रकाशन कोलकाता से देवनागरी लिपि में 1922 में कराया। प्रस्तुत संहिता में 4 अध्याय हैं, जिनमें कुल मिला कर 400 श्लोक हैं। इसमें एक पवित्र श्री वैष्णव भक्त के स्वरूप और उसके आचरण की प्रशंसा की गयी है। यह संहिता सामान्य जनों के लिए भी उपलब्ध रही है। अतः पांचरात्र धर्म के प्रचार की दृष्टि से महत्वपूर्ण कही जा सकती है। यह रामानुज के काल के बाद की रचना है। इस संहिता के सभी अध्याय शीर्षक–विहीन है। प्रथम में प्रपत्ति पर विमर्श हुआ है और द्वितीय में पंच संस्कारों की चर्चा है। तृतीय में 'प्रपन्न' की जीवन–दृष्टि उपलक्षित, जिसका एक श्लोक उद्धरणीय है–

परस्य ब्रह्मणस्तस्य विद्या व्यूहादिसंस्थितिः।
ज्ञान क्रियाः समस्ताश्च योगं चात्र फलानि च।।

––भारद्वाज संहिता, 3.42

इसी अध्याय में ईश्वर को समर्पित भक्त के महत्व का प्रतिपादन है। चतुर्थ अध्याय में प्रपन्न के लिए कतिपय बातों का निषेध निर्दिष्ट है और कहा गया है कि उसे ऐसा कोई कार्य नहीं करना चाहिए जो ईश्वर को अप्रसन्न करे। 'यह मत करो' 'वह मत करो'–इस तरह के निर्देश बार–बार हैं।

(16) मार्कण्डेय संहिता

मार्कण्डेय संहिता का देवनागरी संस्करण केन्द्रीय संस्कृत विद्यापीठ तिरुपति द्वारा प्रकाशित है। यह संहिता हमें उपलब्ध नहीं हो पायी, अस्तु इसके विवरण स्मिथ की विस्तृत व्याख्या पर आधारित है। तदनुसार इसमें 32 अध्याय हैं जो 2200 श्लोकों में विभक्त हैं। द्वितीय अध्याय से चतुर्दश अध्यायों तक प्रासाद, प्रतिमा व प्रतिष्ठा आदि का विस्तृत वर्णन है। मार्कण्डेय संहिता यद्यपि किसी भी महत्वपूर्ण आचार्य द्वारा उद्धृत नहीं है, किन्तु बाद में पांचरात्रागम नामक उत्तरकालीन ग्रंथ में इसके कई अध्यायों से महत्वपूर्ण उद्धरण दिये गये हैं। इस संहिता में बहुत कम अंश ऐसे हैं जो इसे प्राचीन प्रमाणित कर सकें। यह मार्कण्डेय और राजा पृथु के संवाद के रूप में प्रस्तुत है। जिस तरह नारायण ने ब्रह्म को और ब्रह्म ने मार्कण्डेय को उपदेश दिया था, उसी तरह मार्कण्डेय ने राजा पृथु को उपदेश दिया।

(17) लक्ष्मीतन्त्र

लक्ष्मी तन्त्र का देवनागरी संस्करण पंडित वी0 कृष्णमाचार्य द्वारा सुसम्पादित होकर आड्यार ग्रंथालय एवं शोध–केन्द्र द्वारा प्रथम बार 1969 में प्रकाशित हुआ, जिसका 1975 में पुनर्मुद्रण हुआ। 1979 ई0 में इस पांचरात्र आगम पर एक शोध कार्य (लक्ष्मीतन्त्रः धर्म और दर्शन, डा0 अशोक कुमार कालिया) अखिल भारतीय संस्कृत परिषद्, लखनऊ द्वारा प्रकाशित हुआ है। तदनुसार पांचरात्रागमों में लक्ष्मीतन्त्र का अत्यन्त महत्वपूर्ण स्थान है। **पांचरात्र सिद्धान्त के प्रायः सभी पक्षों का प्रतिनिधित्व करने वाला सम्भवतः अपने ढंग का यह एक ही ग्रंथ है।** लक्ष्मी का वैभव प्रतिपादक शास्त्र होने के कारण इसका नाम लक्ष्मीतन्त्र है। लक्ष्मी विष्णु की शक्ति हैं। **यह रोचक विषय है कि पांचरात्र आगमों में इस एक संहिता को लक्ष्मी के नाम से जोड़ा गया है।** लक्ष्मी तन्त्र में कुल 3600 श्लोक हैं जो 57 अध्यायों में विभक्त है। ग्रंथ का आरम्भ पुराकथाओं के माध्यम से हुआ है। लक्ष्मी के माहात्म्य की जिज्ञासा अनुसूया को थी जिसके समाधान के लिए अत्रि ने ऋषियों की जिज्ञासा और नारद के द्वारा कही गयी उस पौराणिक कथा का वर्णन किया जिसके अनुसार महर्षि दुर्वासा ने इन्द्र को शाप दिया था जिससे वह राज्यच्युत हो गया था। पुनः लक्ष्मी की कृपा से उसे राज्य मिला। इन्द्र ने वृहस्पति के उपदेश से लक्ष्मी की प्रसन्नता के लिए तप किया था। लक्ष्मी ने जब वर माँगने को कहा तो इन्द्र ने वर के रूप में 'लक्ष्मी–महात्म्य' का ज्ञान ही माँगा। लक्ष्मी ने उसके उत्तर में लक्ष्मीतन्त्र का उपदेश दिया। इस तरह लक्ष्मीतन्त्र में प्रश्नकर्ता शक्र (इन्द्र) हैं तो उपदेशिका लक्ष्मी।

लक्ष्मीतन्त्र नाम विश्वामित्र (50.108) और विष्णुतन्त्र (62.154) में परिगणित है। पुरुषोत्तम (30.106) में 'लक्ष्मी तिलक' का उल्लेख है जब कि विष्णुतन्त्र (46.154) में 'लक्ष्मी नारायण' उल्लिखित है। ऐसा लगता है कि यहाँ लक्ष्मीतन्त्र का संकेत है। वेदान्त देशिक और उनके समकालीन शैव आचार्य अप्पय दीक्षित ने अवश्य ही लक्ष्मीतन्त्र से उद्धरण दिया है। इसके अतिरिक्त शैव आचार्य भाष्कर दीक्षित ने भी इस ग्रंथ को पांचरात्र–प्रमाण के रूप में प्रस्तुत किया है। 13वीं एवं 14वीं शताब्दियों के साहित्य में इसके अनेक उल्लेख मिलते हैं। और उत्तरकालीन ग्रन्थों में भी इसकी चर्चा है। डैनियल स्मिथ के अनुसार यह कृति रामानुज के काल के बाद की प्रतीत होती है।[210] किन्तु डॉ0 कालिया का निष्कर्ष भिन्न है तदनुसार यह कहना अनुचित न होगा कि लक्ष्मीतन्त्र की रचना 8वीं शती के उत्तरार्द्ध तथा 12वीं शताब्दी के मध्य हुई है।

(18) विश्वामित्र संहिता

विश्वामित्र संहिता का देवनागरी संस्करण श्री उण्डेमने शंकर भट्ट द्वारा सम्पादित एवं केन्द्रीय संस्कृत विद्यापीठ, तिरुपति द्वारा 1970 में प्रकाशित है। यह संहिता 27 अध्यायों में विभक्त है। जिसमें कुल 2600 श्लोक हैं। इसकी परम्परा के अनुसार विश्वामित्र ने ब्रह्मा से और ब्रह्मा ने साक्षात् नारायण से पांचरात्र ज्ञान प्राप्त किया था। यह संहिता विश्वामित्र एवं कश्यप के संवाद के रूप में प्रस्तुत है। इस संहिता के द्वितीय अध्याय में 108 संहिताओं की सूची है जहाँ सातवें स्थान पर इस संहिता का उल्लेख है। पांचरात्रागम एवं प्रायश्चित पटल जैसे दूसरे स्तर के पांचरात्र ग्रंथों में यद्यपि इस संहिता का उल्लेख है लेकिन किसी महत्वपूर्ण प्रारम्भिक आचार्य ने इसका उल्लेख नहीं किया है। अंततः इसे पांचरात्र परम्परा के मध्य काल की रचना माना जा सकता है।

(19) विष्णु संहिता

महामहोपाध्याय टी0 गणपति शास्त्री द्वारा सम्पादित और त्रिवेन्द्रम् संस्कृत सीरीज संख्या 85 के अन्तर्गत 1925 में प्रकाशित विष्णु संहिता का देवनागरी संस्करण अब दुर्लभ है। 30 मध्यम श्रेणी के अध्यायों में विभक्त इस संहिता में 2600 से अधिक श्लोक हैं। औपगायन तथा सुमति नाम के सिद्ध के बीच संवाद रूप में प्रस्तुत विष्णु संहिता अप्रकाशित पाण्डुलिपि के रूप में ज्ञात विष्णुतन्त्र से भिन्न है। विष्णुतन्त्र के इसी अध्याय में 154 संहिताओं की सूची मिलती है। जिसके आरम्भ में ही प्रथम संहिता के रूप में विष्णुतन्त्र की गणना है।

पांचरात्र परम्परा के किसी भी महत्वपूर्ण आरम्भिक आचार्य ने विष्णु संहिता का उद्धरण नहीं किया है। बाद की कृतियों में अवश्य ही इसके संदर्भ मिलते हैं। विष्णु संहिता के प्रकाशित संस्करण के प्रवेशक में कहा गया है कि यह कृति तन्त्र समुच्चय तथा अन्य उत्तरकालीन तन्त्र ग्रंथों का स्रोत है।

इस संहिता में प्रायः सभी विषयों का विवरण है, लेकिन इसका जो स्वरूप है उससे यही लगता है कि यह पांचरात्रागम परम्परा की एक उत्तरकालीन रचना है। डॉ0 दास गुप्ता के विचार से इस संहिता पर सांख्य दर्शन की गहरी छाप है।

(20) विष्वक्सेन संहिता

केन्द्रीय संस्कृत विद्यापीठ, तिरुपति के ग्रंथ माला के अन्तर्गत 1972 ई0 में प्रकाशित विष्वक्सेन संहिता (सम्पादक श्री लक्ष्मी नरसिंह भट्ट) में कुल 39 अध्याय हैं। यह संभवतः अपूर्ण कृति प्रतीत होती है। मूलतः इसमें दो भाग थे। एक पूर्व एवं दूसरा उत्तर भाग। इसमें

दो ग्रंथों का सम्बन्ध भी प्रतिबिम्बित होता है। विष्वक्सेन और शचीपति संवाद के रूप में, दूसरा विष्वक्सेन एवं नारद संवाद के रूप में। इस संहिता में मूर्तिपूजा, प्रतिमा शास्त्र एवं प्रासाद–निर्माण संबंधी बड़े ही महत्वपूर्ण सन्दर्भ है।[211]

डॉ0 दास गुप्ता ने इसे एक अत्यन्त महत्वपूर्ण तथा प्राचीन संहिता माना है। डैनियल स्मिथ ने भी अपनी समीक्षा में इसे असंदिग्ध रूप से प्राचीन्तर एवं पांचरात्र परम्परा के अध्ययन के लिए महत्वपूर्ण संहिता स्वीकार किया है। यद्यपि उन्होंने इस बात पर बल दिया है कि इस संहिता का सम्यक् अध्ययन प्रस्तुत किया जाना आवश्यक है।

(21) शाण्डिल्य संहिता

शाण्डिल्य संहिता का सम्पादन पण्डित अनंतशास्त्री फड़के ने दो भागों में बनारस से 1935–1936 ईस्वी में किया। इसमें कुल 3600 श्लोक हैं और 56 अध्यायों में विभक्त है और ये अध्याय चार खण्डों में विभक्त हैं। यह संहिता पांचरात्रागम सूची में उल्लिखित है। 'रहस्यत्रयसार' में वेदान्त देशिक ने शाण्डिल्य संहिता के उद्धरण दिये हैं। उत्सव–संग्रह और प्रायश्चित–संग्रह जैसे दूसरे स्तर के पांचरात्र ग्रंथों में भी इसके उद्धरण मिलते हैं। तंजौर स्थित सरस्वती महल ग्रन्थालय में सुरक्षित 'तन्त्राधिकार विचार' नामक एक पाण्डुलिपि में भी शाण्डिल्य संहिता उद्धृत है।

शाण्डिल्य संहिता का भक्ति–खण्ड पूर्णतः भक्ति पर आधारित है। यहाँ कृष्ण के भक्तिवाद का प्रभाव दिखायी देता है। कृष्ण को परम ब्रह्म से समीकृत किया गया है। डैनियल स्मिथ के विचार से यह उत्तरकालीन पांचरात्र संहिता है और इसे 16वीं एवं 17वीं शताब्दी की रचना माना जा सकता है।

(22) शेष संहिता

मैसूर से 1935 में प्रकाशित शेष संहिता के देवनागरी संस्करण में कुल 2800 श्लोक हैं, कुछ गद्यांश भी हैं। यह संहिता 64 अतिसंक्षिप्त तथा कुछ मध्यम श्रेणी के अध्यायों में विभक्त है। ऐसा प्रतीत होता है कि यह पांचरात्र–परम्परा के विषय में सामान्य व्यक्ति को जानकारी प्रदान करने की दृष्टि से रची गयी है। 'शेष' को 'अनन्त' भी कहा गया है। यह कृति शेष (अनन्त) एवं नारद संवाद के रूप में प्रस्तुत है और मूल प्रवचन कर्ता यहाँ नारायण बताये गये हैं। पाद्म, पुरुषोत्तम एवं विश्वामित्र में अनन्त नाम की संहिता का उल्लेख अवश्य है। पर शेष नाम किसी भी सूची में नहीं मिलता। यह निश्चय ही पश्चात्वर्ती संहिता है।

(23) श्रीप्रश्न संहिता

कुम्भकोणम् के मंगलविलास प्रेस से 1904 ई0 में ग्रंथलिपि में श्रीप्रश्न संहिता का प्रकाशन हुआ था। उसी पर आधारित श्रीमती सीतापद्‌मनाभन् द्वारा सुसम्पादित इसका देवनागरी संस्करण केन्द्रीय संस्कृत विद्यापीठ, तिरुपति द्वारा 1969 में प्रकाशित हुआ। इस संस्करण में डॉ0 वी0 राघवन् की एक सुन्दर भूमिका भी है। प्रस्तुत संहिता में 54 अध्याय हैं, जिसमें 5500 से अधिक श्लोक हैं। इस संहिता के कतिपय प्रतिमा शास्त्रीय प्रकरण सात्वत एवं ईश्वर संहिता से मिलते हैं। कुछ अंश पाद्‌म से ग्रहण किये गये प्रतीत होते हैं। एक पाण्डुलिपि के अनुसार इसमें 6700 श्लोक हैं। श्रीप्रश्न संहिता के विषय में पांचरात्र मत के आरम्भिक विचारकों को जानकारी न थी, लेकिन बाद की कृतियों यथा–उत्सव संग्रह, प्रायश्चित पटल और प्रायश्चित संग्रह आदि में प्राप्त होती है। इसे अत्यन्त प्रामाणिक संहिता माना गया है।

पांचरात्र संहिता की जिन सूचियों में श्रीप्रश्न संहिता परिगणित है वे कपिंजल (31. 100), पुरुषोत्तम (63.106), भारद्वाज (33.103), विश्वामित्र (13.108), विष्णुतन्त्र (92.154) एवं हयशीर्ष 'आदिकाण्ड' (8.25) एवं अग्निपुराण (8.25) हैं। इस संहिता का नाम 'श्रीप्रश्न' इसलिए है क्योंकि भगवान, 'श्री' के प्रश्नों के उत्तर देते हैं। पांचरात्र प्रश्न संहिता भी उपलब्ध है, परन्तु वह प्रस्तुत कृति से भिन्न है और बहुत बाद की रचना है।

श्रीप्रश्न संहिता की सम्पादिका श्रीमती सीतापद्‌मनाभन् ने श्रीप्रश्न संहिता में उपलब्ध अनेकविध विषयों की सामग्री का निर्देश विभिन्न तालिकाओं में किया है, यथा– छः प्रकार के अध्व (षड्ध्वविशेषाः), चतुर्दश कुण्ड एवं उनके प्रयोजन, भगवदाराधनादिक कर्म की उपयुक्त विविध (190) मुद्रायें, भगवान के अवतार विशेष के काल आदि, विभिन्न राग, विभिन्न ताल, विभिन्न वाद्य, नृत्यविशेष, महोत्सव के आरम्भ में देवताओं के स्वरूप आदि तथा प्रस्तुत संहिता में उपलब्ध वैदिक मंत्रों का यथास्थान निर्देश भी तालिकाओं के माध्यम से हुआ है। इसके अतिरिक्त श्रीप्रश्न संहिता में उपलब्ध होने वाले पाद्‌म संहिता (क्रिया एवं चर्यापाद) तथा सात्वत संहिता के समान अंश का निर्देश भी दो भिन्न तालिकाओं में प्रस्तुत किया गया है, जिससे स्पष्ट है कि इस संहिता में सात्वत एवं पाद्‌म संहिताओं से बहुत कुछ ग्रहण किया गया है।

(24) सनत्कुमार संहिता

सन् 1967 में आड्‌यार से प्रकाशित और वी0 कृष्णमाचार्य द्वारा सम्पादित सनत्कुमार संहिता ज्ञानामृतसार संहिता की भाँति रात्रों में विभक्त है। ज्ञानामृतसार संहिता में पांच रात्र है, जबकि प्रस्तुत संहिता में केवल चार रात्र हैं– ब्रह्मरात्र, शिवरात्र, इन्द्ररात्र एवं ऋषिरात्र।

ऐसा प्रतीत होता है कि इस संहिता का पाँचवां वृहस्पतिरात्र लुप्त है। ऋषिरात्र (2.98) के अनुसार यह पांचवां रात्र 'वृहस्पतिरात्र' रहा है। जबकि भारद्वाज संहिता की एक कथा के अनुसार इसका नाम 'नागरात्र' होना चाहिए। प्रस्तुत संहिता निश्चय ही पांचरात्र परम्परा की प्राचीन संहिताओं में से एक है। दसवीं शताब्दी के यामुनाचार्य ने अपने आगम–प्रामाण्य में इसका उद्धरण प्रस्तुत किया है। विभिन्न संहिताओं में जो सूचियाँ उपलब्ध हैं उनमें कहीं सनत्कुमार संहिता और कहीं महासनत्कुमार संहिता मिलता है। कपिंजल (1.100), पाद्म भाग–2, (12.94–108), पारमेश्वर (11.17), भारद्वाज (1.103), मार्कण्डेय (50.78–91), विश्वामित्र (5.104–108) और विष्णुतन्त्र (105.154) पांचरात्र परम्परा के बाद की कृतियों में भी इसके उद्धरण मिलते हैं। प्रस्तुत संहिता सनत्कुमार आत्म संवाद की भाषा में इन्द्र आदि प्राचीन ऋषियों को मंत्रों, मुद्राओं, मण्डलों, दीक्षा, योग, प्रासाद, प्रतिमा–प्रतिष्ठा एवं प्रायश्चित आदि विषयों पर वही प्रवचन करते हैं जो उन्हें ब्रह्मा से प्राप्त हुआ था।

(25) हयशीर्ष संहिता

हयशीर्ष संहिता (आदिकाण्ड), वारेन्द्र रिसर्च सोसाइटी, राजशाही (बांग्लादेश) से दो भागों में 1952–1957 में प्रकाशित हुई। इसमें चार काण्डों में 6500 श्लोकों में विभक्त है। इसके चारों काण्ड हैं–आदिकाण्ड, संकर्षणकाण्ड, लिंगकाण्ड एवं सौरकाण्ड, जो क्रमशः 42, 39, 20 एवं 43 (कुल 144) अध्यायों में विभक्त है। इसका अधिकांश मन्दिर निर्माण, प्रतिमा–प्रतिष्ठा तथा तत्सम्बन्धी धर्मकृत्यों से सम्बन्धित है। आश्चर्य की बात है कि इस संहिता में वैष्णव आगम परम्परा में महत्वपूर्ण वैशिष्ट्य समझे जाने वाले दीक्षा मन्त्र, आचार, पूजाविधान और उत्सव आदि वर्णित नहीं है तथापि इसमें मन्दिर और प्रतिमा शास्त्र सम्बन्धी पर्याप्त सामग्री उपलब्ध है।

प्रस्तुत संहिता दुर्लभ है। इसका आदिकाण्ड दो भागों में वारेन्द्र रिसर्च सोसाइटी, राजशाही, से 1952–57 में देवनागरी में प्रकाशित हुआ था। इस काण्ड में लगभग 1400 श्लोक हैं। आदिकाण्ड में, उपलब्ध संस्करण के आधार पर कुल 44 अध्याय हैं। हयशीर्ष संहिता नाम इसके अपने आदिकाण्ड को छोड़कर अन्यत्र कहीं भी परिगणित नहीं है। 'वागीश' अभिधान अवश्य पाद्म (22.108) और 'हयशीर्ष' अभिधान पुरुषोत्तम (43.106), मार्कण्डेय (72.91), विष्णुतन्त्र (52.154) में परिगणित है। वेदान्त देशिक ने अपनी कृति पांचरात्र–रक्षा के प्रथम अध्याय में हयग्रीव संहिता का अंश उद्धृत किया है, जिसके आधार पर यह कहना कठिन है कि हयग्रीव संहिता और हयशीर्ष एक ही हैं। रोचक बात यह है कि प्रस्तुत संहिता में सामान्यतः परिज्ञात चार व्यूहों के स्थान पर नौ व्यूहों की चर्चा है।

प्रस्तुत संहिता की सम्भावित तिथि आदिकाण्ड के सम्पादक ने लगभग 800 ई0 माना है। उन्होंने इस संहिता की उत्पत्ति उत्तर भारतीय स्वीकार किया है। डा0 एच0

डैनियल स्मिथ ने आदिकाण्ड के अतिरिक्त संकर्षण, लिंग एवं सौर काण्डों के विषयानुक्रम को अपनी बिब्लियोग्राफी में दिया है, उनका विवरण आड्यार ग्रन्थालय एवं शोध केन्द्र की पाण्डुलिपि संख्या 36–ए–1 देवनागरी लिपि तथा कलकत्ता स्थित एशियाटिक सोसाइटी के पुस्तकालय में सुरक्षित पाण्डुलिपि नं0 4200 पर आधारित है। इस तरह समग्र हयशीर्ष संहिता का परिचय निम्नलिखित तीन अन्य काण्डों के अनुसार प्राप्त हो जाता है– 1. संकर्षणकाण्ड, 2. लिंगकाण्ड, 3. सौरकाण्ड।

(26) भार्गव तन्त्रम्

भार्गवतन्त्र 25 अध्यायों में विभक्त है और इसमें कुल 1598 श्लोक हैं। भार्गव तन्त्र की भाषा भावाभिव्यक्ति में समर्थ और यत्र–तत्र अत्यन्त मनोहर है। प्रस्तुत संहिता अगस्त्य–परशुराम संवाद के रूप में प्रस्तुत है। प्रस्तुत ग्रंथ में यद्यपि पांचरात्र आगम से सम्बद्ध सभी विषयों की चर्चा नहीं है तथापि वर्णित विषयों का बड़ा सुस्पष्ट विवेचना हुआ है, यही इस ग्रंथ का अन्यतम वैशिष्ट्य है। डा0 डैनियल स्मिथ ने आगम संग्रह में इस ग्रंथ के यत्र–तत्र उपलब्ध अंशों को एकत्र करके भी इसे अपूर्ण कहा है, लेकिन उपलब्ध ग्रंथ के प्रकाशित (इलाहाबाद, 1981) संस्करण में प्रस्तावनात्मक और उपसंहारात्मक भागों को देखते हुए इस ग्रंथ की पूर्णता में सन्देह नहीं है। इसके सम्पादक डॉ0 राघव प्रसाद चौधरी इस ग्रंथ को मध्यम कोटि का विशिष्ट ग्रंथ स्वीकार करते हैं।

(27) कपिंजल संहिता (तेलगू)

1896 में के0 सी0 वी0 प्रेस, चुड्डपह द्वारा तेलगू में मुद्रित कपिंजल संहिता की पाण्डुलिपि के दो अन्य पाठ भी उपलब्ध हैं। सभी तेलगू लिपि में है। यह एक लघु संहिता है जिसमें कुल 1550 श्लोक हैं। इस संहिता में कुल 32 अध्याय हैं, जो पद्यबद्ध हैं यद्यपि 25वें अध्याय में गद्यांश भी है।

इस संहिता के अनुसार कपिंजल ने मार्कण्डेय से ज्ञान प्राप्त किया था। रोचक बात यह है कि मार्कण्डेय के नाम से भी एक संहिता (मार्कण्डेय संहिता) उपलब्ध है। कपिंजल एवं मार्कण्डेय दोनों ही संहिताओं में 32 अध्याय है और दूसरी समानता, इन संहिताओं में प्राप्त संहिताओं की सूची से प्रकट होती है। इन सूचियों में जो कुछ अन्तर है वह इस बात का सूचक है कि ये संहितायें अन्तर्प्रभावित नहीं है, यद्यपि यह स्पष्ट है कि दोनों संहितायें अन्तर्प्रभवित हैं।

ऐसा प्रतीत होता है कि यह संहिता पांचरात्र संहिताओं के अन्तिम चरण की देन है। इस संहिता का किसी भी आरम्भिक संहिता में उल्लेख नहीं है। उल्लेख है भी तो

बाद की संहिताओं में अथवा पांचरात्र से सम्बद्ध द्वितीय श्रेणी के साहित्य–पांचरात्र संहिता, उत्सव–संग्रह, प्रायश्चित–पटल में। जिन बाद की संहिताओं का हमने संकेत किया वहां उपलब्ध संहिता–सूचियों (66.106), विश्वामित्र (37.108) और विष्णुतन्त्र (136.154) में इसकी परिगणना हुई है। इस संहिता की विशेष बात यह है कि इसके नवें अध्याय में ग्रामविन्यास का विवरण मिलता है। आजकल जिसे हम कस्बा कहते हैं उसके लिए इस अध्याय (9.1–3) में अनेक शब्द प्रयुक्त हैं, यथा–अग्रहार, ग्राम, नगर, पट्टण, कुम्भ–खर्वटन, खेट, केत, द्रावण, कुल, होमाभिका एवं जलवास। इस अध्याय में विभिन्न प्रकार के ग्रामों के नाम उनकी गलियों के आधार पर अंकित हैं, उदाहरण के लिए दण्डक, स्वस्तिक, प्रस्तर, प्रकीर्णक, नन्द्यावर्त, पताक, पद्म एवं श्रीप्रतिष्ठित, कपिंजल संहिता (9.9–10) में केवल स्वस्तिक के स्वरूप का विवेचन किया गया है। कपिंजल संहिता के प्रथम अध्याय (तन्त्र पारंगत कीर्तन) में पांचरात्र साहित्य की चर्चा है। यहाँ 108 संहिताओं के नाम मिलते हैं। कपिंजल मार्कण्डेय से प्राप्त पांचरात्र मार्ग कश्यप (9.10–11) को प्रदान करते हैं। किन्तु प्रस्तुत संस्करण में 108 की जगह केवल 100 नाम उपलब्ध हैं (9.12–27)। इसी अध्याय में पांचरात्र शब्द की गुणात्मक अर्थवत्ता व्यक्त की गयी है–पंच का अभिप्राय यहां पंचविध गुणों से है और रात्रयः का तात्पर्य जीवों से है। इस तरह जीवों के द्वारा पंचतत्वात्मक ब्रह्म के पंच विध गुणों की उपासना पांचरात्र है (1.31–32)।

(28) परमपुरुष संहिता

परमपुरुष संहिता का सम्पादन पी0 सीतारामाचार्य द्वारा भद्राचलम् से तेलगु लिपि में 1938 ईस्वी में प्रकाशित हुआ। नारद–ब्रह्मा संवाद के रूप में प्रस्तुत परमपुरुष संहिता 10 अध्यायों में विभक्त है। नारद ने अपने जनक ब्रह्मा से जो ज्ञान प्राप्त किया वह ब्रह्मा को पाँच रात्रियों में साक्षात् भगवान से मिला था। प्रस्तुत संहिता के 10 अध्यायों के अतिरिक्त कुछ अतिरिक्त श्लोक भी मिलते हैं, इस प्रकार कुल 940 श्लोक इस संहिता में हैं। इस संहिता में एक स्थल (10.72–75) पर कहा गया है कि 1000 श्लोकों से युक्त संहिता ही सर्वोत्तम है। रोचक बात यह है कि किसी भी संहिता सूची में परमपुरुष शब्द नहीं मिलता। कपिंजल (78.100) एवं भारद्वाज (78.103) में 'पुरुष' तथा पाद्म (55.108), पुरुषोत्तम (41.106), मार्कण्डेय (65.91) एवं विश्वामित्र (74.108) में 'परपुरुष' परिगणित है। डैनियल स्मिथ का कहना है कि इस बात के गम्भीर आधार हैं कि इस संहिता के उल्लेख किसी भी सूची में नहीं है। यद्यपि स्मिथ ने कोई निर्णायक स्पष्टीकरण नहीं दिया है। स्मिथ का कहना है कि इसके सातवें अध्याय में प्रपन्न सम्बन्धी कुछ बातें छुटी हुई अथवा पहले कही हुई प्रतीत होती है। इसके दसवें अध्याय में महोत्सव प्रायश्चित का उल्लेख है जो

पूजा संग्रह और प्रायश्चित पटल में संग्रहीत है। इसी तरह कुछ अन्य प्रसंग भी अन्यत्र देखे जा सकते हैं।

(29) पराशर संहिता

बंगलौर से 1898 में तेलगू लिपि में मुद्रित पराशर संहिता 31 अध्यायों में विभक्त है। इसमें 2000 श्लोक हैं। 15वीं शताब्दी के पिल्लैलोकजिर स्वामी ने इसके 24वें अध्याय को उद्धृत किया है और इस संहिता के 22वें अध्याय में अनेक अलवारों एवं आचार्यों के नाम उल्लिखित हैं, यथा–भूत (पेयात्म), महदाह्नय (पेरियाल्वार), हद या सरः (पोइहइ), नाथमुनि, पुण्डरीकक्ष, राम, कृष्ण, वरद एवं सुन्दर (जामाता ?), शत्रुजित आदि। इससे स्पष्ट है कि इस संहिता की रचना 15वीं शताब्दी के पूर्व हो चुकी थी (अवश्य ही सुन्दर के समय के बाद)। निश्चय ही यह संहिता उत्तर–कालीन पांचरात्र संहिताओं में से एक है। प्रस्तुत संहिता में पंच संस्कार व पंचकाल को आधार बनाकर पांचरात्र की व्याख्या की गयी है। यह अवधारणा निश्चय ही बहुत बाद की है। पराशर, पाराशरीय अथवा अन्य पाठ विभिन्न संहिताओं में उल्लिखित हैं, जिनमें कपिंजल (10.100) पाद्म, विश्वामित्र, पुरुषोत्तम (15.103), मार्कण्डेय (24.91, 64.108 और 43.108) एवं विष्णुतन्त्र (42.108–154) उल्लेखनीय हैं।

(30) पुरुषोत्तम संहिता

पुरुषोत्तम संहिता का एक मात्र संस्करण तेलगू लिपि में उपलब्ध है अस्तु तेलगू न जानने वालों के लिए यह अद्यापि दुर्लभ है। इस संहिता का सम्पादन पी0 सीतारामाचार्य द्वारा दि पब्लिकेशन ऑफ दि लिटरेरी प्राइड इन इण्डिया, न0 2, ग्रन्थमालिका शाखा, भद्राचलम से 1932 ईस्वी में प्रकाशित हुआ। इसमें कुल 198 पृष्ठ हैं। प्रस्तुत संहिता में 1800 से भी अधिक श्लोक हैं जो छोटे व मध्यम श्रेणी के 33 अध्यायों में विभक्त हैं। संहिता में अधिकांश क्रियापरक विशेषकर पांचरात्र पुरोहितों से सम्बद्ध मन्दिर विषयक वर्णन हुए हैं। इस संहिता के आधे से अधिक भाग (अध्याय 2–21 तक) देवालय प्रतिमाओं और उनकी प्रतिष्ठा आदि का वर्णन है। दूसरा महत्वपूर्ण विषय मन्दिरों में बराबर चलने वाले उत्सवों के सम्बन्ध में है। यह विवरण अध्याय 23 से 27 तक देखा जा सकता है। और अध्याय 28 से 33 तक नित्य पूजा–विधान वर्णित है। दीक्षा–विधान का अतिसंक्षिप्त वर्णन है। इसके अलावा मन्त्र–विधान का यहाँ पूर्णतः अभाव है। इसी तरह दर्शन शास्त्रीय अथवा सम्प्रदाय से सम्ब, विचारों का भी अभाव दिखाई देता है। इस संहिता की तुलना कपि. जल व अनिरुद्ध संहिताओं से की जा सकती है। पुरुषोत्तम संहिता, कपिंजल (100.100),

पाद्म (19.108), भारद्वाज (103.103), विश्वामित्र (12.108) और विष्णु तन्त्र (29.154) में परिगणित है।

प्रस्तुत संहिता के शास्त्र–प्रवचनकर्ता वशिष्ठ हैं। प्रारम्भ में ही वे कहते हैं कि सर्वप्रथम ब्रह्मा ने भगवान विष्णु से राजस गुण की त्रुटियों के समाधान के लिए सार्धकोटि ग्रंथों में यह शास्त्र पांच–रात्रि पर्यन्त प्राप्त किया था। इस संहिता के पहले अध्याय में ही मूलवेद, सात्वत, तन्त्र, भागवत, शास्त्र, एकायन और आगम जैसे शब्द पांचरात्र के पर्याय रूप में लिये गये हैं। वशिष्ठ ने पांचरात्र शास्त्र की प्रशंसा के उपरान्त यह बताया है कि यह ज्ञान किस प्रकार उन्हें अपने पिता ब्रह्मा से प्राप्त हुआ और किस तरह पुरुषोत्तम संहिता के रूप में उसका सार तत्व ऋषियों को प्रदान कर रहे हैं। यह संहिता कर्षण से प्रतिष्ठा तक और उत्सव से प्रायश्चित तक का वर्णन करती है। वशिष्ठ 108 संहिताओं की बात करते हैं। जहाँ तक इस संहिता की तिथि का प्रश्न है, इसके मन्दिर विषयक विवरणों के आधार पर, कहा जा सकता है कि यह संहिता रामानुजाचार्य के काल के बाद की है। डैनियल स्मिथ इसे वेदान्त–देशिक के बाद की मानते हैं।

(31) विष्णुतिलक संहिता

विष्णुतिलक का एक मात्र संस्करण बंगलोर से 1896 ई0 में तेलगू लिपि में प्रकाशित हुआ था। तदनुसार इसके अंतिम अध्याय में कहा गया है कि इस संहिता में 3106 श्लोक हैं लेकिन वास्तव में इसमें कुल 3500 श्लोक हैं जो 8 छोटे–बड़े अध्यायों में विभक्त है। व्याकरण, भाषा, शैली, छंद, मात्रा आदि की दृष्टि से यह एक उच्चस्तरीय ग्रंथ है। यह संहिता कपिंजल (18.100), पाद्म (6.108), पुरुषोत्तम (29.106), भारद्वाज (20.103), मार्कण्डेय (28.91) और विष्णुतन्त्र (81.154) में परिगणित है। इसके प्रथम अध्याय में ही शास्त्रावतार के वर्णन में वृहस्पति, गौतम, भारद्वाज, इन्द्र, अत्रि, च्यवन, कौशिक, शाण्डिल्य, वशिष्ठ एवं अगस्त्य के साथ अन्य देवताओं की चर्चा है जो ब्रह्मा के पास ज्ञान के लिए पहुँचते हैं। इस तरह इसका शास्त्रावतरण होता है।

सन्दर्भ

1. विस्तार के लिए द्रष्ट्व्य, द्विवेदी, ब्रजवल्लभ, आगम मीमांसा, विमर्श वेदिका (संपादकीय)
2. उपाध्याय, बलदेव, भारतीय दर्शन, सन् 1971 ई0 का संस्करण, पृ0 432
3. वी0 कृष्णमाचार्य, लक्ष्मीतन्त्र, अड्यार लाइब्रेरी एण्ड रिसर्च सेन्टर, मद्रास, 1969, पृ0 1
4. योगभाष्य, तत्त्ववैशारदी व्याख्या, 1.7
5. उपाध्याय, बलदेव, भारतीय दर्शन, सन् 1971 ई0 का संस्करण, पृ0 433–434
6. तत्रैव, पृ0 432

7. ब्रह्मसूत्र, 2 |2 |3 |4, शैवभाष्य की व्याख्या
8. विस्तार के लिए द्रष्ट्व्य, पण्डित वी0 कृष्णमाचार्य, उपोद्‌घात लक्ष्मीतन्तम, दी अड्‌यार लाइब्रेरी एण्ड रिसर्च सेन्टर, अड्‌यार, मद्रास, 1975, पृष्ठ 1
9. विस्तार के लिए द्रष्टव्य, चौधरी, राघव प्रसाद, पांचरात्रागम, बिहार राष्ट्रभाषा परिषद, पटना, 1987, पृ0 10
10 श्रीप्रश्न संहिता, सम्पादक, सीतापद्‌मनाभन्, इन्ट्रोडक्शन, पृ0 1–5
11 विंटरनित्ज, प्राचीन भारतीय साहित्य, भाग–1, खण्ड–2, दिल्ली, 1966, पृ0 245
12 भागवतपुराण, 13.8
13 मिश्र, रामप्यारे, वैष्णव–पांचरात्र आगम, प्रतिभा प्रकाशन, दिल्ली, 1994, पृ0 3
14 चट्‌टोपाध्याय, सुधाकर, इवोल्यूशन ऑफ हिन्दू सेक्ट्स, मुंशीराम मनोहरलाल, नई दिल्ली, 1970, पृ0 24
15 तत्रैव, पृ0 24, भागवत, सात्वत, एकांतिन और पांचरात्रिक के लिए द्रष्ट्व्य, तत्रैव, पृ0 24–27।
16 विष्णुसूक्त, 1.154
17 श्रीमद्‌भगवत गीता, 7.19
18 मनुस्मृति, 1.10
19 सनत्कुमार संहिता, ऋषिरात्र, 9.7
20 वशिष्ठ संहिता, 13.16–17
21 लिंगधारण, चन्द्रिका, पृ0 240
22 निगमस्तान्त्रिको मिश्रस्त्रिविधः प्रोक्त आगमः।
निगमः विखनः प्रोक्तः मिश्रो भागवतः स्मृतः।।

––आनन्द संहिता, 8.23

23 द्विवेदी, ब्रजवल्लभ, आगम और तन्त्रशास्त्र, परिमल पब्लिकेशन्स, दिल्ली, 1984, पृ0 36–37
24 वैखानसं हि निगमः पांचरात्रं तथागमः। ––आनन्द संहिता, 9.5
25 वैखानसं पांचरात्रं वैदिकं तान्त्रिकं क्रमात्। ––आनन्द संहिता, 9.6
26 .विष्णोस्तन्त्रं द्विधा प्रोक्तं सौम्यमाग्नेयमित्यपि ।।1।।
सौम्यं वैखानसं प्रोक्तमाग्नेयं पांचरात्रकम् ।।
सौम्याग्नेये तथा प्रोक्ते शास्त्रे वैदिकतान्त्रिके ।।2।।

––खिलाधिकार, 41.1–2

27 शक्ति–संगम–तन्त्र, काली खण्ड, 8.38–40, पृ0 96
28 आदिकाले तु भगवान् ब्रह्मा तु विखना मुनिः।
यजुश्शाखानुसारेण चक्रे सूत्रं महत्तरम्।।

––वैखानसविजय, पृ0 16

29 बृहद्‌देवता, 5.97–101
30 तत्रैव, 5.99
31 निरुक्त, 3.17

32 वैखानसविजय, पृ0 15; कालिया अशोक कुमार, लक्ष्मी तंत्र–धर्म और दर्शन, अखिल भारतीय संस्कृत परिषद, लखनऊ, 1977, पृ0 14
33 वैखानसविजय, पृ0 16
34 नारायणोब्रह्मणे आह सर्व वैखानसं वैदिकमन्त्रयुक्तम्। ––प्रतिष्ठा विधिदर्पण, वैखानस आगमः, के0 शाम्बशिव शास्त्री, प्रीफेस, पृ0 2
35 तत्रैव, प्रिफेस, पृ0 1
36 वैखानसं किमनया व्रतमाप्रदानाद्।
व्यापार रोधि मगनस्य निषेवितव्यम्।।

––अभिज्ञान शाकुन्तलम्, 4.27

37 न्याय परिशुद्धि, शब्द, द्वितीय, पृ0 169
38 वैखानसविजय, पृ0 14
39 कालिया, अशोक कुमार, लक्ष्मीतन्त्र : धर्म और दर्शन, भारतीय संस्कृत परिषद, लखनऊ, 1977, पृ0 18
40 अनंतशयन ग्रन्थमाला, नं0 121
41 मनुस्मृति, 6.41
42 श्री पांचरात्र रक्षा, पृ0 23–26
43 काश्यप संहिता, ज्ञानकाण्ड, पृ0 171
44 श्री पांचरात्र रक्षा; प्रथमोधिकार, पृ0 23; खिलाधिकार, 14.1–2; में भी पांचरात्र तांत्रिकत्व और वैखानस के वैदिकत्व का निर्देश है।
45 विमानार्चनकल्प, पटल 17, पृ0 467
46 आनन्द संहिता, 13.43–44
47 विस्तार के लिए द्रष्टव्य, मिश्र, रामप्यारे, वैष्णव–पांचरात्र आगम, प्रतिभा प्रकाशन, दिल्ली, 1994, पृ0 10
48 विस्तार के लिए द्रष्टव्य, लक्ष्मी तन्त्र, सम्पादक–वी0 कृष्णमाचार्य, उपोद्धात, पृ0 7–8
49 न्याय परिशुद्धि, पृ0 169
50 अगस्त्य संहिता, अध्याय 10
51 तन्त्राणां संकरे चैव तथा शास्त्रस्य शंकरे। ––अनिरुद्ध संहिता, 29.16
52 स्वविकल्पात्प्रणीतं यत् तत्सर्व राजसं स्मृतम्।
तत्स्याद् द्वेधा पांचरात्र वैखानसविभेदतः।।

––ईश्वर संहिता, 1.62

53 पंचरात्रोक्त मार्गेण पूज्यमाने प्रतिष्ठते।
वैखानसैः पूजिते तु प्रतिष्ठां पुनराचरेत्।।

––तत्रैव, 19.458

54 वैखानसेषु तंत्रेषु शैवपाशुपतेषु च।
विहितान्यत्र जातानि विरुद्धानीति किं पुनः।।

––तत्रैव, 21.587

55 पराशर संहिता, 4.86

56 तत्रैव, 14.38–39

57 तत्रैव, 21.2

58 पाद्म संहिता, चर्यापाद, 17.42–44

59 पारमेश्वर संहिता, 19.549–50

60 विष्णु तिलक संहिता, 1.162

61 श्रौतं वैखानसाद्युक्तं स्मार्त प्रोक्तं वशिष्ठकैः।
रहस्यं पंचरात्रोक्तमागमं मुनयो जगुः।।

——शाण्डिल्य संहिता, भक्ति खण्ड, 1.3.63

62 शेष संहिता, 19.2–4

63 शिशिरे खशयाः केचिद्वसन्ते स्थानमाश्रिताः।
पादेनैकेन तिष्ठन्ति केचिद्वैखानसा नराः।।

——सनत्कुमार संहिता, ऋषिरात्र, 4.63

64 शतपथ ब्राह्मण, 13.6.1

65 ऋग्वेद, 10.90, कुछ विद्वान पुरुष सूक्त को पश्चात्वर्ती वैष्णव–पांचरात्र की आधारशिला मानते हैं। हिस्ट्री ऑफ इण्डियन फिलासफी, एस0 एन0 दास गुप्त, केम्ब्रीज, यूनिवर्सिटी प्रेस, 1952, भाग 3, पृ0 13–14

66 जायसवाल, सुवीरा, वैष्णव धर्म का उद्‌भव और विकास, मैकमिलन, नई दिल्ली, 1976, पृ0 33

67 त्रिपाठी, गयाचरण, वैदिक देवता उद्‌भव और विकास, भारतीय विद्या प्रकाशन, वाराणसी, 1982, भाग 1, पृ0 384–385

68 मैत्रायणी संहिता, 2.9.1

69 महानाराण उपनिषद्, 1.31, विस्तार के लिए द्रष्टव्य, मिश्र, रामप्यारे, वैष्णव–पांचरात्र आगम, प्रतिभा प्रकाशन, दिल्ली, 1994, पृ0 13

70 ए0 वी0 कीथ, जे0 आर0 एस0 एस0, 1908, वा0 171

71 सरकार, डी0 सी0, सेलेक्ट इन्सक्रिप्सन्स, भाग 1, पृ0 96

72 तत्रैव, पृ0 96

73 आपो नारा इति प्रोक्ता मुनिभिस्तत्वदर्शिभिः।
अयनं तस्य ताः पूर्व तेन नारायणः स्मृतः।।

——मार्कण्डेय संहिता, 4.43

74 उद्योग पर्व, 5.68.10

75 नारायणीय पर्व, 12.328.35

76 जायसवाल, सुवीरा, वैष्णव धर्म का उद्‌भव और विकास, पृ0 35

77 अहिर्बुध्न्य संहिता, भाग 2, 52.50–55

78 विस्तार के लिए द्रष्टव्य, मिश्र, रामप्यारे, वैष्णव–पांचरात्र आगम, प्रतिभा प्रकाशन, दिल्ली, 1994, पृ0 13

79 तत्रैव, पृ0 13

80 शतपथ ब्राह्मण, 13.6.1.1–9

81 ऋग्वेद, 10.90
82 ईश्वर संहिता, 1.38–41
83 ए0 वी0 कीथ, जे0 आर0 एस0 एस0, 1911, फूटनोट, पृ0 942
84 श्रीभाष्य, श्री रामानुज, 2.42, पृ0 834
85 महाभारत, शान्ति पर्व, 335.27–30
86 महाभारत, 12.322.41–44, 48
87 द्विवेदी, व्रजवल्लभ, आगम और तंत्र शास्त्र, पृ0 43
88 ईश्वर संहिता, परिच्छेद 1
89 कात्यायन श्रौत सूत्र, 24.3.36; विस्तार के लिए द्रष्टव्य, मिश्र, रामप्यारे, वैष्णव–पांचरात्र आगम, प्रतिभा प्रकाशन, दिल्ली, 1994, पृ0 33
90 शतपथ ब्राह्मण, 12.3.4.1 तथा 13.6.1.1 और 13.6.2.12
91 मनुस्मृति, 1.9–10
92 ब्रह्मा नारायणाख्यौ सौ कल्पादौ भगवान यथा। ––विष्णु पुराण, 1.4.1
93 त्रिपाठी, गयाचरण, वैदिक देवता उद्भव और विकास, भाग 1, पृ0 346
94 .द्रष्टव्य, जे0 एन0 फर्क्यूहर का 'नारायण' लेख, ई0 आर0 ई0, भाग 9, पृ0 184–185
95 "The reapproachment between the Nārāyana and Vishnu sects, on the other hand, was not based on the idea of identification of the deities but on their assimilation in the Pantheon. विश्वम्भर शरण पाठक, दि अर्ली वैष्णव पैंथियॉन, जनरल, यू0 पी0 हिस्ट्री सोसाइटी, xxi-xx, पृ0 215
96. द्विवेदी ब्रजवल्लभ, आगम और तंत्रशास्त्र, पृष्ठ 47
97 द्विवेदी, व्रजवल्लभ, आगम और तंत्र शास्त्र, पृ0 50
98 जायसवाल, सुवीरा, वैष्णव धर्म का उद्भव और विकास, पृ0 34–35
99 तत्रैव, पृ0 36
100 अग्रवाल, वासुदेवशरण, मार्कण्डेय पुराण : एक सांस्कृतिक अध्ययन, हिन्दुस्तानी अकादमी, इलाहाबाद, 1961, पृ0 41
101 शतपथ ब्राह्मण, 11.1.6.1 और 6.1.1.9
102 अग्रवाल, वासुदेवशरण, मार्कण्डेय पुराण : एक सांस्कृतिक अध्ययन, हिन्दुस्तानी अकादमी, इलाहाबाद, 1961, पृ0 31
103 यथा सर्वेषु देवेषु परो नारायणो स्मृतः।
तथा सर्वेषु शास्त्रेषु पांचरात्रं परं स्मृतम्।।
––विश्वामित्र संहिता, 2.52
104 'विष्णु' शब्द के लिए अहिर्बुध्न्य संहिता, 52.44–48; 'नारायण' के लिए 48–57 तक; 'वासुदेव' 58–67 तक यथा देव आदि के लिए 68–85 तक, द्रष्टव्य है।
105 तस्मान्नारायणो देवः प्रणवार्थः स उच्यते।
नम्यते देव एवैकस्तेषामेकं परायणम्।।
नरो देवः परः स्रष्टा सर्गादौ पाथसामथ।

तस्मान्नाराणि पाथांसि तान्येवायनमुच्यते।।
देवस्य हेतोश्चामुष्मान्नारायणसमाह्वायः।
नारा वायनमावासः पुरुषस्य मधुद्विषः।।
अण् प्रत्ययः प्रकृत्यर्थे ततो वाससमाह्वयः।
एवं मन्त्रमिदं लब्ध्वा सम्यग्गुरुमुखात् स्वयम्।।
गुरुशुश्रुषणपरः सर्वमन्त्राणि साधयेत्।
आराध्य परया भक्त्या नारायणमनन्यधीः।। ——श्रीप्रश्न संहिता, 52.36—40

106 ईश्वर संहिता, 24.334—359

107 पराशर संहिता, 10.14—15, 11.9—10 और 13.21—27

108 नारायणः शंखपद्मगदाचक्रधरः समृतः।
माधवो गदया सार्धं चक्रशंखाम्बुजायुधः।।
——पाद्म संहिता, क्रियापाद, 16.31

109 तत्रैव, 18.46—71

110 बृहद्ब्रह्म संहिता, प्रथम पाद, 4.1—55

111 नरायणमयो वक्ष्ये श्रृणु नारद सत्तम्।
कुन्दपुष्पनिभं वापि श्यामं वा रक्तमेव वा।।
शंखचक्रगदापाणिं चतुर्बाहुं किरीटिनम्।
पीताम्बरसमायुक्तं सर्वालंकारशोभितम्।
सर्वदेवमयं सूक्ष्मं त्रैलोक्याधिपतिं हरिम्।। ——विष्वक्सेन संहिता, 11.153—157

112 शेष संहिता, 57.6—7, 61.12—14

113 अथ नारायणं देवं ध्यायेत् कुमुदपाण्डरम्।
बद्धब्रह्मंजलिं शान्तु हृत्पद्मार्पितमानसम्।।
युंजानं च स्वमात्मानं परस्मिन्नव्यये पदे।
कमण्डलुधरं ध्यायेत् कांचनाभमतो हरिम्।।
विष्टराविष्टपाणिं च क्रियाकाण्डप्रदर्शकम्।
पठन्तमनिशं शास्त्रं पंचरात्रपुरस्सरम्।।
——सात्वत संहिता, 12.142—144

114 हयशीर्ष संहिता, आदिकाण्ड, 19.5—6

115 तत्रैव, 22.5

116 अग्रवाल, वासुदेवशरण, पाणिनिकालीन भारतवर्ष, बनारस, सं0 2011

117 आप्टे, पी0 पी0, पांचरात्र : नेम एण्ड ओरिजिन, सी0ए0एस0 स्टडीज, 2, पूना, 1972, पृ0 99

118 भगवद्गीता, 7.19

119 विष्वक्सेन संहिता, 11.8—14, 20.138; मार्कण्डेय संहिता, 5.24

120 महर्षि पाणिनि की अष्टध्यायी, 1.3.98

121 सरकार, डी0 सी0, सलेक्ट इन्सक्रिप्शन्स, पृ0 96

122 महाभारत, स्वर्गारोहणपर्व, 6.97

123 चट्टोपाध्याय, सुधाकर, इवोल्यूशन ऑफ हिन्दू सेक्ट्स, पृ0 25
124 बृहद्ब्रह्म संहिता, 17.28–32
125 पराशर संहिता, 22.26–29
126 विश्वामित्र संहिता, 9.90–94
127 समयऽग्रे सदाचारः स्वाध्यायो द्रव्यसंग्रहः।
शुद्धिर्यागस्तुतिर्ध्यानमित्येवं विधिरष्टधा।।
विधिनां नेन यस्तिष्ठेत् स भागवत उच्यते।
जन्मान्तरकृतैः पुण्यैर्नरो भागवतो भवेत्।।

——परम संहिता, 3.37–38

128 पाद्म संहिता, 2.90–92
129 विष्णु संहिता, 2.1–11
130 नित्यमातोद्यवाद्यैस्तु पूजका ब्रह्मारिणः।
विप्रा भागवता ज्ञेयाः सर्वोत्कृष्टतमास्तु ते।।

——विष्णु संहिता, 2.39

131 मार्कण्डेय संहिता, 12.4
132 भवतैर्भागवतैरेवं प्रासादे च प्रतिष्ठितः।
समर्चनीयो नित्यादौ राजराष्ट्रसमृद्धये।।

——पारमेश्वर संहिता, क्रियाकाण्ड, 19.567

133 सनत्कुमार संहिता, इन्द्ररात्र, 3.73–83
134 ईश्वर संहिता, 1.17–43
135 विष्णु संहिता, 2.29–31
136 आत्मनो भरणे चापि इत्यु क्तश्चोपसर्पति।
वृत्यर्थमपि राजानं स विप्रः कर्मसात्वतः।।

——जयाख्य संहिता, 22.15–16

137 अमन्त्रपूजने चैव तथा त्वस्थानपूजने।
अनाचारार्चनै चैव तथा विधुरपूजने।।

——अनिरुद्ध संहिता, 29.17

138 परमपुरुष संहिता, 2.1–10
139 पाद्म संहिता, क्रियापाद, 2.61–62
140 पारमेश्वर संहिता, 19.553–572
141 विष्णुतिलक संहिता, 6.58–61
142 श्रीप्रश्न संहिता, 16.4–13
143 जयाख्य संहिता, 17.28–29
144 तदा सौ साधकत्वेन योक्तव्यौ गुरुणा तथा।
तृतीयमण्डले चेष्ट्वा तत्र तं च प्रवेशयेत्।।

——पौष्कर संहिता, 1.18

145 प्रदर्श्य मण्डलं हुत्वा मन्त्राग्नौ यथा विधिः।
दीक्षयेद् यं गुरुः शिष्यं साधकः स तु मन्त्रभाक्।।
——विष्णु संहिता, 2.43

146 सनत्कुमार संहिता, ब्रह्मरात्र, 5.118

147 जयाख्य संहिता, 16.301—336

148 पौष्कर संहिता, 1.1—32

149 मण्डलं विधिनालिख्य परिवारवदर्चितम्।
दर्शयेद् यमिहाचार्य समयी नाम स स्मृतः।।
——विष्णु संहिता, 2.41

150 सनत्कुमार संहिता, ब्रह्मरात्र, 4.1—82

151 तत्रैव, इन्द्ररात्र, 4.53—55

152 तत्रैव, ऋषिरात्र, 8.1—18

153 विष्णु संहिता, 29.1—3

154 ईश्वर संहिता, 22.1—67

155 पौष्कर संहिता, 1.1—32

156 नारदीय संहिता, 10.17—20

157 तत्रैव, 11.16—23

158 जयाख्य संहिता, 22.54—56

159 तत्रैव, 17.19

160 तत्रैव, 17.51—53

161 तत्रैव, 17.36—38

162 इन्ट्रोडक्ट्री स्टडी, आगम प्रामाण्य ऑफ यामुनाचार्य, सम्पादक, एम0 नरसिंहाचार्य, बड़ौदा, 1976, पृ0 7—8

163 शतपथ ब्राह्मण, 13.6.1.1; विस्तार के लिए द्रष्टव्य, मिश्र, रामप्यारे, वैष्णव—पांचरात्र आगम, प्रतिभा प्रकाशन, दिल्ली, 1994, पृ0 22

164 ईश्वर संहिता, 21.560—561

165 कालिया, अशोक कुमार, लक्ष्मीतन्त्र—धर्म और दर्शन, पृ0 36—37

166 तत्रैव, पृ0 37

167 ईश्वर संहिता, 52—63

168 नारायण संहिता, पृ0 162 (केन्द्रीय संस्कृत विद्यापीठ, तिरुपति, मातृका—579); द्रष्टव्य, पांचरात्रागम, राघवप्रसाद चौधरी, बिहार राष्ट्रभाषा परिषद्, पटना, 1987, पृ0 23

169 तत्रैव, पृ0 162—163

170 तन्त्राण्येतानि षट्त्रिंशत् तामसानि निबोध मे। ——तत्रैव, पृ0 163

171 तत्रैव, पृ0 25

172 द्विवेदी, व्रजवल्लभ, आगम और तन्त्र शास्त्र, परिमल पब्लिकेशन्स, दिल्ली, 1984, पृ0 30

173 पौष्कर संहिता, 39.8

174 यदुशैल अथवा यादव–गिरि ही आधुनिक मेलकोटे अथवा मेलुकोटे नाम से जाना जाता है जो मैसूर में सेरिंगपट्टम् के उत्तर पच्चीस मील दूर स्थित है। ध्यान देने योग्य है कि इसे ही दक्षिण बदरिकाश्रम भी कहा जाता है, जहाँ श्री वैष्णव सम्प्रदाय के संस्थापक श्रीरामानुजाचार्य का प्रमुख मठ स्थापित है।–द्रष्टव्य, दि जियोग्राफीकल डिक्शनरी ऑफ एन्सियेन्ट एण्ड मेडिवल इण्डिया, नन्दलाल डे, तृतीय संस्करण, 1971, पृ0 214 और 52

175 श्रीरंगम् को श्री रंगक्षेत्र भी कहा जाता है। इसे स्थानीय लोग सेरिंघम कहते हैं। यह स्थान तमिलनाडु प्रदेश में त्रिचनापल्ली के उत्तर दो मील पर स्थित है। इस मन्दिर का निर्माण पाण्ड्य के नायक वंशीय राजाओं ने बनवाया था। इस केन्द्र के चर्चा विभिन्न पुराणों में मिलती है। श्रीरामानुजाचार्य यहाँ बहुत दिनों तक रहे और 11वीं शताब्दी के मध्य में उनका यहीं देहावसान हुआ। ––द्रष्टव्य, तत्रैव, पृ0 193

176 कांचीपुरम् को कांचीवरम् भी कहा जाता है। यह मद्रास से दक्षिण पश्चिम 43 मील दूर पलर नदी के तट पर चोल अथवा द्रविड़ राजधानी के रूप में भी प्रसिद्ध है। इस कस्बे का पूर्वी भाग विष्णु कांची और पश्चिमी भाग शिवकांची कहलाता है। महाभारत के भीष्मपर्व तथा विभिन्न पुराणों में इस स्थान का वर्णन हुआ है। स्वामी शंकराचार्य ने यहाँ एक विष्णु मंदिर बनवाया था जो विष्णुकांची के रूप में प्रख्यात है।–द्रष्टव्य, तत्रैव, पृ0 58

177 ईश्वर संहिता, 1.66–67

178 सात्वत संहिता, सम्पादक– व्रजवल्लभ द्विवेदी, सम्पूर्णानन्द संस्कृत विश्वविद्यालय वाराणसी, 1982, पृ0 3

179 सात्वत संहिता, 1.25

180 जयाख्य संहिता, 4.63

181 तत्रैव, 4.76–82

182 सात्वत संहिता, 2.17

183 जयाख्य संहिता, 6.13–17

184 सात्वत संहिता, पृ0 2

185 अरुणद् यवनो साकेतं, अरुणद् यवनो मध्यमिकाम्। ––पतंजलि महाभाष्य, 3.3.11

186 एपीग्राफिया इण्डिका, भाग 10, परिशिष्ट, पृ0 2

187 यः सप्राकारमारामं सम्प्रयच्छति वै विभोः।
नानापुष्पफलोपेतं वापीद्रुम समाकुलम्।।
साब्जतोयाशयोपेतं मारंगखसमन्वितम्।
स नन्दनवने भोगान् भुक्त्वा यात्यच्युतोलयम्।।

––सात्वत संहिता, 25.366–367

188 तत्रैव, 9.132–133

189 सात्वत संहिता, सम्पादक– व्रजवल्लभ द्विवेदी, सम्पूर्णानन्द संस्कृत विश्वविद्यालय वाराणसी, 1982, उपोद्घात

190 इन्ट्रोडक्शन टू दि पांचरात्र एण्ड दि अहिर्बुध्न्य संहिता, श्रेडर, पृ0 29–30

191 चर्यापाद क्रिया पादौ च ज्ञानयोगयोः।
इति नानाविधं तंत्रं चतुष्पादोपबृंहितम्।। ——लक्ष्मी तंत्र, 51.2–3

192 श्रेडर, इन्ट्रोडक्शन टू दि पांचरात्र एण्ड दि अहिर्बुध्न्य संहिता, पृ0 25–30

193 जे0 आर0 एस0 एस0, 1911, पृ0 952; चट्टोपाध्याय एस0, इवोल्यूसन ऑफ हिन्दू सेक्ट्स, पृ0 65

194 उपाध्याय, बलदेव, वैष्णव सम्प्रदायों का साहित्य और सिद्धान्त, पृ0 79–80

195 सात्वत संहिता, अलशिंग भट्ट विरचितभाष्योपेता, संपादक, व्रजवल्लभ द्विवेदी, वाराणस्याम् 1982, रव्रेस्ताब्दे।

196 सात्वत संहिता, वाराणसी संस्करण, उपोद्घात, पृ0 5,

197 तत्रैव, पृ0 5–6

198 'श्रीपांचरात्रागमे रत्नत्रयान्तर्गता' श्रीपौष्कर संहिता, संपादक–श्री यतिराज सम्पत् कुमार रामानुज मुनि (मेलकोटे), बैगलौर, 1934

199 स्मिथ एच0 डैनियल, ए डिस्क्रिप्टिव बिब्लियोग्राफी ऑफ दि प्रिंटेड टैक्सटस् ऑफ दि पांचरात्रागम, ओरियण्टल इन्स्टीच्यूट, बड़ौदा, 1975, भाग 1, पृ0 277

200 जयाख्य संहिता, सम्पादक– एम्बर कृष्णामाचार्य, गायकवाड़ ओरियन्टल सीरीज–54, द्वितीय संस्करण, बड़ौदा, 1967

201 रत्नेषु त्रिष्वपि श्रेष्ठं जयाख्यं तन्त्रमुच्यते।——जयाख्य संहिता, 1.108

202 स्मिथ, एच0 डैनियल, ए डिस्क्रिप्टिव बिब्लियोग्राफी ऑफ दि प्रिंटेड टैक्सटस् ऑफ दि पांचरात्रागम, ओरियण्टल इन्स्टीच्यूट, बड़ौदा, 1975, भाग 1, पृ0 130

203 अहिर्बुध्न्य संहिता, दो भागों में, सम्पादक पं0 वी0 कृष्णमाचार्य आड्यार, नवीनतम संस्करण, 1986

204 नारदीय संहिता, 11.75–77

205 चरौर्घृतं गुलं मुद्गं मत्स्यण्डी च तथा। ——तत्रैव, 27.4

206 नारदीय संहिता, 5.78–82

207 तत्रैव, 25.250–251

208 स्मिथ, एच0 डैनियल, ए डिस्क्रिप्टिव बिब्लियोग्राफी ऑफ दि प्रिंटेड टैक्सटस् ऑफ दि पांचरात्रागम, ओरियण्टल इन्स्टीच्यूट, बड़ौदा, 1975, भाग 1, पृ0 262

209 तत्रैव, पृ0 297–298

210 तत्रैव, पृ0 346

211 तत्रैव, पृ0 394–395, 414–416

अध्याय द्वितीय

प्रतिमा-लक्षण व्युत्पत्ति एवं अर्थवत्ता

भारतीय इतिहास, संस्कृति तथा कला का अध्ययन तब तक पूर्ण नही हो सकता जब तक यहाँ के प्रतिमा विज्ञाान का पूरा परिचय न प्राप्त किया जाय। भारत की प्राचीन भाषाओं, इतिहास तथा अनेकविध, दार्शनिक धाराओं, सम्प्रदायों, मान्यताओं, परम्पराओं तथा मूल्यों की पार्श्व भूमि प्रतिमा विज्ञान के लिए आवश्यक है। प्रतिमा विज्ञान देशकाल और सम्प्रदायों से खूब प्रभावित रही है। उदाहरण स्वरूप विष्णु के चार प्रमुख आयुधों में कमल का अस्तित्त्व गुप्तकाल तक नही था और वहाँ थी अभय मुद्रा। तद्नन्तर कुछ समय के लिए आया फल और फल के उपरान्त आया कमल। मध्यकाल में कमल ने ऐसी गहरी छाप छोड़ी कि विष्णु के आयुधों में शंख, चक्र, गदा और पद्म को महत्ता मिली। यह भी सच है कि काल के भेद से देवताओं की लोकप्रियता घटती–बढ़ती रही।

भारतीय कला, भारतीय संस्कृति की अत्यन्त महत्वपूर्ण अंग है जो मनुष्य के मन को सुन्दर, प्रांजल तथा सुव्यवस्थित बनाती है। भारतीय कला कलात्मक एवं आध्यात्मिक उपलब्धियों की प्रतीक होती है। भारतीय कलाओं में धार्मिक तथा दार्शनिक मान्यताओं की अभिव्यक्ति की गयी है साथ ही धार्मिक प्रसंगों को विस्तृत रूप से प्रतिबिम्बित किया गया है। विष्णुधर्मोत्तर पुराण जो कला के मानदण्डों को स्थापित करता है, स्पष्ट उल्लेख है कि **'कलानां प्रवरं चित्रं धर्मकामार्थमोक्षदम्।'** अतः स्पष्ट है कि भारतीय समाज में कला, कला के लिए न होकर सम्पूर्ण जीवन शैली को प्रमाणित करती है। ध्यातव्य है कि

शिल्प आदि शास्त्रों का कला–तत्त्व–निरूपण श्रेण्य काल की उपलब्धि थी। नाट्यशास्त्र एवं दत्तिलम्, अग्नि पुराण एवं विष्णुधर्मोत्तर पुराण इस काल के प्रतिनिधि कहे जा सकते हैं। इसमें नाना कलाओं को अभिव्यंजित किया गया है। यह कलाओं का अन्तः संबंध संरचनात्मक भी है और इनकी सामाजिक उपादेयता भी।

ब्रह्म की प्रकृति अथवा निर्गुण रूप का कोई आधार नही होता तथा इस रूप की पूजा असंभव है।[1] अतः भगवान ने अपनी इच्छा से अपने सुन्दर रूप को प्रकट किया उसे देखकर देवगण हर्षित हुए तथा प्रसन्न होकर उस रूप की पूजा करने लगे–

अतो भगवतानेन स्वेच्छया यत्प्रदर्शितम्।
प्रादुर्भावष्वथाकारं तदर्चन्ति दिवौकसः।।[2]

साकार सगुण रूप आधार युक्त होता है। उस रूप की यथा–विधि पूजा की जा सकती है। अतः उसी की पूजा का विधान वैष्णव आगमों का मूल लक्ष्य रहा है। ईश्वर के साकार स्वरूप ने आगे चलकर विभिन्न प्रतिमाओं का रूप धारण कर लिया। कृत, त्रेता तथा द्वापर युग में व्यक्ति भगवान् के स्वयं ही दर्शन कर सकने में समर्थ थे, किन्तु कलियुग में ईश्वर की आराधना प्रतिमाओं द्वारा ही सम्भव है। अतः पुराणों में वर्णित ईश्वर के साकार रूप को कलाकारों ने विभिन्न कलाओं के माध्यम से सांसारिक भूमिका पर लाने का प्रयास किया।

प्रतिमा पूजन सगुणोपासना का मूल आधार है। यद्यपि सगुणोपासना की पूर्णता निर्गुणोपासना में ही सन्निहित है तथापि सुलभता की दृष्टि से जन सामान्य में सगुणोपासना का ही प्रचार हुआ यहाँ तक कि कुछ विचारधाराओं के अनुसार ब्रह्म या मूलतत्त्व के साथ जीव के एकत्व की प्राप्ति मूल लक्ष्य नही अपितु उपास्य की निष्काम सेवा निरन्तर प्रीति ही लक्ष्य बन गया। सगुणोपासना के प्रचार का मूल आधार था वह विश्वास जिसके अनुसार उपासक अपने उपास्य के पूजन अर्चन तथा विविध उपचारों के समर्पण, जप, तप, ध्यान, स्मरण आदि द्वारा उसके सानिन्ध्य को प्राप्त कर लेता है तथा उपास्य की कृपा से अपने को सभी प्रकार की आपत्तियों, बाधाओं तथा पापों से सुरक्षित समझने लगता है। दूसरे शब्दों में इस विचारधारा का नाम ही है **'भक्ति'**।

वैष्णव आगमों में साधन का मार्ग प्रतिपादित किया गया है। इन आगमों के अनुसार मन्दिर का निर्माण कर, प्रतिमा का निर्माण कर उसमें इष्ट देवता को विधिवत् स्थापित करना चाहिए तथा सात्त्वत विधि से उसकी अर्चना करनी चाहिए। भक्ति ही केवल भक्त वैष्णव को इस दुःखमय संसार से मुक्त करने का एक मात्र साधन है और भगवान की अनुग्रह शक्ति ही जीवों को भव पंक से उद्धार कर सकती है। अभेद में जो भेद का आभास होता है उसी का नाम तिरोधान है। फिर अखण्ड प्रकाश के साथ जो एकात्मक रूप में

प्रकाशन है, वही अनुग्रह है। इस अनुग्रह शक्ति को उद्‌बुद्ध करने का भक्तों के पास एक मात्र उपाय है– शरणागति, प्रपत्ति जिसकी शास्त्रीय संज्ञा न्यास है। न्यास एक तांत्रिक पूजा है जिसका तात्पर्य है कि शरीर के कुछ अंगों पर अवस्थित होने के लिए किसी देवता या देवताओं, मन्त्रों का मानसिक रूप से आह्वान करना जिससे शरीर पवित्र हो जाय और शरीर में देवता का निवास हो।[3] न्यास के सन्दर्भ में यह भी उल्लेख्य है कि 'न्यास' के अनेक भेद हैं, यथा– मन्त्र–न्यास, हंस–न्यास, प्रणव–न्यास, मातृका–न्यास, कर–न्यास, अंग–न्यास, पीठ–न्यास।[4] यह शरणागति छः प्रकार की होती है[5]–

1. **आनुकूलस्य संकल्पः**– भगवान् के अनुकूल बने रहने का संकल्प, भगवान् का अकिंचन दास तथा सेवक बनने का दृढ़ निश्चय।
2. **प्रातिकूल्यस्य वर्जनम्**– भगवान् के प्रतिकूल भाव, भावना तथा चर्चा से सदा परांगमुख रहना। नारायण के विषय में उल्टी मति करने वाली जो कुछ भी वस्तु हो उसका परित्याग करना चाहिए।
3. **रक्षिष्यतीति विश्वासः**– भगवान् के रक्षक रूप में अटूट विश्वास होना चाहिए। भक्तों के उद्धारक भगवान् हमारी भी रक्षा अवश्य करेंगे, इसी बात का पूरा विश्वास तीसरा अंग है।
4. **गोप्तृत्व–वरणम्**– रक्षक होने का विश्वास केवल काल्पनिक न होकर वास्तविक होना चाहिए, भगवान् को अपने गोप्ता–रक्षक रूप से वरण करना चाहिए।
5. **आत्मनिक्षेपः**– आत्मसमर्पण, अपने को तथा अपने कर्मों को भगवान् के चरणों में निक्षेप कर देना या डाल देना चाहिए। रक्षकवरण के अनन्तर अपनी व्यक्तिगत सत्ता को पृथक् रखने की आवश्यकता ही नही रहती। अतः समर्पण ही आवश्यक कर्तव्य बन जाता है।
6. **कार्पण्यम्**– नितान्त दीनता, शरणागति के षड्‌विध क्रम में मनोवैज्ञानिक सामरस्य है। अपने प्रियतम के प्रति शरणापन्न होने में यही क्रमिक विकास का विशद मार्ग है। भगवद्‌गीता के एक ही श्लोक में इस मार्ग के विकास की ओर पूरा संकेत हमें प्राप्त होता है। गीता पांचरात्र–निर्दिष्ट भक्ति का प्रतिपादक महनीय ग्रन्थ है। उसमें भी शरणागति को मुख्यतम तथा गुह्यतम साधन बतलाया गया है। इस शरणागति के सहायक साधन का निर्देश यह प्रसिद्ध पद्य करता है–

कार्पणयदोषोपहत स्वभावः पृच्छामि त्वां धर्म संमूढचेताः।
यच्छ्रेयः स्यान्निश्चितं ब्रूहि तन्मे शिष्यस्तेऽहं शाधि मां त्वां प्रपन्नम्।।[6]

इस पद्य में 'कार्पणय' तथा 'शिष्य' शब्द ध्यान देने योग्य हैं। कार्पणय दीनता का सूचक है, तो शिष्य, गुरु के वचनों पर अटूट श्रद्धा तथा विश्वास और आत्मनिक्षेप का परिचायक है। प्रपन्न शब्द तो स्पष्टतः प्रपत्ति को लक्ष्य कर रहा है।

'शरणागति' वैष्णव भक्त की मानसिक भावना है, उसी प्रकार पंचकर्म उसके लिए व्यावहारिक अनुष्ठान है। वैष्णवजन भगवान् की पूजा के निमित्त दिन रात को पाँच भागों में विभक्त करते हैं। इनके नाम हैं– पंचकाल

1. **अभिगमन**—मनसा, वाचा, कर्मणा, जप–ध्यान–अर्चन के द्वारा भगवान् के प्रति अभिमुख होना।
2. **उपादान**— पूजा के लिये पुष्प, अर्घ्य, नैवेद्य आदि सामग्री का संग्रह करना।
3. **इज्या**— पूजा, आगम शास्त्र के नियमों के अनुसार भगवान् की विधिवत् अर्चना।
4. **स्वाध्याय**— वैष्णव ग्रन्थों का श्रवण, मनन तथा उपदेश
5. **योग**— अष्टांग योग का अनुष्ठान।

ये पाँच कर्म प्रातः काल से आरम्भ कर निशा के अन्त तक क्रमशः होने चाहिए।[7] जयाख्य संहिता के अनुसार वैष्णवों के प्रधानतया पाँच भेद बतलाये हैं– **यति, ऐकान्ती, वैखानस, कर्मसात्त्वत तथा शिखी।** साधारणतया विष्णु की भक्ति से मंडित होने पर भी कतिपय विशेषताओं के कारण यह वर्गीकरण किया गया है।

प्रस्तुत ग्रन्थ का मूल उद्देश्य 'वैष्णव आगमों में प्रतिमा–प्रतिष्ठा' है अस्तु आगमों के आलोक में यहाँ ध्यान केन्द्रित करना अपेछित है। वैष्णव आगमों में ईश्वर संहिता, नारदीय संहिता, पराशर संहिता, पारमेश्वर संहिता, पाद्म संहिता (क्रियापाद), पौष्कर संहिता, बृहद्ब्रह्म संहिता, मार्कण्डेय संहिता, विष्वक्सेन संहिता, लक्ष्मीतन्त्र, श्रीप्रश्न संहिता, सात्तवत संहिता, हयशीर्ष संहिता (आदिकाण्ड), आदि विशेष रूप से उल्लेखनीय हैं। वैष्णव ग्रन्थों के शास्त्रावतार प्रसंगों के अनुशीलन से यह प्रतीत होता है कि निराधार तपश्चर्या अथवा याज्ञादियों के अपरिमित अनुष्ठान के बाद भी निःश्रेयस–प्राप्ति का मार्ग शुलभ नही दीखने पर मूर्ति–पूजा प्रधान आगम सम्प्रदाय का विकास हुआ।

वैष्णवागमों में भगवद् आराधन द्विविध साकार और निराकार कहा गया है। अग्न्याधान तो आहिताग्नि पुरुष विशेष की मृत्यु के उपरान्त समाप्त हो जाता है, पर बेरार्चन की अनुवृत्ति तो अनन्त काल तक होती है।[8] इस सम्प्रदाय के अनुसार अव्यक्त परविभु सार्वकालिक तथा सार्वत्रिक है, चतुर्व्यूह के रूप में व्यक्त लक्षण सम्पन्न होता है। यद्यपि वह परिविभु आदि देव एक है फिर भी जिस तरह अनेक जलाश्रयों के कारण एक ही सूर्य अनेक दिखाई पड़ता है, उसी प्रकार एक ही परम्विभु तुर्यादि नाना प्रतिमाओं को आश्रय मानकर

अनेक हो जाता है।[9] इसीकारण मूर्तिकल्पन–विषय मुख्य रूप से शिल्पशास्त्रीय विषय होते हुए भी प्रत्येक वैष्णव संहिताओं में असाधारण रूप से इस विषय की चर्चा की गई है।

प्रतिमा के अर्थ में प्रयुक्त शब्द

पांचरात्रागम में 'प्रतिमा' शब्द के लिए अनेक शब्द प्रयुक्त हुए हैं। प्राचीन संहिता–ग्रन्थ में इसके लिए **'मन्त्र–स्वरूप'** शब्द व्यवहृत हुआ है।[10] 'मन्त्र–स्वरूप' से प्रायः मन्त्र का अर्थात् मनन करने योग्य आदिदेव का प्रत्यक्ष व्यक्त रूप विवक्षित है। प्रतिमा शब्द के लिए बहुत स्थलों में **'अर्चा'** शब्द भी प्रयुक्त हुआ है।[11] सामान्यतः अर्चा का अर्थ पूजा होता है, पर **'अर्च्यते भगवान् यत्र सा अर्चा'** इस तरह की व्युत्पत्ति के द्वारा लब्ध अर्चा शब्दार्थ प्रतिमावाचक अपेक्षित अर्थ आसानी से प्राप्त होता है। यह शब्द एक प्राचीन शब्द है और इस अर्थ में पहले से भी इसका प्रयोग होता रहा है। आधुनिक शब्दकोशकारों के अतिरिक्त आचार्य पतंजलि ने भी अर्चा शब्द का प्रयोग 'देव–प्रतिमा' के अर्थ में किया है, **'मौर्यः हिरण्यार्थिभिरर्चा 'प्रकल्पिता'।**[12]

प्रतिमा के अर्थ में आगमशास्त्र में बहुप्रयुक्त शब्द **'बेर'** है। पांचरात्रागम तथा वैखानसागम की प्रायः सभी संहिताओं में बेर शब्द का सामान्य रूप से प्रयोग किया गया है।[13] बेर शब्द का साधारण अर्थ 'रूप' शब्द के अर्थ के समान है। जैसे– कुबेर शब्द का अर्थ कुत्सित बेर अर्थात कुत्सित रूप हो जिसका। पर, वैष्णवागम–ग्रन्थों में यह बेर शब्द भगवत्प्रतिमा के अर्थ में रूढ़ की तरह प्रयुक्त होता है और प्रायः सर्वत्र बेर से देवप्रतिमा का ही बोध होता है। प्रतिमा का अर्थाभिधायक जो चौथा शब्द हम आगम–संहिताओं में देखते हैं, वह है **'बिम्ब'**। बिम्ब शब्द का भी सामान्य अर्थ रूप या स्वरूप है, पर आगम–ग्रन्थों में यह शब्द सामान्य रूप से देव–प्रतिमा का अभिधायक है।[14] इस प्रसंग में पाँचवाँ शब्द **'प्रतिमा'** देखते हैं। यह शब्द सामान्य रूप से अन्यत्र विद्यमान व्यवहार की तरह आगमशास्त्र में भी देवविग्रह के अर्थ में प्रयुक्त है।[15] वैष्णवागम–ग्रन्थों में प्रतिमा के अर्थ में **विग्रह** तथा **मूर्ति** शब्द भी सामान्य रूप से प्रयुक्त होता है। इनका कुछ भी अर्थ–वैशिष्ट्य नहीं कहा जा सकता। इस क्रम में **'कौतुक'** शब्द का प्रयोग भी यदा–कदा प्रतिमा के अर्थ में उपलब्ध है। अत्रि–संहिता तथा विमानार्चनकल्प में यह देखा जा सकता है। इन दोनों ग्रन्थों में प्रयुक्त कौतुक शब्द के प्रसंग–सामंजस्य को देखते हुए इस शब्द का प्रतिमा अर्थ ही युक्तियुक्त प्रतीत होता है। प्रतिमाकल्पन के लिए उपादान–द्रव्यों का निर्देश करते हुए प्रतिमा के अर्थ में कौतुक शब्द व्यवहृत है। यहाँ निर्दिष्ट उपादान–द्रव्य व्यावहारिक दृष्टि से केवल कौतुक–बिम्ब के लिए ही उपयुक्त न होकर मूलादिबिम्ब–मात्र के लिए उपयुक्त है। यहाँ प्रयुक्त उपादान–द्रव्यों का सम्बन्ध केवल कौतुक–बिम्ब से स्वीकार करने पर व्यावहारिक दृष्टि से वह युक्तिसंगत नहीं कहा जा सकता, क्योंकि व्यवहार में दारु तथा शिलामय कौतुकबिम्ब–कल्पन प्रायः दृष्टिगोचर नहीं होता। अतः यहाँ सामान्य प्रतिमा

के अर्थ में कौतुक शब्द का अभिधेयत्व होना युक्तिसंगत प्रतीत होता है।[16] **'लिंग'** शब्द भी कदाचित् प्रतिमा के अर्थ में प्रयुक्त होता है। इस प्रसंग में **लोहरूप को बिम्ब, दारुरूप को लिंग, स्थापित मूर्ति को बेर तथा आकृतिरूप को प्रतिमा कहते हैं।**[17] कुछ वैष्णव–संहिताओं में आलयरूप शरीर में प्रतिमा को जीवस्थानी कहा गया है। आलयरूपी शरीर के विभिन्न अंगों को मानवीय अंगों की संज्ञा दी गई है।[18]

प्रतिमा भेद

वैष्णव आगमों में विविध आधार पर प्रतिमा के अनेक भेद कहे गये हैं। आलय में आराध्य प्रतिमा की संख्या के विषय में वैखानस तथा पांचरात्र–आगमों में सर्वथा साम्य नहीं दिखता। सामान्यतः सर्वत्र प्रतिमा **'चल'** तथा **'अचल'** भेद से दो तरह की कही गई है।[19] वैष्णव ग्रन्थ श्रीमद्भागवत में चल तथा अचल प्रतिमाएँ दो प्रकार की कही गयी हैं– **'चलाचलेति द्विविधा प्रतिष्ठा जीवमन्दिरम्'।**[20] अचल प्रतिमाएँ स्थिर होती हैं। इनका नित्य आवाह्न एवं विसर्जन नहीं होता और ये प्रतिमाएँ जैसी बन गयीं उसी रूप में रहती हैं तथा उसी आकार एवं रूप में उनकी उपासना, साधना की जाती है– **'उद्वासावाहने न स्तः स्थिरायामुद्धवार्चन'**[21] **चल प्रतिमा जंगम** तथा **अचल प्रतिमा स्थावर** होता है। चल प्रतिमा अर्थात जंगम प्रतिमा से उस प्रतिमा बोध होता है, जो एक स्थान से दूसरे स्थान को ले जाने के अनुमत होती है। अचल अर्थात् स्थावर प्रतिमा से ध्रुवप्रतिमा का सामान्यतः बोध होता है। यह प्रतिमा किसी भी स्थिति में एक स्थान से दूसरे स्थान में परिवर्तनार्ह नहीं होता। गोपीनाथ राव के मतानुसार चल, अचल तथा चलाचल–क्रम से प्रतिमा तीन प्रकार की होती है।[22] इसके अनन्तर प्रतिष्ठाप्यमान प्रतिमा की संख्या के आधार पर **'एकबेरार्चन'** तथा **'बहुबेरार्चन'** की परम्परा का निर्देश देखते हैं। एकबेरार्चन–क्रम में आलय में प्रायः केवल एक ही बेर अर्थात् मूलबेर मात्र की प्रतिष्ठा तथा आराधना होती है। बहुबेरार्चन–क्रम में पांचरात्रागम के अनुसार आलय में एक से अधिक सात तक प्रतिमाओं की प्रतिष्ठा तथा उनमें भगवदाराधन का विधान निर्दिष्ट है। ये सात प्रतिमाएँ अधोलिखित हैं–

1–मूलबेर,
2–कर्मार्चा,
3–उत्सवार्चा,
4–बल्यर्चा,
5–स्नपनार्चा,
6–तीर्थार्चा
7–शयनार्चा।

पुरुषोत्तम संहिता ने केवल छः का उल्लेख किया है।[23] मार्कण्डेय–संहिता ने शयन बिम्ब को छोड़कर अन्य छह बिम्बों का उल्लेख बहुबेरार्चन के अन्तर्गत किया है।[24]

एकबेरार्चन को **ध्रुवार्चन** के नाम से भी अभिहित किया गया है। एकबेरार्चन–क्रम में ध्रुवबेर अर्थात् स्थावर या मूलबेर गर्भगृह के ब्राह्मभाग में प्रतिष्ठापित होता है। इस अर्चनविधान में मूलबेर–स्थित या आसीन रूप में ही प्रतिष्ठापित होना विहित है। **एकबेरार्चन–क्रम में शयनमूर्तिकल्पन निषिद्ध है। इस अर्चनक्रम में प्रतिमा का उपादान–द्रव्य लोह या पाषाण ही स्वीकृत है।** यहाँ नैतिक तथा नैमित्तिक सारे कर्म मूलबेर में ही सम्पादित होते हैं। तत्तत्कर्मों के सम्पादनार्थ पृथक्–पृथक् तत्तत्प्रतिमाओं की स्थापना नहीं होती।[25] **ईश्वर–संहिता के अनुसार केवल कर्मार्चा से रहित अन्य पाँच बिम्बों से युक्त मूलबेर का आराधन जहाँ किया जाता है, उसे एकबेरार्चन–क्रम कहते हैं।**[26] परन्तु एकबेरार्चन का यह लक्षण अन्य पांचरात्रिक संहिता–ग्रन्थों की अपेक्षा विलक्षण है, अतः कौतूहल जनक है। नारदीय संहिता ने एकबेर–विधि को **'स्थावरार्चन'** तथा बहुबेरार्चन को **'अस्थावरार्चन'** कहा है। यह बात नारदीय संहिता में वर्णित इस विषय के सम्पूर्ण प्रकरण के अनुशीलन से स्पष्ट ज्ञात होती है। अन्य किसी संहिता में एकबेरार्चन तथा बहुबेरार्चन को क्रमशः स्थावरार्चन तथा अस्थावरार्चन के नाम से निर्दिष्ट नहीं किया गया है। स्थावर या अस्थावर–भेद से स्थापनाक्रम केवल स्वतन्त्र स्थापन–विधि में ही होगा। परिवार–देवरूप से अस्वतन्त्र स्थापन–विधि में यह स्थापनक्रम–भेद स्वीकृत नहीं होता।[27]

बहुबेरार्चन अर्थात् अस्थावर–विधि में कर्मार्चा अर्थात् कौतुक–बेर गर्भालय के ब्रह्मभाग में स्थापित किया जाता है। मूलबेर की स्थापना उससे पीछे के भाग में की जाती है। एकबेरार्चन तथा बहुबेरार्चन–क्रम में मुख्य रूप से स्थान–विषयक यही भेद है। इसे सामान्यतः एकबेरार्चन तथा बहुबेरार्चन का लक्षण भी कहा जा सकता है। बहुबेरविधि में भगवदाराधन–सम्बन्धी सारे कृत्यों का सम्पादन कौतुक–बेर अर्थात् कर्मार्चा में विहित है। अन्यान्य स्नपनादि नित्य तथा नैमित्तिक कर्मों का अनुष्ठान स्नपनादि तत्तद्बिम्बों में निहित है। बहुबेरविधि में नैतिकादि कर्मों का अनुष्ठान मूलबिम्ब में निषिद्ध है।[28] बहुबेरार्चन–विधि में सामान्यतः मूलबेर के साथ सब मिलाकर कुल सात बेरों की स्थिति आलय में कही गई है। परन्तु बहुबेरार्चन–विधि में प्रतिमाओं की न्यून संख्या का होना भी निर्दिष्ट है। प्रतिमाओं की संख्या के आधार पर बहुबेरार्चन–विधि के तीन भेद कहे गये हैं–

1– **उत्तम विधि–** जहाँ मूलबेर के अतिरिक्त कर्मार्चादि छह अन्य बिम्बों की प्रतिष्ठा तथा आराधन–क्रम होता है उसे उत्तम विधि कहते हैं।

2– मध्यम विधि– मूलबेर के साथ कर्मार्चादि तीन बिम्बों का जहाँ आराधन में स्थान होता है उसे मध्यम विधि कहा गया है।

3– अधम विधि– केवल कर्मार्चा के साथ जहाँ ध्रुवबेर का आराधन–विधान होता है उस आराधन को अधम विधि कहा गया है।[29]

मूलबेर की प्रतिष्ठा ग्राम की रक्षा के निमित्त होती है। आराधन–प्रयुक्त सारे कार्य–सम्पादन के लिए कर्मार्चा अथवा कौतुक–बिम्ब आवश्यक है। उत्सवार्चा से, उस प्रतिमा–विशेष का बोध होता है, जिसमें तत्तदुत्सवों के अवसर पर सम्पादित विशेष अर्चन तथा आराधन किये जाते हैं। **बलि–बेर** का उपयोग नित्य तथा नैमित्तिक बलि–प्रदान के अवसर पर होता है। **स्नपन–बेर** से तात्पर्य उस प्रतिमा से है, जिसका उपयोग विविध स्नपन के अवसर पर देखते हैं। विशिष्ट उत्सवों के अवसर पर तीर्थ–यात्रा के क्रम में **तीर्थ–बेर** का उपयोग किया जाता है। भगवदाराधन–क्रम में भगवच्छायन के लिए जिस प्रतिमा का उपयोग होता है उसे **शयन–बेर** कहा जाता है।

मूलबेर अर्थात् अचल बिम्ब में प्रतिष्ठाकाल में भगच्छक्ति का आवाहन किया जाता है, जो सर्वदा विद्यमान रहती है। उसका विसर्जन नहीं होता। पर, कर्मार्चादि जंगम बेरों में आवाहित भगच्छक्ति सर्वदा विद्यमान नहीं रहती। इन प्रतिमाओं में आराधन के अंगभूत तत्तत्कर्मों के अवसर पर मूल बेर से शक्ति का आवाहन किया जाता है। आराधन के सम्पन्न हो जाने के बाद पुनः उस शक्ति को मूल बेर में विसर्जित कर देते हैं।[30]

कर्मार्चादि प्रतिमाओं का उच्छ्राय अर्थात् ऊँचाई मानांगुल से मापने का विधान है। इस क्रम में कहा गया है कि कर्मार्चा का उच्छ्राय 6 अंगुल–प्रमाण से अल्प नहीं होना चाहिए। इसके उच्छ्राय की उपरितम सीमा 12 अंगुल तक विधि सम्मत है। पक्षान्तर में कर्मार्चा का प्रमाण मूलबेर का दशांश प्रमाणक कहा गया है। श्रीप्रश्न संहिता के अनुसार मूलबेर के उच्छ्राय को दस भागों में विभक्त कर उसके भागद्वय उच्छ्राय–परिमाणक कर्मार्चा तथा उत्सवार्चा का उच्छ्राय विहित है। बलिबेर तथा तीर्थयात्रा बेर की ऊँचाई कर्मार्चा के समान कही गई है। उत्सव बेर का उच्छ्राय कर्मार्चा की अपेक्षा त्रिगुणित कहा गया है। स्नपन–बेर की ऊँचाई उत्सव–बेर के समान होना विहित है। ऊँचाई के अतिरिक्त इन प्रतिमाओं का स्वरूप सर्वथा मूलबेर के समान होगा। अर्थात् मूलबेर जिन आयुधों एवं आभूषणादियों से विभूषित होगा वे सारे चिह्न कर्मार्चादि बिम्बों में भी कल्पित होने चाहिए। यह नियम स्थानक, आसीन तथा यानग मूलबेर–विधि के लिए कहा गया है। मूलबेर जहाँ शयान होता है वहाँ कर्मार्चादि मूलबेर के समान नहीं किये जाते। शयान मूलबेर–विधि में कर्मादि प्रतिमाएँ आसीन अथवा स्थित होती है। ये सारी प्रतिमाएँ चतुर्भुज होनी चाहिए, ऐसा विधान है।[31] नित्योत्सव के लिए कल्पित प्रतिमा सर्वत्र स्थानक होनी चाहिए।[32]

मूलबेर के भेद

मूलबेर के अनेक भेद कहे गये हैं। निर्माणमूलक भेद से मूलबेर तीन तरह के कहे गये हैं–

1– चित्र– जिस प्रतिमा में उसके सारे अवयव दृष्टिगोचर होते हैं, और प्रतिमा मान तथा उन्मान से युक्त होती है उस प्रतिमा को 'चित्र' कहा गया है।

2– चित्रार्द्ध– शिलादिगत प्रतिमाओं का पृष्ठभाग दृष्टि–विषयभूत नहीं होता, अतः उसके सारे अवयव नहीं होते। इस प्रकार की प्रतिमा को 'अर्द्धचित्र' प्रतिमा कहते हैं। इसके मान तथा उन्मान का ज्ञान दुष्कर होता है।

3– चित्राभास– पट या भित्ति पर आलेख्य रूप से कल्पित प्रतिमा को 'चित्राभास' की संज्ञा दी गई है।[33] चित्रबिम्ब का मान न्यूनतम एक हस्तोच्छ्रित तथा अधिकतम नौ हस्तोच्छ्रित, इच्छा तथा विभव के अनुसार निर्दिष्ट है। अधिकतम उच्छ्रायमान युक्त प्रतिमा कालयोग–प्रमाण से कल्पित की जा सकती है।[34] ये भेद प्रायः सभी वैखानस तथा पांचरात्र–संहिताओं में इसी तरह समान रूप से निर्दिष्ट हैं।

प्रतिमा की अवस्थिति के आधार पर भेद

प्रतिमा की अवस्थिति के आधार पर मूलबेर चार प्रकार के कहे गये हैं–

1– स्थानक
2– आसीन
3– शयन
4– यानग[35]

श्रीप्रश्न संहिता ने स्थिति के आधार पर पूर्वोक्त चार की अपेक्षा 1–लोकविक्रम तथा 2–विश्वरूप, इन दो अधिक भेदों के साथ मूलबेर के छह भेद बताये हैं।[36] वस्तुतः लोकविक्रम तथा विश्वरूप अति विशाल होते हैं और ये दोनों प्रतिमाएँ प्रायः स्थित अवस्था में ही कल्पित होती हैं। अतएव, नारदीय तथा अन्य संहिताओं ने इन दोनों का पृथक् निर्देश नहीं किया है। वैखानस–आगम–ग्रन्थों में यानग ध्रुवबेर का निर्देश नहीं दिखलायी पड़ता है। इनके अनुसार स्थानक, आसीन तथा शयान–ये तीन ही भेद कहे गये हैं।[37] इनके अनुसार **स्थानक को सात्विक, आसीन को राजस तथा शयान को तामस** कहा गया है।[38] स्थानक के लिए स्थित शब्द का प्रयोग भी देखते हैं। यानग के लिए 'यानारूढ़' शब्द का प्रयोग भी दृष्टिगोचर होता है, पर इस तरह के शब्दभेद होने के बाद भी यहाँ अर्थ में कोई परिवर्तन नहीं है।

योग तथा भोग के आधार पर भेद

स्थित, आसीन यानग तथा शयान प्रतिमाएँ योग तथा भोग भेद से दो–दो प्रकार की होती हैं अर्थात् 1–योग–स्थानक, 2–भोग–स्थानक; 1–योग–आसीन, 2–भोग–आसीन तथा 1–योग–यानग तथा 2–भोग–यानग। शयान बेर के चार भेद कहे गये हैं– 1–योग–शयान, 2–भोग–शयान, 3–सर्ग–शयान तथा 4–संहार–शयान। इन प्रतिमाओं के भी उत्तम, मध्यम तथा अधम रूप से तीन–तीन भेद बतलाये गये हैं।[39]

आसीन प्रतिमा के भेदों का निर्देश करते हुए कुछ संहिताओं ने निम्नलिखित तीन भेद वर्णित हैं– 1–भोगासन, 2–शेषासन तथा 3–योगासन।[40] ब्राह्मीय चित्रकल्पशास्त्र ने उपर्युक्त आसनों के अतिरिक्त कुछ आसीन बिम्बों की कल्पना का विधान कहा है। वे तीन हैं, 1–सृष्ट्यासन, 2–संहारसन तथा 3–पद्मासन।[41] **योगशयन सृष्टिकर्ता** तथा **भोगशयन संहारकर्ता** होता है।[42] योगबिम्ब की स्थापना **श्री** तथा **भू** देवियों के साथ या उनके बिना भी विहित है। भोगमूर्ति की स्थापना **श्रीकर** तथा योगमूर्ति की स्थापना **वश्यकर** कही गई है।[43] श्रीप्रश्न संहिता ने शयनबिम्ब के पाँच भेद कहे हैं– 1–उद्योग 2–योग 3–भोग 4–सृष्टि तथा 5–संहार।[44]

वय के आधार पर भेद

मार्कण्डेय–संहिता में वय के आधार पर प्रतिमा के तीन भेद कहे गये हैं–

1–बाल
2–यौवन
3–वृद्ध

ये तीनों बेर क्रमशः काम्यार्थी, मोक्षार्थी तथा रक्षार्थियों के लिए आराधनार्ह कहे गये हैं। यहाँ उत्थित बेर को राजस, आसीन बेर को तामस तथा शयन–बेर को सात्त्विक बेर कहा गया है।[45] एक स्थान में सामान्य रूप से आठ प्रकार के बेरों की गणना की गई है– 1–एकबेर 2–बहुबेर 3–स्वतन्त्र बेर 4–परतन्त्र बेर 5–आश्रित बेर 6–यौगिक बेर 7–भोगबेर 8–योगबेर।[46]

ज्ञातव्य है कि मूलबेर के आन्तरिक भेद के विषय में पांचरात्र तथा वैखानस–आगम में सर्वथा समानता नहीं दिखती है। वैखानसागम के अनुसार स्थानकादि तीन तरह के मूलबेर के चार भेद कहे गये हैं 1–योग 2–भोग 3–वीर तथा 4–आभिचारिक। योगकामी के लिए योगबेर, भोगकामी के लिए भोगबेर, वीर्यार्थी के लिए वीरबेर तथा शत्रुजयार्थी के लिए आभिचारिक बेर के आराधन का विधान है।[47] कदाचित् वैखानस–आगम–ग्रन्थ में आभिचारिक बिम्ब को छोड़ दिया गया है, और स्थानक, आसीन तथा शयनबेरों के योग,

भोग तथा वीर, केवल तीन ही भेद कहे गये हैं।[48] कुछ संहिताओं ने आभिचारिक के स्थान में **'विरह बेर'** का निर्देश किया है।[49] प्रायः आभिचारिक के लिए ही विरह का प्रयोग किया गया है। काश्यपशिल्प ने ज्ञानकाण्ड में योग, सुख, भोग तथा वीर भेद से धुव्रबेर को चार प्रकार का बताया है। स्थापन–स्थान तथा परिवार–देवता के न्यूनाधिक्य के आधार पर इन प्रतिमाओं के भेद निर्भर करते हैं। विरह–बेर सायुध, निरायुध अथवा उभयविध होते हैं।[50] विरहस्थानक का स्वरूप द्विभुज, धूम्र–अम्बर से युक्त, श्यामवर्ण, शुक्लांग उर्ध्वदृष्टि, तमोगुणसम्पन्न, विमलनयन, ब्रह्मादि परिवार से रहित होता है। इसकी स्थापना आद्रादि अविहित नक्षत्र में पैशाच पद में की जाती है।[51] विरहस्थानक कदाचित् चतुर्भुज भी कहा गया है। पर इस मूर्ति के हाथों में शंख, चक्र आदि आयुध नहीं होते।[52] अर्चनाधिकार ने विरह–बेर को सर्वत्र स्थानक ही होना कहा है।[53] आभिचारिक बेर का लक्षण भी मरीचि ने विरह की तरह ही कहा है।[54] इसप्रकार पांचरात्र की अपेक्षा वैखानस–आगम में विरह अथवा आभिचारिक बेर की कल्पना अधिक है, और इस तरह सामान्य रूप से पांचरात्र–आगम में वैखानस–आगम की अपेक्षा मूलबेर की संख्या किंचित् न्यून है। नारदीय संहिता ने स्थानकादि भेदयुक्त प्रतिमाओं के दो भेद बताये हैं–

1– साधारण

2– असाधारण।[55]

साधारण प्रतिमा पुरुषाकृतिक कही गई है। असाधारण प्रतिमा अनेक करों से युक्त होती है। यह वराहादि के मुख या मत्स्यादि के शरीर के सदृश होती है। यह विविध प्रकार की होती है। अतः यह सर्वथा स्पष्ट है कि ये **असाधारण प्रतिमाएँ सर्वदा पुरुषाकृतिक ही नहीं होतीं।** ये मूर्तियाँ प्रायः प्रादुर्भावदेवों की होती हैं।[56] इन प्रतिमाओं का कल्पन यजमान की इच्छा के अनुसार द्विभुज या चतुर्भुज रूप में किया जा सकता है।[57] नारदीय संहिता ने जिसे 'साधारण प्रतिमा' शब्द से अभिहित किया है, उस मूर्ति की कल्पन–प्रक्रिया के क्रम में कुछ संहिता–ग्रन्थों ने इस मूर्ति के एक–एक अंग तथा उपांग–कल्पन की विधि तथा विशेष रूप से उनके मान तथा प्रमाणादि का उल्लेख किया है।[58]

कला में चतुर्व्यूह का आरम्भिक शिल्पांकन

वैष्णव आगमों में चतुर्व्यूह सम्बन्धी विवरण अत्यन्त मौलिक सिद्धान्त है। इसके अनुसार वासुदेव ब्रह्म हैं जो शान्ति एवं संकर्षण को उत्पन्न करते हैं। प्रद्युम्न ब्रह्मा हैं और सरस्वती उनकी शक्ति हैं। अनिरुद्ध को 'पुरुषोत्तम' कहा गया और उनकी शक्ति रति हैं। यह शुद्ध सृष्टि है। संकर्षण के रूप में ब्रह्म 'बल' द्वारा अव्यक्त प्रकृति को अस्तित्व में लाता

है। प्रद्युम्न द्वारा पुरुष एवं प्रकृति का द्वन्द्व व्यक्त होता है, तदनन्तर काल, प्रकृति और आत्मा का उद्भव होता है तथा अतिरुद्ध के द्वारा सृष्टि की रक्षा होती है। अवान्तर कालीन संहिताओं में कहीं–कहीं अतिरुद्ध को सृष्टिकर्त्ता, संकषर्ण को संहारकर्त्ता और प्रद्युम्न को सृष्टि का रक्षक कहा गया है।[59] बलराम (संकर्षण) एकान्तिक मार्ग की शिक्षा देते हैं। प्रद्युम्न इन सिद्धान्तों को कार्यरूप में परिणत करते हैं और अतिरुद्ध इस साधना का फल देते हैं।[60]

वासुदेव, संकर्षण, प्रद्युम्न एवं अनिरुद्ध का उल्लेख उनके प्रतिमा लक्षण, अलंकरण आयुध आदि का उल्लेख वैष्णव आगमों में विस्तार से हुआ है। सृष्टि के आरम्भ में एक मात्र आपतत्व था उसे ही तत्वदर्शी मुनियों ने नारा कहा जो भगवान् उसमें निवास करता था वही सर्वव्यापक देव नारायण है अपने निर्गुण और सगुण रूप में वही देव चार व्यूह या विभाग करके चार प्रकार से स्थित है। त्रिगुण अर्थात सत्, रज, तम् और अगुण की समस्ति का नाम चतुर्व्यूहात्मा प्रतिमा है।[61] प्रसंगात् उल्लेख्य है कि प्रशान्त समुद्र में स्पन्दन के रूप में क्षुभित शक्ति अप्राकृत गुणों की सृष्टि करती है। ये गुण सत्, रज, तम से परे अप्राकृत गुण हैं। ये गुण ज्ञान, ऐश्वर्य, शक्ति, बल, वीर्य और तेज छः हैं। इन्हीं अप्राकृत गुणों के उपादान से वासुदेव की रचना होती है। इस निर्गुण अनिर्देश्या मूर्ति की अपेक्षा से गुणमयी मूर्ति वह है जो सृष्टि, स्थिति और संहार की क्रियाओं में अभिव्यक्त है। उसके तीन रूप हैं। एक तामसी, दूसरी सात्विक, तीसरी राजसी। त्रिगुणात्मिक इन मूर्तियों के चतुर्व्यूहात्मक या पांचरात्रिक नाम इस प्रकार हैं–

1– प्रथमा मूर्ति– वासुदेव, अनिर्देश्या, शुक्ला, गुणातीत मूर्ति।
2– द्वितीया मूर्ति– तामसी, शेषाख्या, बलराम।
3– तृतीया मूर्ति– सात्विकी, प्रद्युम्न, प्रजापालन और धर्म की व्यवस्था करने वाली।
4– चतुर्थी मूर्ति– राजसी यहाँ इसे जलमध्य में शेष की शय्या पर शयन करने वाली और सृष्टि में तत्पर कहा गया है। वैसे इसका चतुर्व्यूहात्मक नाम अनिरुद्ध है।[62]

चतुर्व्यूह की अवधारणा पतंजलि के काल अर्थात् दूसरी शताब्दी ईसा पूर्व तक स्पष्ट हो चुकी थी।[63] इसमें संदेह नही कि ईसा पश्चात् की आरम्भिक शताब्दियों में चतुर्व्यूह उपासना प्रचलित थी और इसका केन्द्र मथुरा था।[64] कला में इस परम्परा के प्रारम्भिक अंकन पर विचार करना यहाँ अपेक्षित है।

ध्यातव्य है कि चतुर्व्यूह उपासना के पूर्व पंचवीरोपासना प्रचलित थी, जिसमें संकर्षण, वासुदेव, प्रद्युम्न, अनिरुद्ध एवं साम्ब के नाम मिलते हैं। मथुरा से सात मील पश्चिम मोरा कूप अभिलेख उपलब्ध हुआ है। यह अभिलेख शक नरेश षोडास (प्रथम शताब्दी के आरम्भ) के शासन काल का है जिसमें वृष्णि कुल के पंचवीरों की मूर्तियों का उल्लेख है, जिसे तोषा नामक एक महिला द्वारा निर्मित पाषाण मन्दिर में प्रतिष्ठापित कराया गया था।[65]

ल्यूडर्स नामक विद्वान ने इन पंच वीरों की पहचान इस प्रकार की है[66]– 1–बलदेव 2–अक्रूर 3–अनाधृष्टि 4–सरण 5–विदुरथ। जे0 एन0 बनर्जी ने वायु पुराण के आधार पर पंचवीरों का नाम इस प्रकार दिया है– 1–संकर्षण 2–वासुदेव 3–प्रद्युम्न 4–साम्ब 5–अनिरुद्ध।

यहाँ यह अवधेय है कि कालान्तर में दो परिवर्तन हुए। साम्ब का सूर्योपासक होने के कारण वहिष्कृत कर दिया गया और संकर्षण का स्थान गौण हो गया। वासुदेव चतुर्व्यूह–परम्परा में पर ब्रह्म स्वरूप माने गये और संकर्षण, प्रद्युम्न तथा अनिरुद्ध वासुदेव–प्रादुर्भाव क्रम के अन्तर्गत उनके द्वारा उनके अंशभूत। इस तरह चतुर्व्यूह का एक दर्शन विकसित हुआ तदनुसार वासुदेव परब्रह्म का स्वरूप वासुदेव कहलाया और संकर्षण आदि क्रमशः जीव, मन एवं अहंकार। संकर्षण प्रारम्भ में नाग पूजकों के उपास्य देव माने जाते थे। प्रारम्भ में संकर्षण का अंकन स्वतंत्र रूप से हुआ तत्पश्चात् शनैः–शनैः इस देवता का भागवत–पांचरात्र–परम्परा में समाहार होता गया। भारतीय कला में चतुर्व्यूह के प्रारम्भिक अंकन के अध्यन के प्रसंग में यह कहा जा सकता है कि चतुर्व्यूह के समग्र स्वरूप का अर्थात् चतुर्मूर्तियों का अंकन या तो कम हुआ है या इस तरह की मूर्तियाँ उपलब्ध नहीं हैं। मथुरा संग्रहालय में सुरक्षित एक मात्र खंडित चतुर्व्यूह–प्रतिमा विशेषज्ञों में चर्चित रही है। चतुर्व्यूह प्रतिमा के स्वरूप विकास का यही एक मात्र आधार है।

ज्ञातव्य है कि वासुदेव एवं संकर्षण सम्बन्धी कतिपय प्रारम्भिक आभिलेखिक, मौद्रिक एवं शिल्प–साक्ष्य उल्लेखनीय महत्व के हैं। इनमें मोरा कूप अभिलेख, घोसुण्डी अभिलेख, हेलियोडोरस का विदिशा से प्राप्त गरुड़ध्वज स्तम्भ लेख[67] तथा इण्डो–ग्रीक शासक अगाथोक्लीज की मुद्राओं[68] (पूर्व भाग पर वासुदेव, पृष्ठ भाग पर संकर्षण का अंकन) और चिलास (पाकिस्तान) के एक चट्टान पर अंकित वासुदेव, संकर्षण के रंगचित्र अत्यन्त महत्वपूर्ण साक्ष्य हैं। इन साक्ष्यों से परिज्ञात होता है कि मध्य भारत से लेकर सूदूर पश्चिमोत्तर क्षेत्र तक वासुदेव–भक्ति का अभ्युदय हो चुका था और संकर्षण की उपासना वासुदेव के साथ की जाने लगी थी। पुनः वृष्णि कुल के सदस्यों के रूप में जब पंचवीरों की एक साथ उपासना चल पड़ी तो इनके पारस्परिक सम्बन्धों की कथा का विस्तार महाकाव्यों, पुराणों में प्रतिबिम्बित होता रहा। लेकिन पंचवीरोपासना, अधिक दिनों तक न चल सकी, साम्ब के सौर–धर्म से जुड़ जाने के कारण और वैष्णव धर्म में चतुर्व्यूहवाद एवं अवतारवाद के प्रचलन हो जाने के कारण संकर्षण आदि को परब्रह्म वासुदेव के अंशभूत मान लेने से वैष्णव–पांचरात्र मत में एक अभिनव दृष्टि प्रचलित हुई। चतुर्व्यूह उपासना उसी का परिणाम है और संयोगात् कुषाण काल की उपरिनिर्दिष्ट विशिष्ट चतुर्व्यूह प्रतिमा उपलब्ध है जो खण्डित ही सही, अत्यन्त महत्वपूर्ण है। इस पर, इसकी पहचान पर प्रारम्भ में विद्वानों में भ्रान्ति थी, किन्तु अब कतिपय विद्वानों ने इसकी स्पष्ट पहचान की है।

चतुर्व्यूह प्रतिमा

मथुरा से प्राप्त और मथुरा संग्रहालय में सुरक्षित खण्डित किन्तु एक मात्र विलक्षण चतुर्व्यूह–प्रतिमा उल्लेखनीय महत्व की रही है। यह प्रतिमा कुषाण कालीन है जो मथुरा संग्रहालय के परिक्षेत्र में स्थित सतसमुद्री कूप से प्राप्त हुई थी। प्रारम्भ में इस प्रतिमा की पहचान को लेकर विद्वानों में मतभेद थे। प्रसिद्ध कलावेत्ता कुमार स्वामी ने इसे इन्द्र की और वासुदेव शरण अग्रवाल ने पंचेन्द्र की प्रतिमा बताया था जबकि आर0 सी0 अग्रवाल ने इसे महाविष्णु की प्रतिमा सिद्ध करना चाहा था। यह प्रतिमा वास्तव में अपने ढंग की अकेली है। अस्तु विलक्षण है। डोरिस श्रीनिवासन ने चतुर्व्यूह प्रतिमा परम्परा पर विस्तार से विचार करते हुए इस प्रतिमा की पहचान चतुर्व्यूह–प्रतिमा के रूप में की है।[69] पुनः पुरातत्त्ववेत्ता प्रोफेसर शैलनाथ चतुर्वेदी ने इस विशिष्ट प्रतिमा की स्पष्ट पहचान करते हुए इसे चतुर्व्यूह परम्परा को पाषाण शिल्प में ढालने वाली विलक्षण प्रतिमा बताया है।[70] इस प्रतिमा के शिल्प शास्त्रीय विवरण देने के पूर्व यह ध्यान आकृष्ट करना उचित प्रतीत होता है कि विष्णु चतुर्मूर्ति अथवा वैकुण्ठ प्रतिमा–निर्माण की परम्परा चतुर्व्यूह–प्रतिमा–परम्परा से नितान्त भिन्न है। ज्ञातव्य है कि इस सन्दर्भ में अनेकों विद्वानों ने लिखा है जिनमें वोगेल, कुमार स्वामी, वासुदेव शरण अग्रवाल, विश्वम्भरशरण पाठक, आर0 सी0 बनर्जी, प्रियबाला शाह, देबाला मित्रा, जे0 खोंदा, संयुक्ता गुप्ता, सी0 शिवराममूर्ति, डोरिस श्रीनिवासन एवं प्रो0 शैलनाथ चतुर्वेदी के नाम उल्लेखनीय हैं।[71]

चतुर्व्यूह प्रतिमा मूल रूप में चार आकृतियों से युक्त रही होगी। सौम्य रूप वासुदेव का है। प्रतिमा चतुर्भुजी है। इसका सामान्य दाहिना हाथ अभय मुद्रा में उठा हुआ है, ऊपर का दाहिना हाथ भग्न है किन्तु इस हाथ की उंगलियां खंडित गदा–शीर्ष के ऊपर टिकी हुई हैं। सामान्य बायें हाथ में कोई वस्तु है जिसकी पहचान शंख से की गयी है। ऊपर का बायां हाथ भग्न है। आंखों की दोनों भौहों के बीच ऊर्णा बनी है जो महापुरुष के लक्षण की परिचायक है। इस प्रतिमा ने अलंकृत मुकुट धारण किया है। कानों में कुण्डल, गले में हार और भुजाओं तथा कलाइयों में आभूषण सुशोभित है। इसने फूलों और पत्तियों की बहुत सुन्दर माला धारण किया है। वासुदेव के दाहिने स्कन्ध से जुड़ी एक प्रतिमा है जिसके बायें हाथ में मदिरा का एक पात्र है और दाहिना हाथ उठा हुआ किन्तु भग्न है। इसके एक कान में कुण्डल दिखाई देता है केश–सज्जा के साथ पार्श्व में सर्प के फण की प्रतिच्छवि देखी जा सकती हैं। इस प्रतिमा का शीर्ष भाग विलक्षण कुषाण शैली में निर्मित हैं और इस प्रतिमा ने भी पत्तियों और पुष्पों की माला धारण की है। वासुदेव के दक्षिण पार्श्व की यह प्रतिमा निश्चय ही संकर्षण की है। वासुदेव की विशाल रत्नजटित मुकुट से ऊपर की ओर निकलती हुई एक भग्न प्रतिमा देखी जा सकती है, जिसका शीर्ष व दाहिना हाथ

टूटा हुआ है और बायें हाथ में स्कन्ध प्रदेश तक उतरीय लिपटा हुआ दिखाई दे रहा है। इसका बायां हाथ कमर की ओर झुका हुआ है जिसमें कोई वस्तु अवश्य है। भग्न दाहिना हाथ अभय मुद्रा में रहा होगा। यह प्रतिमा प्रद्युम्न की है। वासुदेव के वाम पार्श्व में एक अन्य प्रतिमा अनिरुद्ध की विनिर्मित रही होगी जो खण्डित होने के कारण दिखाई नहीं दे रही है किन्तु प्रतिमा होने का स्पष्ट संकेत है।

इस प्रकार यहाँ कुषाण कालीन शिल्प में विष्णु चतुर्व्यूह को रूपांकित किया गया है। जहाँ तक इस प्रतिमा के शास्त्रीय विवरण का प्रश्न है, प्रतिमा–शास्त्रीय–परम्परा विशेषतः विष्णुधर्मोत्तर पुराण में अलग–अलग व्यूहों की प्रतिमाओं के विवरण मिलते हैं। तदनुसार वासुदेव, संकर्षण, प्रद्युम्न एवं अनिरुद्ध की प्रतिमायें किस तरह बनायी जाय और उनका स्वरूप क्या हो इस पर प्रकाश पड़ता है। जहाँ तक चतुर्व्यूह प्रतिमा का प्रश्न है इस पर विष्णुधर्मोत्तर पुराण में कोई स्पष्ट विवरण उपलब्ध नहीं है। डॉ0 शैलनाथ चतुर्वेदी ने, अवश्य ही, विष्णुधर्मोत्तर पुराण में एक स्थान पर उल्लिखित वासुदेव, संकर्षण, प्रद्युम्न एवं अनिरुद्ध इन चार आकृतियों से युक्त विष्णु की अष्टभुजी प्रतिमा के विवरण की ओर हमारा ध्यान आकृष्ट करते हुए बताया है कि मथुरा से प्राप्त चतुर्व्यूह प्रतिमा की मूल अवधारणा से यह विवरण मेल खाता है, भले ही दोनों के स्वरूप विवरण में किंचित् भिन्नता हो।

जहाँ तक शास्त्र और शिल्प के अन्तर का प्रश्न है, डॉ0 चतुर्वेदी की यह धारणा युक्तिसंगत प्रतीत होती है कि चतुर्व्यूहों के अंकन की भिन्न परम्परा प्रचलित हो सकती है। चूंकि प्रतिमा शास्त्रीय आधार सुनिश्चित नही रहा होगा। अतः शिल्पकार ने अपनी स्वतन्त्र दृष्टि का परिचय दिया होगा। प्रस्तुत प्रतिमा का हम इसी बात के परिणाम रूप में ग्रहण कर सकते हैं। संभव है कि इस तरह की कोई अन्य प्रतिमा धरती के गर्भ से प्रकाश में आये। अन्ततः यही कहा जा सकता है कि मथुरा की यह प्रतिमा वैष्णव पांचरात्र परम्परा में चतुर्व्यूह के प्राचीनतम शिल्पांकन का परिचय देती है।

चतुर्व्यूह प्रतिमा का शास्त्रीय विधान

व्यूह–सिद्धान्त एवं वासुदेवादि चतुर्व्यूहों के स्वरूप एवं ध्यान, मंत्रादि विषयक प्रसंग त्रिरत्न एवं अनेक संहिताओं में उपलब्ध हैं। तदनुसार वासुदेव, संकर्षण, प्रद्युम्न एवं अनिरुद्ध के स्वरूप पर अलग–अलग संक्षिप्त विवेचन यहाँ अपेक्षित है।

वासुदेव

पांचरात्र विचार और व्यवहार में 'पर' ब्रह्म का व्यूहावतार में वासुदेव प्रथम व्यूह है। संहिताओं में वासुदेव के गुणों व उनके स्वरूप आदि का वर्णन मिलता है, यह भी कि

वासुदेव को चतुर्धा विभक्त करता है। यह षड्गुणों (ज्ञान, शक्ति, बल, ऐश्वर्य, वीर्य, तथा तेज) से सम्पन्न होता है। वासुदेव के स्वरूप का वर्णन करते हुए ईश्वर संहिता में कहा गया है कि वासुदेव के दोनों हाथों में वरद और अभय के प्रतीक शंख और चक्र त्रैलोक्य को धारण करने वाले हैं। उनका अमूर्त्त रूप, मूर्तित होकर शांति संवित् रूप में भक्त पर अनुग्रह करने वाला है।[72]

व्यक्त रूप में वासुदेव, भगवान रूप में हिच, कुन्द, इन्दु की कांति के समान हैं। सौम्य सुख, पुण्डरीकाक्ष, चतुर्भुज, पीत–कौशय वसन वाले, सुवर्ण–ध्वज से सुशोभित, भयपीड़ितों को अभय प्रदान करने वाला दक्षिण हस्त अभय मुद्रा में, वाम हस्त में विद्या कोश का संग्रहीत प्रतीत शंखराठ् (विराट्) तथा अन्य दो हाथों में से पीछे दाहिने हाथ में चक्र तथा वसुधातल से स्पर्शित वाम हस्त में गदा सुशोभित स्वरूप वाले, सिंदूर शिखर के समान मुख वाले चतुर्भुज वासुदेव के स्वरूप की आराधना करनी चाहिए।[73] बृहद्ब्रह्म संहिता में वर्णित है कि चतुर्भुज रूप में वासुदेव अति विख्यात हैं। चक्रायुधों से सम्पन्न वासुदेव का स्वरूप स्फुरित मुकुट, केयूर, श्री मंजीर से मण्डित है। यही वासुदेव सृष्टि की उत्पत्ति, स्थिति, मुक्ति के प्रदाता हैं। यह चतुर्मुखी नारायण वासुदेव द्विधा रूप में विभक्त होकर व्यूह रूप में संकर्षण, प्रद्युम्न एवं अनिरुद्ध को चतुर्भुज रूप में उत्पन्न करते हैं।[74] 'हिरण्य गर्भो भगवान् वासुदेवो प्रजापतिः' भगवान वासुदेव सगुण सृष्टि के प्रथम कारण हैं।

विश्वामित्र संहिता में वासुदेव के स्वरूप के वर्णन में कहा गया है कि षड्गुणों से सम्पन्न भगवान वासुदेव अनेक सूर्यों की प्रभा से मण्डित हैं। शंख, चक्र, कौस्तुभ, श्रीवस्त, पीताम्बर धारण किये वनमाला विभूषित, किरीट, हार, केयूर, कुण्डल से उज्ज्वलित विग्रह रूप में भगवान का हृदय–पद्म में ध्यान करने से मोक्ष प्राप्त होता है।[75] इसी तरह का वर्णन विष्णु संहिता, विष्वक्सेन संहिता, मार्कण्डेय संहिता, तथा हयशीर्ष संहिता में भी उल्लिखित है।

प्रतिमा लक्षण के अनुसार असाधारण प्रतिमाओं के अन्तर्गत वासुदेवादि के वे रूप आते हैं, जिनमें चार भुजाएँ तथा अन्य लक्षण उपलब्ध हैं। इस असाधारण के अन्तर्गत मत्स्यादि प्रादुर्भावों की प्रतिमा का भी अन्तर्भाव होता है। नारदीय संहिता ने असाधारण प्रतिमाओं के विवेचन–क्रम में वासुदेवादि चतुमूर्ति देवों की प्रतिमाओं के स्वरूप का विवरण दिया है। यह वर्णन क्रमशः वासुदेवादि मूर्तियों के स्थानकादि स्वरूपों का है। नारदीय संहिता ने जिस प्रकार वासुदेवादि मूर्तियों तथा प्रादुर्भाव देवों के मन्त्रादि का वर्णन अत्यन्त क्रमिक तथा व्यवस्थित रूप में किया है, उसी तरह एक–एक देव के स्वरूप–निर्देशपूर्वक प्रतिमा–कल्पन–क्रम का सम्यक् वर्णन किया गया है। वस्तुतः नारदीय संहिता का यह क्रमिक तथा व्यवस्थित वर्णन इस संहिता की एक असाधारण विशेषता है। इस प्रसंग में

सर्वप्रथम स्थावर स्थानक वासुदेव के स्वरूप का वर्णन देखते हैं। इसका स्वरूप चतुर्भुज होगा। सुन्दर मुख, पद्म की तरह नेत्र, पीताम्बरधारी, शुक्ल वर्ण, सर्वाभरण–विभूषित, ऊपर तथा आगे की ओर दो दक्षिण हस्त, पुनः आगे–पीछे की ओर दो वाम हस्त कल्पित होंगे। पीछेवाले दक्षिण तथा बायें हाथों में क्रमशः चक्र तथा शंख, आगेवाले दक्षिण कर में सनाल उन्मुख कमल तथा आगेवाला बायाँ हाथ पीठाग्रस्थित गदा पर अवस्थित होगा। पक्षान्तर में आगेवाला दक्षिण कर यथारुचि स्वागत या वरद मुद्रा में भी हो सकता है। इस पक्ष में आगेवाला वाम हस्त गदा पर स्थित न होकर कटि पर अवलम्बित होता है या सीधे लम्बायमान रहता है।[76] नारदीय संहिता का पक्षान्तरवाला रूप लक्ष्मीतन्त्र में वर्णित है। साधारणतः अल्प वर्णभेद के अतिरिक्त मुख्य रूप से यहाँ कोई विशेष भेद नहीं दीखता।[77] मूर्ति में चक्र का प्रयोजन स्थिति, सृष्टि के हेतु पद्म, मुक्ति के निमित्त पांचजन्य तथा संहृति के लिए गदा का विधान होता है। वासुदेव की प्रतिमा का वर्ण श्याम भी कहा है। यह वासुदेव सृष्टि, स्थिति, मुक्ति तथा अन्त का कारण है।[78]

संकर्षण

चतुर्व्यूह प्रतिमा परम्परा में संकर्षण दूसरा व्यूह है। यह 'जीव' का प्रतिनिधित्व करता है– **संकर्षणोनाम जीवः।** संकषर्ण और बलराम– यह अभिधान पुरातन काल से ही लोकप्रिय रहे हैं उसमें भी संकर्षण, बलराम और राम यह तीन नाम अधिक प्रसिद्ध रहे हैं।[79] संकर्षण को बल नाम से भी जाना जाता रहा है– **अतिमित्येव तन्नाम ततो वेदान्तशब्दितम् ।80** पतंजलि ने संकर्षण और उनके मन्दिर का उल्लेख किया है।[81] संकर्षण के सगुण स्वरूप के विषय में लक्ष्मी तन्त्र में कहा गया है कि सिन्दूर के शिखर के समान आकृति वाले, सौम्य मुखाकृति, चतुर्भुज, ताल चिह्नित, अलसी पुष्प के समान वस्त्र धारण करने वाले, वासुदेव की भाँति ही मुख्य दक्षिण हस्त से अभय प्रदान करने वाले, मुख्य वाम हस्त में शंख धारण करने वाले संकर्षण विचिन्त्य हैं।[82]

वासुदेव–प्रतिमा के बाद असाधारण संकर्षण की प्रतिमा का वर्ण रक्त कहा गया है। वासुदेव के हाथ में जहाँ पंकज होता है, उसके स्थान में यहाँ रेखामय सीर की कल्पना की गई है।[83] कुछ संहिताओं के अनुसार संकर्षण की प्रतिमा सर्वथा वासुदेव की प्रतिमा की तरह शंख, चक्र, गदा तथा पद्महस्त होती है।[84] संकर्षण की मूर्ति हल तथा मूसल, गदा तथा पद्महस्त युक्त होगी। पक्षान्तर में नारदीय संहिता में वर्णित वरद–हस्त वासुदेव–मूर्ति की तरह ही इस मूर्ति का रूप भी कहा गया है।[85] पराशर के अनुसार संकर्षण की प्रतिमा चक्र–शंख–गदा के अतिरिक्त शूल धारण किये होती है। इसका आराधन सर्वफलदायक कहा गया है।[86] विष्वक्सेन–संहिता तथा विष्णु–संहिता में संकर्षण के वर्णन क्रम में शंख, चक्र तथा गदा धारण का निर्देश स्पष्ट है, पर चतुर्थ हस्त के विषय में स्पष्ट निर्देश नहीं

दीखता।[87] विष्वक्सेन के एक दूसरे वर्णन के अनुसार संकर्षण के ऊर्ध्व तथा अधः दोनों वाम करों में क्रमशः शंख तथा पुण्डरीक की कल्पना का विधान है। इस मूर्ति के वाम भाग में श्री तथा दक्षिण भाग में पुष्टि की स्थापना का निर्देश किया गया है।[88]

प्रद्युम्न

प्रद्युम्न की मूर्ति सुवर्णाभ तथा वासुदेव–मूर्ति के लक्षणों से लक्षित होती है। मुख्य दक्षिण हस्त में रेखामय शर की कल्पना–विशेष होती है।[89] विष्णु–संहिता ने वासुदेव के लक्षणों से लक्षित ही प्रद्युम्न–मूर्ति का होना कहा है। इसके अनुसार इस मूर्ति का पर्ण दर्वा मरकत की तरह होना बताया गया है।[90] एक लक्षण के अनुसार प्रद्युम्न वरद तथा अभय हस्तयुक्त होता है। इसका वर्ण तथा वस्त्र रक्त होगा।[91] विष्वक्सेन ने प्रद्युम्न–मूर्ति को शंखचक्र से उपेत चतुर्हस्त तथा शातकुम्भ की प्रभावाला होना कहा है।[92] कुछ स्थलों में प्रद्युम्न का शंख, चक्र, दण्ड तथा पद्मधारक रूप कहा गया है।[93] विष्वक्सेन–संहिता ने एक अन्य स्थल में प्रद्युम्न के स्वरूप का वर्णन करते हुए कहा है कि ऊर्ध्व दक्षिण हस्त में पद्म, अधः दक्षिण हस्त में गदा–कौमोदकी तथा वाम हस्त में ऊपर–नीचे क्रमशः शंख तथा चक्र की कल्पना की जायेगी।[94] पराशर के अनुसार प्रद्युम्न के चार हाथों में चक्र, शंख, असि तथा शूलादि धारण करने का निर्देश है।[95] लक्ष्मीतन्त्र में वर्णित एक अन्य प्रद्युम्न–मूर्तिरूप के अनुसार मकरध्वज के अतिरिक्त अपर वाम हस्त में शांगड़ तथा अपर दक्षिण हस्त में पाँच बाणों का होना आवश्यक है।[96] हयशीर्ष–संहिता ने प्रद्युम्न के चार हाथों में से दक्षिण हस्त में चक्र, वाम हस्त में धनुष, दक्षिण हस्त में शंख तथा वाम हस्त में गदा होने का निर्देश किया है। पक्षान्तर में यह द्विभुज प्रद्युम्न–रूप का वर्णन भी करता है। द्विभुज प्रद्युम्न के हाथ में शर का होना वर्णित है।[97]

अनिरुद्ध

अनिरुद्ध–स्वरूप के सम्बन्ध में इनका वर्ण कृष्ण तथा स्वरूप संकर्षण के समान होना कहा है। इसमें विशेषता यह है कि इस मूर्ति के दक्षिण हस्त में नन्दक (शंख) की कल्पना का विधान है।[98] मार्कण्डेय–संहिता में वर्णित अनिरुद्ध के स्वरूप को चक्र, दण्ड, पद्म तथा शंखहस्त होना कहा है।[99] विष्वक्सेन–संहिता के अनुसार अनिरुद्ध के ऊर्ध्व वाम कर में शंख तथा दूसरे में गदा, दक्षिण–ऊर्ध्व कर में चक्र तथा दूसरा हाथ अभय मुद्रायुक्त होगा। अनिरुद्ध–मूर्ति यदि शयान–रूप में कल्पित होगी तो उस स्थिति में मूलार्चा द्विभुज या चतुर्भुज, दोनों एक तरह से की जा सकती है। देव के वाम पार्श्व में श्री तथा पुष्टि का कल्पन अथवा मौलि के समीप देवी का कल्पन किया जाना चाहिए। देवी–चित्र, अर्धचित्र अथवा चित्राभास के रूप में यजमान की इच्छा के अनुसार किया जाना कहा है।[100]

लक्ष्मीतन्त्र ने अनिरुद्ध के दो रूपों का निर्देश किया है। यहाँ अनिरुद्ध का वर्ण अंजनपर्वत की आभा की तरह कहा गया है। पीताम्बर–वेष्टित, चतुर्भुज, विशालवक्ष मृगलांछन से विभूषित रूपवाली अनिरुद्ध–मूर्ति का निर्देश है। यह मूर्ति वनमाला–विभूषित होती है। इसके आदिपाणि–युगल आदिमूर्ति की तरह और अन्य दोनों हाथों में खड्ग तथा खेटक धारण किया होता है।[101] इसी ग्रन्थ में निर्दिष्ट एक और लक्षण के अनुसार अनिरुद्ध–मूर्ति का शारंग, शरधारक दो हाथ तथा अन्य दो हाथों को वरद तथा अभय मुद्रायुक्त होना कहा है।[102] बृहद्ब्रह्मसंहिता ने अनिरुद्ध को क्षीरार्णव के मध्य श्वेतद्वीप में हेम–निर्मित प्रासाद में विविध योगियों, चण्डादि द्वारपालों, कुमुदादि अनुजीवियों, पक्षीन्द्र तथा विष्वक्सेन से सुसेवित, श्रीवत्सलांछित एवं श्रीभूमि देवियों के साथ विराजमान बताया है।[103]

चारों युग के अनुसार चतुर्व्यूह के वर्ण का निर्देश इस प्रकार है– कृतयुग में वासुदेव का शुक्ल, संकर्षण का रक्त, प्रद्युम्न का सुवर्णाभ तथा अनिरुद्ध का श्याम वर्ण। त्रेता युग में इन चारों का क्रमशः रक्त, पीत, रक्त तथा सित वर्ण होना कहा गया है। द्वापर युग में चारों का क्रमशः पीत, कृष्ण, सित तथा रक्त वर्ण होना निर्दिष्ट है। कलियुग के लिए चारों का क्रमशः कृष्ण, सित, रक्त तथा पीत वर्ण विहित है।[104]

अवस्थिति के आधार पर चतुर्मूर्तियों का शिल्पांकन

उपर्युक्त **स्थानक** वासुदेव तथा चतुर्व्यूह मूर्तियों के विविध रूपों का वर्णन किया गया है। स्थानक के बाद इन मूर्तियों के **आसीन रूप** के स्वरूपादि को संक्षेप में विवेचित किया गया है। इन सबकी आसीन मूर्तियाँ प्रायः समान रूप से कल्पित होना निर्दिष्ट है। आसीन मूर्ति में दक्षिण पाद आकुंचित तथा वाम पाद पीठस्थ होगा। अथवा वाम पाद संहृत तथा दक्षिण चरण–पाद पीठ पर प्रसारित होगा। ये दोनों तरह की आसीन मूर्तियाँ मनुष्य के लिए भोगदायक तथा मुक्तिदायक कही गई है। अन्य सभी सामान्य लक्षण प्रायः स्थानक बेर की तरह होते हैं।[105]

आसीन मूर्तियों के वर्णन के बाद **शयान मूर्तियों** के स्वरूप–निर्देश का अवसर आता है। शयान मूर्तियों से तात्पर्य उस प्रतिमा से है, जिसकी स्थिति शयन–रूप में होती है। शयन–बिम्ब सामान्यतः दो प्रकार के कल्पित होते हैं। **शयन तथा अनन्त शयन**। साधारणतः प्रतिमा का स्वरूप स्थानक तथा आसीन प्रतिमा की तरह होता है। यह स्वरूप लेटा हुआ कल्पित होता है। देह थोड़ी उत्तान, कृष्ण वर्ण तथा हेतियों से युक्त होती है। यह शयन–बिम्ब शेषनाग पर लेटा हुआ होता है। इसके दो हाथ होते हैं और यह प्रतिमा गूढ़ लांछनों से लांछित होती है। बायाँ हाथ कटि के समीप तक प्रसारित तथा दायाँ हाथ शिर के नीचे उन्नमित रूप से रखा रहता है। वाम पाद इषत्कुंचित होता है। पुरुषाकृतिक प्रतिमा को पद्मलोचन होना कहा गया है। इस प्रतिमा का आयाम सामान्य स्थानक प्रतिमा

के समान, शिरोभाग–प्रदेश कुछ उन्नत से निम्न की तरह, पुनः पाद के सपीम थोड़ा उन्नत होना निर्दिष्ट है। यह उन्नति चार ताल से न्यून तथा आठ ताल से अधिक नहीं होनी चाहिए। जहाँ तक अनन्तशयन–प्रतिमा के विस्तार का प्रश्न है, उसे दो हाथ या पाँच ताल परिमित होना कहा है। अनन्त पाँच या नौ फणों से युक्त होता है। अनन्त के मस्तक (फण) चतुर्दिक् अग्निज्वाला तथा मणियों से मण्डित, महादंष्ट्राओं को झुकाते हुए देवमूर्ति के शिर के समीप तक आये होते हैं। अनन्त के मुख विवृत तथा भयंकर होते हैं। इनकी दृष्टि प्रत्यक्षतः देव के मुख पर नहीं होती। ये सामान्य विषय शयन तथा अनन्त शयन उभय प्रतिमा के लिए समान होते हैं। अनन्तशयन–रूप की विशेषता निम्नप्रकार होती है– शयनरूप देव–प्रतिमा के नाभिमण्डल में सनाल कमल की कल्पना होती है। उस नाभिकमल पर चतुर्भुज ब्रह्म का आसीन रूप कल्पित होता है। नारदीय संहिता ने अनन्तशयन–रूप का वर्णन जितनी स्पष्टता से प्रतिपादित किया है उतनी स्पष्टता से इसका वर्णन अन्यत्र पांचरात्र–संहिताओं में प्रायः नहीं देखते।[106]

नारदीय संहिता ने चतुर्मूर्तियों के शयन–रूपों का वर्णन भी किया है। इसके अनुसार वासुदेव–शयन–मूर्ति के समान ही संकर्षणादि शयन–बेर होते हैं। केवल थोड़ा–सा भेद होता है। चतुमूर्ति में द्वितीय मूर्ति के शयन–बेर के पादतलों में सीर का, तृतीय मूर्ति के पादतल में शर या धनुष के उल्लेख का निर्देश किया गया है। चतुर्थ मूर्ति का पाद–तल खड्ग–चिन्ह से चिन्हित होना कहा है। इस क्रम में एक पंचम स्वरूप का वर्णन भी देखते हैं। इस रूप को हेतियुक्त चतुर्बाहु होना कहा है। परन्तु, यह रूप अच्छी तरह स्पष्ट रूप से वर्णित नहीं है। अनन्तशयन के अनेक रूप होते हैं। ये सपरिवार या परिवार–रहित दोनों तरह स्थापित हो सकते हैं। यह स्थापक की इच्छा पर निर्भर करता है। **शयन–बेर की स्थापना के क्रम में एकबेरार्चन सर्वथा निषिद्ध है। शयन–बेर सर्वदा बहुबेर विधान से ही किया जाना चाहिए।**[107]

यानग वासुदेवादि मूर्ति–कल्पन के क्रम में प्रतिमा का रूप सामान्यतः स्थानक तथा आसीन मूर्तियों की तरह होना चाहिए। सभी यानग मूर्तियाँ पक्षीशवाह होती हैं। मूर्ति का दक्षिण पाद वाहन के हाथ पर तथा वाम पाद वाहन के भुजान्त में मोड़कर रखा होता है अथवा इसके विपरीत वाम पाद मोड़कर रखा होता है और दक्षिण पाद वाहन के हाथ पर रहता है। इस मूर्ति का अंगोपादांग–मान पूर्व मूर्तियों की तरह होता है। मूर्ति के मेढ्रादि देश मौलिक पृष्ठ में तिरोभूत रहते हैं।[108]

यानभूत वैनतेय का शिल्पांकन

यानभूत वैनतेय का रूप अर्धपुरुषाकृतिक कहा गया है। इसके विविध नाम निर्दिष्ट है। वे नाम हैं– सत्य, सुपर्ण, गरुड़, ताक्ष्र्य तथा विहगेश।[109] नारदीय संहिता ने इन पाँच

नामों के अतिरिक्त पक्षींश तथा वैनतेय–ये दो नाम और कहे हैं।[110] यह यान वैनतेय नाग तथा किरीटादि आभूषणों से विभूषित होता है। इसके अंग–प्रत्यंग का कल्पन नवताल–मान से किया जाना चिन्हित है। इसके दोनों पार्श्व में दो पंख होते हैं। इसका वर्ण सुवर्णाभ होता है। ओष्ठ ताम्रवर्ण तथा नासिका नीलबन्धूक की तरह होती है। यह यानग मूर्ति बहुबेर या एकबेर, उभयविध कल्पित होना विहित है।[111] ईश्वरसंहिता ने भी **यानभूत गरुड़** का स्वरूप–निर्देश किया है। यहाँ गरुड़ के एक–एक अंग का विस्तृत वर्णन किया गया है। जहाँ तक स्वरूप–वर्णन का प्रश्न है, वह नारदीय संहिता में वर्णित गरुड़–रूप की तरह ही है।[112] इस तरह नारदीय संहिता ने केवल यानभूत वैनतेय मूर्ति का वर्णन किया है। कुछ अन्य वैष्णव आगम संहिताओं में स्वतन्त्र रूप से स्थाप्यमान वैनतेय की मूर्ति के स्वरूप–कल्पन का वर्णन किया गया है। शेषसंहिता तथा श्रीप्रश्न संहिता के अलावा अन्य संहिताओं में यह वर्णन विशद रूप में उपलब्ध है। यहाँ इसका स्वरूप स्पष्ट रूप से निर्दिष्ट है। यह रूप सामान्यतः नारदीय संहिता में वर्णित स्वरूप के समान है। **गरुड़ का शरीर मनुष्य की तरह तथा मुख एवं नासिका शुक की तरह होती है।**[113] गरुड़ का रूप चतुर्बाहु होता है। आगे के दोनों हाथ बद्धांजलि तथा पीछे के दोनों हाथों में चक्र तथा शंख–धारण का क्रमशः विधान है। इसका स्वरूप अष्टबाहु या षोड्शबाहु होना भी कहा गया है, **गरुड़ को ज्ञानबलशाली संकर्षण की ज्ञानबलाख्या–शक्ति कहा गया है।** यह सर्वरोग तथा भय हन्ता है। इसकी प्रतिमा का उपादान–द्रव्य लोह अथवा शिला कहा गया है। स्थित मूल बिम्बवाले आलय में स्थित गरुड़–मूर्ति के कल्पन का निर्देश है। शयन तथा आसीन मूलबेर वाले आलय में इसकी मूर्ति आसीन या स्थित होने का निर्देश है। यहाँ गरुड़ का त्रिकालार्चन भी निर्दिष्ट है।[114] पांचरात्र–संहिताओं में पटस्थ आलेख्य गरुड़–स्वरूप का भी वर्णन किया है। ये सारे स्वरूप सामान्यतः कुछ साधारण भेद के साथ एक समान हैं। ईश्वर–संहिता में निर्दिष्ट गरुड़ का स्वरूप–वर्णन अधिक विस्तृत है। इसके आभूषणों तथा आयुधों का भी यहाँ विशिष्ट वर्णन किया गया है। पटस्थ गरुड़–रूप के कल्पन का अधिकार शिल्पी, शूद्र, दीक्षित, कुलाल अथवा मन्त्री को भी है।[115] सामान्यतः गरुड़ का वर्ण स्वर्णाभ कहा गया है। ईश्वर–संहिता ने पंचात्मक प्राण के क्रमशः सत्य, सुपर्ण, गरुड़, तार्क्ष्य तथा विहगेश्वर–ये पाँच विकार कहे हैं। मन्दिर के ऊपर चार कोणों में सत्यादि चार का स्थान–निर्देश किया गया है। दक्षिण भारतीय मन्दिरों में यह आज भी देखा जाता है। ईश्वर–संहिता ने एक–एक का विस्तार से स्वरूपादि निर्देश भी किया है।[116]

इस प्रकार सामान्यतः गरुड़ की तरह–तरह की मूर्तियाँ देखते हैं– यानग बिम्ब के साथ यानभूत रूप में, स्वतन्त्र तथा पटस्थ। नारदीय संहिता ने केवल यानग वाले रूप

का ही प्रसंगवश वर्णन किया है, जबकि ईश्वर–संहिता ने गरुड़ के तीनों रूपों का विशद विवेचन किया है। अन्य संहिताओं ने आंशिक रूप में गरुड़ का वर्णन किया है।

वैष्णव आगमों में द्वादश मासाधिपों का शिल्पांकन

वैष्णव आगम संहिताओं के अनुसार सृष्टि–प्रक्रिया में वासुदेवादि चतुर्मूर्तियों के क्रमशः द्वादश मासाधिपों का उद्भव वर्णित है। वैष्णव संहिताओं में इन बारह मूर्तियों के स्वरूप का वर्णन किया है। इन मूर्तियों के रूप–वर्णन में सामान्यतः जो समान बाते हैं, वे इस प्रकार हैं– ये सभी मूर्तियाँ आसीन, स्थित या यानग रूप में कल्पित होती हैं। **द्वादश मासाधिपों की शयानमूर्ति निषिद्ध है।** ये सारी मूर्तियाँ चतुर्भुज, सुताम्रोष्ठ, उर्ध्व तथा अधःबाहुयुक्त होती हैं।[117] यद्यपि नारदीय संहिता ने इस प्रसंग में इन मूर्तियों को चतुर्भुज के स्थान में चतुर्मुख होना कहा है, फिर भी यह कथन युक्तियुक्त नहीं लगता। अन्य संहिताओं में केवल सात्वत संहिता ने मधुसूदन को चतुर्मुख होना कहा है।[118] पर इन मूर्तियों का चतुर्भुज होना प्रायः सभी संहिता–ग्रन्थों ने स्वीकार किया है। पर इन मूर्तियों के पीठ कमलाकृतिक होते हैं। केवल आयुधादि के आधार पर ही ये द्वादश मूर्तियाँ परस्पर एक–दूसरे से भिन्न होती हैं। द्वादश मासाधिपों का स्वरूप वर्णन निम्नप्रकार निर्देशित है–

प्रथम मासाधिप केशव

प्रथम मासाधिप केशव के रूप का वर्णन करते हुए वैष्णव संहिताओं में कहा गया है कि यह मूर्ति शंख, चक्र, गदा तथा पद्म धारण किये होती है।[119] कुछ संहिताओं ने केशव की प्रतिमा के हाथों में पद्म, शंख, चक्र तथा दण्ड धारण का विधान किया है।[120] हयशीर्ष तथा नारदीय संहिता के अनुसार दण्ड के स्थान में गदा का विधान पूर्वोक्त की अपेक्षा भिन्न है।[121] विष्वक्सेन–संहिता के अनुसार इस मूर्ति के ऊर्ध्वदक्षिण कर में चक्र, वामोर्ध्व कर में शंख, वामाधोहस्त में गदा होगी तथा दक्षिण अधोहस्त अभयमुद्रा में होगा।[122] पराशर–संहिता ने इस मूर्ति के साथ श्री तथा भू देवियों का तथा नारदीय संहिता ने श्री तथा पुष्टि के कल्पना का विधान किया है।[123]

द्वितीय मासाधिप नारायण

द्वितीय मासाधिप नारायण की प्रतिमा के विषय में सामान्यतः अन्य बातें समान होंगी। अस्त्रादि के विषय में निम्नलिखित विशेषता का निर्देश किया गया है।[124] इस मूर्ति के दक्षिणादि हाथों में क्रमशः शंख, चक्र गदा तथा पद्म–कल्पन का निर्देश किया गया है। नारायण की मूर्ति की स्थापना भुक्ति तथा मुक्तिदायिनी होती है।[125] विष्वक्सेन–संहिता

के अनुसार नारायण की प्रतिमा के दक्षिण–ऊर्ध्व कर में पद्म–मुकुल, अधोहस्त में चक्र, वाम ऊर्ध्व कर में गदा, अधोहस्त में अम्बुज धारण करने का विधान है। इस मासाधिप का वर्ण कुन्द पुष्प की तरह श्याम अथवा रक्त होना कहा है।[126] वाशिष्ठ–संहिता ने नारायण को केवल शंख तथा चक्रधारण होना कहा है।[127] पराशर–संहिता में वर्णित नारायण के हाथों में चक्र, शंख, गदा तथा पद्म होने का निर्देश है।[128] इसी संहिता के एक अन्य वर्णन के अनुसार नारायण का रूप शंख, चक्र, गदा तथा पद्मधर होता है। वर्ण नीलोत्पल की तरह होता है, यह पुण्डरीकाक्ष पंकजासन पर संस्थित होता है। शेषसंहिता ने एक स्थान में नारायण के हाथों में शंख, चक्र, गदा तथा पद्म का होना कहा है।[129] विश्वामित्र ने नारायण को चक्र, शंख, गदा तथा अम्बुज धारक होने के साथ नीलाम्बुज वर्ण, पीताम्बर तथा वनमाला–विभूषित होने का निर्देश किया है। यह मूर्ति रत्न–सिंहासन पर आसीन होगी।[130] सात्वत संहिता में वर्णित नारायण का रूप कांचन वर्ण, ब्रह्मांजलिबद्ध, शान्त, ध्यानस्थ, कमण्डलुधारक तथा सतत शास्त्राध्ययन–तत्पर होता है।[131] जहाँ तक नारायण–मूर्ति के साथ देवियों की स्थापना का प्रश्न है, उस क्रम में तीन तरह का निर्देश देखते हैं– प्रथम श्री तथा भू देवियों की स्थापना, द्वितीय श्री, भू तथा नीला देवियों का कल्पन और तृतीय लक्ष्मी तथा भू देवियों की कल्पना का विधान है।[132]

तृतीय मासाधिप माधव

तृतीय मासाधिप माधव के रूप का निर्देश देखते हैं। माधव आराधक के दक्षिण–नेत्र से सम्बद्ध कहा गया है। पाद्म संहिता तथा मार्कण्डेय–संहिता के अनुसार माधव गदा, चक्र, शंख तथा अम्बुजहस्त कहा गया है।[133] पराशर–संहिता ने माधव को चक्र, शंख, गदा तथा पद्मधारी होना कहा है।[134] एक वर्णन के अनुसार माधव के अधोवाम हस्त में पंकज, ऊपर के हाथ में शंख, दक्षिण–ऊर्ध्व हाथ में चक्र तथा अधःहस्त में गदा का कल्पन निर्दिष्ट है।[135] माधव मधु तथा कैटभ का नाशक कहा गया है। वाम–ऊर्ध्व तथा अधोहस्तों में क्रमशः शंख तथा द्वादश दल रक्त पद्म, दक्षिण–ऊर्ध्व तथा अधोहस्तों में क्रमशः चक्र तथा लगुड धारण का निर्देश किया गया है।[136]

चतुर्थ मासाधिप गोविन्द

गोकोटि दानं ग्रहणेषुकाशी प्रयाग गंगायुत कल्पवासः।
यज्ञायुतं मेरु सुवर्णदानं गोविन्द नाम्ना न कदापि तुल्यम्।।

भगवान वासुदेव के लिए गोविन्दनाम महाभारत में अनेक स्थलों पर प्रयुक्त हुआ है। गोविन्द नाम इसलिए था क्योंकि उन्होने पृथ्वी (गां) को जल में पाया (विन्दति) था।[137]

महाभारत में स्वयं वासुदेव ने कहा है कि 'मैने पूर्वकाल में नष्ट होकर रसातल में गयी हुई पृथ्वी को पुनः वराह रूप धारण करके प्राप्त किया था इसलिए देवताओं ने 'गोविन्द' नाम से मेरी स्तुति की थी– 'गां विन्दति इतिगोविन्दः।'[138] चतुर्थ मासाधिप गोविन्द को आराधक की वाम आँख से सम्बद्ध होना कहा गया है। इसकी मूर्ति के चारों हाथों में चक्र, दण्ड, अब्ज तथा शंख होना कहा है।[139] गोविन्द, विष्णु एवं मधुसूदन ये तीन संकर्षण के विलास हैं। गोविन्द चन्द्र गौर हैं और चार शारंग धनुष धारण करते हैं। पराशर के अनुसार गोविन्द–प्रतिमा चक्र, शंख, गदा तथा पद्म धारिणी होती है। हयशीर्ष–संहिता में निर्दिष्ट गोविन्द की मूर्ति के दक्षिण हाथों में नीचे तथा ऊपर क्रमशः चक्र तथा गदा का होना निर्दिष्ट है। बायें ऊर्ध्व तथा अधः हाथों में क्रमशः पद्म तथा शंख का होना विहित है। गोविन्द की प्रतिमा तरुण अर्क की आभा की तरह अथवा श्याम या अभ्रवर्ण की होती है। यह पीताम्बरधारिणी होती है।[140]

पंचम मासाधिप विष्णु

पंचम मासाधिप विष्णु–मूर्ति को द्वादश मासाधिपों में अन्यतम कहा गया है। इसे आराधक के दक्षिण–नासापुट से सम्बद्ध कहा गया है। विष्णु का वर्ण श्याम तथा रक्त होना कहा गया है।[141] विष्णुमूर्ति गदा, पद्म, शंख तथा असिधारिणी होती है। हयशीर्ष–संहिता के अनुसार विष्णु के दक्षिण–ऊर्ध्व तथा अधोहस्तों में क्रमशः शंख तथा चक्र–धारण का विधान किया गया है।[142] पराशर के अनुसार चक्र, शंख, गदा तथा पद्म–धारण का विधान है। एक स्थान में विष्णु को अष्टभुज सर्वाभरण–समन्वित होना कहा है। यह मूर्ति पक्षिराज पर आरुढ़ होती है। इसके हाथों में शंख, चक्र, गदा, पद्म, शारंग, असि, शर तथा खेटक होना कहा है।[143] यद्यपि विष्वक्सेन–संहिता ने भी चतुभुर्ज रूप का पक्षिराज पर आरुढ़ होना कहा है, फिर भी हाथों में आयुध–वर्णन के अवसर पर शंख तथा चक्र–धारण का निर्देश किया है। अर्थात् दो हाथों में ही आयुध–धारण कहा है। अन्य दो हाथों के अस्त्र का निर्देश नहीं देखते। **मासाधिपों में केवल विष्णु का स्थापन अन्य द्वादश तथा दश देवताओं और लोक–पालादियों की मूर्ति के साथ विहित है।** इसी संहिता ने एक दूसरी जगह विष्णु को शंख, चक्र, गदाधर होना कहा है। यहाँ भी केवल तीन आयुधों का ही निर्देश है। इस मूर्ति को यानग नहीं कहा है।[144] एक तीसरी जगह के वर्णन में भी विष्णु के चतुर्भुज रूप का निर्देश है। इन चारों भुजाओं में विहित चार आयुधों का भी स्पष्ट वर्णन है। दक्षिण–ऊर्ध्व तथा अधोहस्तों में क्रमशः पद्म तथा गदा और वाम भुजाओं में क्रमशः शंख तथा चक्र के कल्पन का विधान है। इसके अतिरिक्त एक अन्य रूप कटिहस्त–समन्वित, शंख–चक्र उभयोपेत होना कहा है। इस तरह यहाँ विष्णु के नौ रूपों का निर्देश दृष्टिगोचर होता है।

षष्ठ मासाधिप मधुसूदन

मधुसूदन को आराधक के वाम नासिका–छिद्र से सम्बद्ध कहा गया है। यह रूप भी चतुर्भुज होता है। चारों भुजाओं में विविध संहिता–ग्रन्थों के अनुसार भिन्न–भिन्न क्रम से आयुध–धारण का निर्देश है। मार्कण्डेय–संहिता ने चक्र, शंख, पद्म तथा दण्डधारी रूप का विधान किया है।[145] पाद्म संहिता ने इस मूर्ति को गदा, पद्म, शंख तथा असिधारक होना कहा है।[146] हयशीर्ष के अनुसार वर्णित रूप के दक्षिण हाथों में नीचे और ऊपर क्रमशः शंख तथा चक्र और वाम ऊर्ध्व तथा अधोहस्तों में क्रमशः पद्म तथा गदाधारण का विधान है।[147] पराशर ने मधुसूदन को श्री तथा भू देवियों से युक्त होना तथा सर्वाभरण–विभूषित होना कहा है। यहाँ आयुध–विन्यास का वर्णन नहीं दीखता।[148] विष्वक्सेन के अनुसार दायें हाथों में ऊपर तथा नीचे क्रमशः शंख तथा चक्र का विधान कहा गया है। वाम हस्त में ऊपर तथा नीचे क्रमशः पद्म तथा गदा का कल्पन निर्दिष्ट है। मधुसूदन का वर्ण रक्त होता है।[149] सात्वत संहिता में मधुसूदन को अष्टभुज होना कहा है। इसका स्वरूप प्रलयानल सूर्य की आभा की तरह होता है। यह मूर्ति शंख, चक्र, वार्ण तथा कार्मुकधारिणी होती है। इसके अतिरिक्त अन्य चार हाथों में अक्षसूत्र, दण्ड, कमण्डलु तथा श्वेत पद्म होना निर्दिष्ट है। ईश्वर–संहिता ने भी मधुसूदन का यही रूप निर्दिष्ट किया है।[150]

सप्तम मासाधिप त्रिविक्रम

सप्तम मासाधिप त्रिविक्रम कहा गया है। यह त्रिविक्रम आराधक के दक्षिण–नेत्र का रक्षक कहा गया है। त्रिविक्रम के स्वरूप का विवेचन दशावतार प्रतिमाओं के सन्दर्भ में किया गया है।

अष्टम मासाधिप वामन

अष्टम मासाधिप वामन आराधक के वाम नेत्र का रक्षक कहा गया है। वामन के स्वरूप का विवेचन इसी अध्याय में आगे दशावतार प्रतिमाओं के सन्दर्भ में किया गया है।

नवम मासाधिप श्रीधर

नवम मासाधिप श्रीधर को वैष्णव–मान्यता के अनुसार आराधक के दक्षिण–स्कन्ध का रक्षक होना कहा है। यह रूप भी चतुर्भुज होता है और इसके हाथों में अस्त्रों का विधान पूर्व मूर्तियों की तरह ही होता है। सभी संहिताओं में एकरूपता नहीं दीखती। इसका वर्ण तप्त स्वर्णाभ कहा गया है।[151]

दशम मासाधिप हयशीर्ष

वैष्णव संहिताओं में हयशीर्ष का उल्लेख विस्तार से हुआ है जिनके रूप, स्वरूप, आयुध, अलंकरण आदि का वर्णन प्राप्त होता है। दशम मासाधिप हयशीर्ष को आराधकों के वाम स्कन्ध का रक्षक कहा गया है। सामान्यतः संहिताओं ने इसकी चार भुजाओं और उनमें चार अस्त्रों के धारण का विधान किया है। ये चार अस्त्र हैं– शंख, चक्र, गदा तथा पद्म। इसका वर्ण नीलोत्पल के समान कहा गया है।[152] आयुधों के विषय में अन्य संहिताओं की अपेक्षा पराशर–संहिता में कुछ भेद यह है कि इसने गदा तथा पद्म के स्थान में धनुष तथा बाण का होना कहा है।[153]

एकादश मासाधिप पद्मनाभ

एकादश मासाधिप पद्मनाभ के चारों हाथों में शंख, चक्र, गदा तथा पद्म के सामान्यतः कल्पन का विधान है।[154] पराशर–संहिता ने पद्म की जगह खड्ग का विधान किया है। इसके अनुसार नाभिप्रदेश में पंकज–कल्पन का निर्देश है।[155] विष्वक्सेन–संहिता ने इसका वर्ण अम्बर की तरह नील कहा है। चारों भुजाओं में शंख, चक्र, गदा तथा पद्मधारण का निर्देश है। इन आयुधों का हाथों में विधान ऐच्छिक है। इसी संहिता में पद्मनाभ का द्विभुज होना भी निर्दिष्ट है। यह मूर्ति शयन–मूर्ति होती है। इसकी कर्मार्चा योगमुद्रा समायुक्त शंख तथा चक्र–धारण की होती है। अथवा सामान्य कर्मार्चाओं के लक्षण से लक्षित कर्मार्चा का विधान निर्दिष्ट है। इस मूर्ति की नाभि के ऊपर भित्ति के समीप रक्त कमल पर पद्मासन में आसीन ब्रह्म की मूर्ति का कल्पन विहित है। यह मूर्ति आराधक की नाभि का रक्षक कही गई है।

यहाँ वर्णित पद्मनाभ–मूर्ति की तुलना नारदीय संहिता की अनन्त–शयन की मूर्ति से की जा सकती है। प्रायः वहाँ अनन्त–शयन का रूप पद्मनाभ की तरह ही है। नाभ–भेद के अतिरिक्त दोनों में बहुत अधिक भेद नहीं है।

द्वादश मासाधिप दामोदर

द्वादश मासाधिप दामोदर आराधक के ललाट–प्रदेश का रक्षक कहा गया है। इसके चार हाथों में शंख, चक्र, गदा तथा पद्म–धारण का विधान है।[156] यह पद्म पीठ पर स्थित होता है। गदा, शारंग तथा खड्ग इसके आयुध कहे गये हैं। पद्मनाभ का वर्ण नील कहा गया है। यह मूर्ति पीताम्बरधारिणी होती है।[157]

अस्तु स्पष्ट है कि वैष्णव संहिताओं में द्वादश मासाधिपों का विस्तृत उल्लेख हुआ है तथा उनके अलंकरणों, आयुधों पर प्रकाश डाला गया है।

वैष्णव आगमों में दशावतार प्रतिमाओं का शिल्पांकन

अवतारवाद के स्रोत सन्दर्भ वेदों में विद्यमान हैं। वैदिकयुगीन ग्रन्थों में विष्णु के अनेक अवतारों की कथा उल्लिखित है। भारतीय देवतावाद में विष्णु की अवतार प्रतिमाएँ चिन्तन के विकास क्रम में समन्वय की सूचक हैं। अवतारवाद वैष्णव धर्म की विशिष्ट देन है। अवतारवाद की अवधारणा भारत के साथ–साथ मिस्र, बेबीलोन, युनान, चीन, असीरिया आदि सभ्यताओं में भी प्राप्त होती है किन्तु भारतीय अवतारवाद की अवधारणा अत्यन्त वैज्ञानिक है। इसका वैज्ञानिक विश्लेषण एवं सूक्ष्म अध्ययन इस बात की पुष्टि करता है कि विष्णु के दशावतार जैव विकास के सिद्धान्त का सर्वोत्तम उदाहरण हैं। दशावतारों के उद्भव का वर्णन–क्रम सृष्टि के उद्भव क्रम के अनुसार है।

अवतारवाद का प्रारम्भिक स्वरूप उत्तरवैदिक साहित्य मे ही प्राप्त होता है। बाद में उसे पुराणों एवं संहिताओं के माध्यम से व्यापक बनाया गया। महाभारत में विष्णु का मोक्षदाता एवं मानव रक्षक के रूप में वर्णन है। तैत्तीरीय ब्राह्मण मे उन्हें समस्त देवताओं में श्रेष्ठ और पवित्रतम बताया गया है। कालान्तर में यही मान्यताएँ वैष्णव धर्म के साथ लोक जीवन में प्रतिष्ठित हुयीं। अवतार सम्बन्धी भारतीय अभिव्यक्ति भगवद्गीता में हुयी है–

यदा–यदा ही धर्मस्य ग्लानिर्भवति भारत।
अभ्युत्थानम धर्मस्य तदात्मानं सृजाम्यहम्।।
परित्राणाय साधूनां विनाशाय च दुष्कृताम्।
धर्मसंस्थापनार्थाय संभवामि युगे–युगे।।[158]

महाभारत के नारायणी पर्व में केवल छः अवतारों (वराह, नृसिंह, वामन, परशुराम, राम एवं कृष्ण) का ही विवरण प्राप्त होता है। अग्नि पुराण, वराह पुराण, मत्स्य पुराण तथा पद्म पुराण आदि पुराणों में अवतारों का क्रम तथा उनकी संख्या (दस) एक समान है। यथा–

मत्स्यःकूर्मो वराहश्च, नृसिंहोऽय, वामनः।
रामो, रामश्च कृष्णश्च, बुद्धः कल्किश्चते दशः।।

वैष्णव आगमों में भी विष्णु के अनेक अवतारों की संकल्पना की गयी है। उनमें चौबीस प्रमुख हैं और इन चौबीसों अवतारों में दस अवतारों का स्थान अतिविशिष्ट है। अवतारवाद का मुख्य प्रयोजन धर्म की स्थापना और अधर्म का विनाश था। इसीलिए साहित्य एवं कला में इन अवतारों का उल्लेख विशेष रूप से हुआ तथा कला में इसके शिल्पांकन की परम्परा चल पड़ी।

वैष्णव आगमों में प्रारम्भ में त्रिविध और कालान्तर में पंचविध ब्रह्म के स्वरूप पर प्रकाश पड़ता है। दोनों ही स्थितियों में आगमों में व्यूह सिद्धान्त के अतिरिक्त अवतारवाद का सिद्धान्त अति महत्वपूर्ण रहा है जिसका वैष्णव धर्म में व्यापक महत्व है। वैष्णव आगमों में इसके लिए विभव शब्द का प्रयोग हुआ है। सामान्य रूप से 39 विभवों की सूची मिलती है किन्तु यहाँ प्रसंगात् दस अवतारों का वर्णन करना प्रासंगिक है। गुप्त काल में वैष्णव धर्मावलम्बी शासकों के संरक्षण में अवतारवाद की धारणा का अत्यधिक विकास हुआ। रघुवंश में भी एक स्थान पर दस अवतारों का उल्लेख है। गुप्त काल के बाद 7वीं से 13वीं शदाब्दी ईस्वी के मध्य लगभग सभी क्षेत्रों में दशावतार फलकों एवं अवतार स्वरूपों की मूर्तियाँ निर्मित होने लगीं। स्वतन्त्र मूर्तियों में वराह, नृसिंह और वामन (त्रिविक्रम) स्वरूपों की सबसे अधिक मूर्तियाँ बनाई गयीं। जिनके अधिक उदाहरण बादामी, महाबलीपुरम्, एलोरा, ओशिया, भुवनेश्वर, खजुराहो तथा अन्य अनेक स्थानों से मिले हैं।

ज्ञातव्य है कि विष्णु के अवतारों को मुख्यरूप से तीन रूपों में व्यक्त किया जा सकता है। **प्रथम स्वतन्त्र प्रतिमाओं के रूप** में इनकी संख्या अधिक है। **दूसरे रूप में कुछ प्रचलित स्वरूपों** की प्रतिमाएं मंदिरों के गर्भगृहों में प्रमुख देवता के रूप में प्रतिष्ठित हैं। जैसे– खजुराहो का वराह एवं वामन मन्दिर। **तीसरे संवर्ग में दशावतार पट्ट** आते हैं जिनपर दस अवतारों का सामुहिक शिल्पांकन हुआ है। दशावतार स्वरूप विभिन्न संहिताओं में अधोलिखित रूप में वर्णित हैं–

मत्स्यमूर्ति (मत्स्यावतार)

मत्स्यावतार का सर्वप्रथम उल्लेख शतपथ ब्राह्मण में हुआ है।[159] सम्पूर्ण मत्स्य पुराण मत्स्यावतार का ही यशोगान करता है। मत्स्यमूर्ति के लक्षण को निरूपित करते हुए पाद्यम्संहिता के 17वें अध्याय में निम्न स्वरूप वर्णित है–

मत्स्यादिदश मूर्तिनां लक्षणं कश्यतेऽधुना।
ईषद्वै स्थूल चित्राणि तैस्तैर्वक्त्रैर्युतानि।।
तत्र मत्स्यस्य कायश्च दैर्ध्याद्वै षोडशाङगुलम्।
दशाङगुलं तु वैपुल्यान्मीनाख्यं परिकल्पयेत्।।
शूलमत्स्याकृतिं कृत्वा शिलामृत्काष्ठजं तु वा।
अर्धचित्रेण वा कुर्माच्चित्राभासेन वा पुनः।।
समुद्रं तु लिखेद्भितौ चित्रादीन परिकल्पयेत्।
कर्माचदीनि बिम्बानि सौम्यवक्त्राश्चचतुर्भुजाः।।
आसीना वा स्थिता वापि शङ्खचक्रगदाधराः।[160]

मत्स्य की मूर्ति का मान षोडशांगुल आयाम तथा उसी के अनुरूप उसके विस्तार की कल्पना की गयी है। मत्स्य की आकृति का शूल–कल्पन कर उसके आधार पर शिला, मृद् अथवा दारुमय उपादान–द्रव्यों से मत्स्यमूर्ति का कल्पन निर्दिष्ट है। इसके अनुसार मत्स्य की मूर्ति चित्र या चित्राभास–रूप में निर्मित हो सकती है। भित्ति पर समुद्र का चित्र अंकित कर पंचायुध–निर्देशपूर्वक मत्स्य की चित्राभास–कल्पना की जा सकती है। इस मूर्ति के साथ नारद मुनि के चित्र का कल्पन तथा अर्चन भी विहित है। मत्स्यावतार के कर्मार्चादि बेरों का स्वरूप सौम्यवस्त्र, चतुर्भुज, शंख, चक्र, गदाधारी, आसीन अथवा स्थित रूप में होना कहा गया है।

मत्स्यमूर्ति के उपादान–द्रव्य का निर्देश करते हुए स्वार्थ तथा परार्थ–मूर्तियों के लिए क्रमशः फलक तथा पट को उपादान–द्रव्य कहा गया है। इसका वर्ण शुक्ल होता है। इसका रूप पुच्छ तथा पादयुक्त होता है।[161] हयशीर्ष–संहिता में वर्णित रूप के अनुसार नृमत्स्य या मत्स्य का निर्देश किया गया है। इस मूर्ति का गुल्फ भाग तक नारायण के अंग तथा पुच्छ ऊर्ध्वभाग किंचित् आकुंचित की तरह होना कहा गया है।[162] यह मत्स्यग्रीव, शंख, चक्र, श्रीवत्स तथा कौस्तुभादि धारण किये हुए श्री, भू तथा नीला देवियों से युक्त रूपवाला भी वर्णित है। शेष–संहिता में मत्स्य का अत्युग्र दंष्ट्रायुक्त शंख–चक्र धारण किये हुए श्वेतवर्ण रूप वर्णित है। विष्वक्सेन–संहिता ने शतपत्रमय पुण्डरीक के मध्य पद्मासनस्थ–रूप में मत्स्य–रूप–कल्पन का निर्देश किया है। उसके चारों तरफ आठ दिशाओं में आठ वर्णों में मत्स्य के आठ रूप–कल्पन का निर्देश किया गया है। इस वर्णन में पूर्ण स्पष्टता के अभाव में इसका पूर्ण रूप स्पष्ट ज्ञात नहीं होता। परन्तु यह मत्स्य–रूप अपने ढंग की एक विचित्र मूर्ति मालूम पड़ता है। इस तरह यहाँ बीच की एक मूर्ति तथा आठों दिशाओं में कल्पित आठ मूर्तियों के साथ कुल मूर्तियों की संख्या नौ होती है। इस मत्स्य का रूप त्रिनेत्र, द्विभुज, पद्मधारी तथा कनक–प्रभायुक्त होना चाहिए।[163] मत्स्यमूर्ति के मान का निर्देश हयशीर्ष–संहिता, मार्कण्डेय–संहिता तथा पाद्मसंहिता में भी किया गया है, पर सब में सर्वथा साम्य नहीं है।[164] मत्स्यपुराण ने भी मत्स्य की मूर्ति के कल्पन का वर्णन किया है।[165]

कूर्ममूर्ति

कूर्ममूर्ति का रूप सामान्यतः कछुए की तरह होता है। इसके दो तरह के रूप निर्दिष्ट हैं। एक स्वरूप पूर्ण कछुए की तरह बनाने का विधान है। दूसरे मत के अनुसार इसका शरीर मनुष्य की तरह तथा मस्तक कूर्म की तरह होता है।[166] कूर्म कृष्णवर्ण तथा स्वर्णवर्ण[167] भी कहा गया है। इसकी प्रतिमा चारों ओर से चन्द्र या सूर्य की ज्योति से युक्त होती है या इसको चन्द्रमण्डल के मध्य स्थित होना कहा है। इसके चार हाथ होते

हैं। यह मूर्ति सर्वाभरण–विभूषित होती है। इसके हाथों में शंख, चक्र, शारंग, बाण, असि, खेटक, अग्निशूल तथा पाश सुशोभित होते हैं।[168] कूर्म का रूप स्वस्तिक–चिन्हयुक्त तथा कूर्म–मुद्रा मुद्रित भी हो सकता है।[169] पाद्यम संहिता के सत्रहवें अध्याय में कूर्ममूर्ति का स्वरूप वर्णन निम्नप्रकार है–

कूर्मवत्कूर्ममूर्तिं तु कत्पयेत्कमलासन।
तपनीयनिभ्र कूर्म विस्तारं द्वादशाङगुलम्।
शिलामृतकाष्ठजं पद्यमपीठे संस्थापयेत्प्रभुम्।।
आभासे वार्धचित्रे वा श्रीरोदमथनं लिखेत्।
कच्छपेन्द्रस्य पृष्ठे तु मन्दरंपर्वतोत्तमम्।।
तस्य दक्षिण पार्श्वे तु वासुदेवं सनातनम्।
मन्दरस्य गिरेरग्रेन्यस्तहस्तं जगद्गुरुम्।।
वामपार्श्वे गिरेस्तस्य ब्रह्माणं सह शंकरम्।
वासुकेः पूर्वभागं तु गृह्वन्त्यसुरराक्षसाः।।
पुच्छभागं तु गृह्वन्ति वासुकेर्देवतागणाः।
कर्मार्चादीनी बिम्बानि सौम्यस्त्राश्चर्भुजाः।।

अर्थात कूर्ममूर्ति कमलासन हो तथा इसका विस्तार बारह अंगुल होना चाहिए। कच्छप की पीठ पर क्षीरोदमंथन–रूप–लेखन का विधान है। यह रूप आभास या अर्द्धचित्र रूप में कल्पित हो सकता है। यहाँ कच्छप के पृष्ठ भाग पर मन्दर पर्वत की कल्पना की जाती है। उसके दक्षिण भाग में स्थित वासुदेव उस पर्वत पर हाथ रखकर विद्यमान होते हैं। वाम भाग में ब्रह्म के साथ शिव की मूर्ति कल्पित होती है। मन्दर में लगे वासुकी के पूर्व भाग को राक्षस–समुदाय तथा पुच्छ भाग को देवताओं का समूह खींचता है। जहाँ तक इसके कर्मार्चादि रूपों का प्रश्न है, वह सौम्यमुख चतुर्भुज होते हैं। कूर्म का मुख वेद–परायण करते हुए व्यक्ति के मुख की तरह उद्घाटित होना कहा गया है। इसके तीन नेत्र होते हैं। साथ में श्री तथा पुष्टि या श्री तथा भू देवियों की कल्पना का निर्देश है। एक वर्णन के अनुसार कूर्म–मूर्ति को बारह अन्य कूर्ममूर्तियों से घिरा होना कहा गया है।[170] नारदीय संहिता ने इसकी प्रतिमा का मान द्वादशांग गुल–सम्मत कहा है। पादमसंहिता ने भी इस मूर्ति का मान इसी प्रकार होना कहा है।[171] हयशीर्ष तथा मार्कण्डेय–संहिता ने भी इसके मान का निर्देश किया है, पर यह मान नारदीय संहिता तथा पाद्म संहिता की अपेक्षा भिन्न तथा दोनों में दो तरह के मान कहे गये हैं। कूर्म का रूप मत्स्य पुराण में भी वर्णित है।[172]

वराह मूर्ति

पाद्य संहिता में वराह रूप का विस्तृत वर्णन किया गया है[173]–

विष्णोर्महावराहस्य निर्माणमधुनोच्यते।
नरवत्कण्ठपर्यन्तं वक्त्रसृष्टिर्वराहत्।।
चतुर्भुजं शङ्खचक्रधारिणं स्फटिकप्रभम्।
पीतवस्त्रं मुकुटिनं श्यामलाकृतिमेव वा।।
सतिर्यक् संस्थितं सूत्रे दैविके स्थापयेत्यदें।
शयनं यानकं चैव वराहस्य तु नेष्यते।।
दिव्येतु स्थानके चैव ऋज्वङ्गं नैव कारयेत्।
उद्धृत्य धरणीं देवीं वामहस्तस्य कूर्परे।।
कटिप्रदेशमालम्ब्य पाणिना दक्षिणेन तु।
जिघ्रन् देव्याः स्तनं देवः श्रीव्त्साङ्कः किरीटवान्।।

वैष्णव संहिताओं में वराह की मूर्ति आकण्ठ पुरुषाकृति तथा उसके ऊपर शूकर के मुख का होना कहा है।[174] इस मूर्ति का वर्ण शंख की तरह या श्याम, श्वेत तथा नीलोत्पल की तरह हरा या काला होता है।[175] इसके हाथों की संख्या चार[176] से सोलह तक होना निर्दिष्ट है। नारदीय संहिता ने पीछे के दक्षिण तथा वाम हाथों में क्रमशः चक्र तथा शंख धारण किये हुए, मुख पर आगे के दोनों हाथों से साकार भूमि को सादर वहन करते हुए, वाम गोद में स्थापित देवी को सूँघते हुए, दोनों चरणों को दक्षिण हस्त से पकड़े हुए, वाम हस्त से स्नेहालिंगन करते हुए, कल्पित होना कहा है। देवी का रूप सुस्मितानन, मकुटादि आभूषणों से विभूषित होता है। श्यामा स्फुटांजलि–रूप होती है। वराह–मूर्ति पीठ के मध्य स्थित होती है। विविध मुकुटादि आभूषणों से युक्त वराह–मूर्ति का एक पाद ऊपर की ओर उठा होता है।[177] पराशर ने भी इसे किरीट धारण किये हुए कहा है।[178] हयशीर्ष–संहिता ने वराह के वाम हाथ में शंख या लक्ष्मी के कल्पन का निर्देश किया है। कुछ संहिता–ग्रन्थों ने इस मूर्ति के अंग–प्रत्यंग के मान का भी निर्देश किया है।[179] वराह–मूर्ति की स्थापना आसीन या स्थानक रूप में ही अनुमत है। इसकी शयान या यानग मूर्ति का कल्पन निषिद्ध है। वराह की स्थापना बहुबेर–विधान से ही विहित है। वराह के तीन रूप विष्वक्सेन संहिता में वर्णित है। यद्यपि तीनों का पृथक्–पृथक् नाम–निर्देश नहीं किया गया है, फिर भी रूप निश्चित ही तीन तरह के हैं। वैखानसागम के विमानार्चनकल्प ने वराह के तीन रूपों का निर्देश किया है– 1–आदिवराह 2–प्रलयवराह 3–यज्ञवराह। इन तीनों के रूप भिन्न–भिन्न रूप से तीन तरह के कहे गये हैं।[180]

नृसिंह

प्रादुर्भावों में अन्यतम नृसिंह के रूप का वर्णन प्रायः सभी पांचरात्र तथा वैखानस आगम–ग्रन्थों में देखते हैं। मुख्य रूप से इसकी दो तरह की मूर्तियाँ निर्दिष्ट हैं: एक स्थित तथा दूसरी आसीन।[181] नारदीय संहिता ने नृसिंह के तीन–स्थित, आसीन तथा यानग रूपों का वर्णन किया है। यह आसीन रूप योगासन का होता है और यह रूप विस्तार के साथ निर्दिष्ट है। इस रूप की कल्पन–विधि का वर्णन भी यहाँ देखते हैं। स्थित और आसीन दोनों ही मूर्तियों के मुख सिंह की तरह तथा शरीर मनुष्य की तरह होते हैं। इसके तीन नेत्र तथा दंष्ट्रायुक्त विवृत मुख का विधान है। नारदीय संहिता ने भी इसी तरह के रूप का निर्देश किया है। इसके अनुसार ये तीनों नेत्र सूर्य, चन्द्र तथा अग्निरूप हैं।[182] विष्वक्सेन–संहिता तथा विष्णुतन्त्र के अनुसार नृसिंह–मूर्ति द्विबाहु होती है। इसके वाम तथा दक्षिण हाथों को क्रमशः शंख तथा चक्र–विभूषित होना कहा है।[183] बहुत–सारे संहिता–ग्रन्थों में नृसिंह का चतुर्भुजरूप वर्णित है। इनके चार हाथों में धार्यमान आयुध शंख, चक्र, गदा तथा पद्म कहे गये हैं।[184] कुछ ग्रन्थों ने आयुधों का क्रम विपरीत होना कहा है। हयशीर्ष–संहिता ने इस चतुर्भुज–रूप का भी दो तरह से वर्णन किया है। प्रथम पक्ष में इसके तीन हाथों में शंख, चक्र तथा गदा–धारण का निर्देश है। चतुर्थ हस्त के आयुध का वर्णन नहीं किया गया है। प्रायः यह हस्त अभय–हस्त होगा। द्वितीय पक्ष में पीछे के दो हाथों में शंख तथा चक्र का कल्पन होता है। आगे के दो हाथों से महासुर का विदारण करता हुआ रूप निर्दिष्ट है।[185] नारदीय संहिता ने चतुर्भुजों में पीछे के दो दक्षिण तथा वाम बाहुओं में क्रमशः चक्र तथा शंख एवं आगे के दोनों हाथों की जानु के ऊपर स्थापित होना कहा है।[186] इसके अलावा नृसिंह का अष्टभुज या षोड्शभुज होना भी वर्णित है। नृसिंह के परिवार–रूप में दक्षिण में ब्रह्म तथा वाम में शंकर की स्थापना का विधान है। पार्श्व में प्रह्लाद तथा गरुड़ की कल्पना विहित है। स्वतन्त्र नृसिंहालय में कर्मार्चा का विधान है। नृसिंह के कर्मार्चादि बेर का स्वरूप सौम्य तथा चतुर्भुज होता है। यह मूर्ति श्री तथा भूमि–सहित या भूमि–रहित भी हो सकती है।[187] कुछ संहिताओं के अनुसार नृसिंह का रूप अष्टलोचनयुक्त कहा गया है। साथ ही इन संहिताओं ने नृसिंह–मूर्ति के अंग–प्रत्यंग की कल्पना का निर्देश भी किया है। नारदीय संहिता के अनुसार इस मूर्ति का मुख षोड्शांगुल, मुख के चतुर्दिक् चार अंगुल मानयुक्त सुन्दर तथा भयोत्पादक सटावृत कल्पित होना कहा है। श्रोत्रद्वय द्विशक्ति–परिमाणक होते हैं। उसका विस्तार दो अंगुल तथा आयाम तीन या चार अंगुल परिमाण वाला कहा गया है। नृसिंह के स्थापन में शयन–बेर की स्थापना तथा एकबेर–विधि से इसका स्थापन तथा अर्चन निषिद्ध है। स्थानक नृसिंह–मूर्ति का लक्षण वासुदेव–मूर्ति की तरह कहा गया है। यानग नृसिंह–मूर्ति

के भी सारे लक्षण वासुदेव–मूर्ति की तरह ही निर्दिष्ट है।[188] ईश्वर–संहिता ने पृच्छ–नृसिंह का उल्लेख किया है। यह मूर्ति पुच्छ से भूमि का ताड़न करती दिखाई गई है। यहाँ यह नाम सर्वथा नाम की तरह है। विहग्रेन्द्र–संहिता ने नृसिंह के प्रायः 74 नामों का उल्लेख्य किया है, जिसके नाम अधोलिखित हैं– 1–स्वयं नृसिंह 2–मोक्ष नृसिंह 3–विजय नृसिंह 4–छत्र नृसिंह 5–दीर्घ नृसिंह 6–विरूप नृसिंह 7–पूर्ण नृसिंह 8–अब्धि नृसिंह 9–लक्ष्मी नृसिंह 10–विजयलक्ष्मी नृसिंह 11–योग नृसिंह 12–योगेश्वर नृसिंह 13–दीप्ति नृसिंह 14–पुष्टि नृसिंह 15–भूतप्रभाथि नृसिंह 16–ज्वाला नृसिंह 17–उग्र नृसिंह 18–घोर नृसिंह 19–विदारण नृसिंह 20–अहोबल नृसिंह 21–स्तम्भ नृसिंह 22–महानृसिंह 23–पाताल नृसिंह 24–अनन्त नृसिंह 25–ग्रहण नृसिंह 26–प्रमन नृसिंह 27–आवेश नृसिंह 28–अट्टहास नृसिंह 29–नवव्यूह नृसिंह 30–चक्रनृसिंह 31–दिक्नृसिंह 32–चण्ड नृसिंह 33–अरनृसिंह 34–प्रसाद नृसिंह 35–ब्रह्म नृसिंह 36–विष्णु नृसिंह 37–रौद्र नृसिंह 38–मार्तण्ड नृसिंह 39–चन्द्र नृसिंह 40–भैरव नृसिंह 41–पृथिवी नृसिंह 42–वायु नृसिंह 43–आकाश नृसिंह 44–ज्वलन नृसिंह 45–आधार नृसिंह 46–अमृत नृसिंह 47–हंस नृसिंह 48–आत्मनृसिंह 49–सत्य नृसिंह 50–यज्ञ नृसिंह 51–अन्नदान नृसिंह 52–प्रभास नृसिंह 53–विश्वरूप नृसिंह 54–त्रितार नृसिंह। यहाँ ग्रन्थ के प्रतिज्ञा–वाक्य तथा उपसंहार–वाक्यों के अनुसार नृसिंह के 74 रूपों का निर्देश है।[189] क्रमशः नामों के परिगणन से यह संख्या 54 होती है। व्यूह, नव तथा दिक् नृसिंह की संख्याएँ यदि 20 मानी जाये तो इन सबके योग से कदाचित् उपर्युक्त 74 नृसिंह–भेद की गणना पूर्ण हो जाती है। इस तरह पांचरात्रागम में जितने भेद नृसिंह–मूर्ति के देखते हैं उतने भेद अन्य किसी देव के नहीं देखते।

वामन

नारदीय संहिता ने पंचम अवतार–मूर्ति वामन की प्रतिमा का कल्पन पंचताल माप से किया जाना कहा है। मुख, पाद, जानु तथा सभी अंग अल्प प्रमाणक पाँच ताल मान से ही कल्पित होंगे। वामन की मूर्ति लम्बोदर होगी। वपु कुमार की तरह होगी। नासिका चिपटी तथा वर्ण श्याम होती है। सामवेद के स्वाध्याय में तत्पर लोचन, पद्म की तरह होते हैं। वाम हस्त में नवीन पलाश–दण्ड तथा दूसरा हाथ स्वाध्याय–न्यस्त होना कहा गया है। स्मित मूर्ति प्रसन्न–वदन, जटावल्कल–विभूषित होती है।[190] वामन–अवतार–रूप के विषय में पांचरात्रागम की कुछ अन्य संहिताओं ने भी इसी तरह के रूप–कल्पन का निर्देश किया है। मार्कण्डेय–संहिता ने नारदीय संहिता की तरह ही वामन–मूर्ति को द्विबाहु होना कहा है। पर यहाँ वामन के आसीन, शयान, स्थित तथा यानग– ये चारों रूप कल्पन के योग्य कहे गये हैं। इसके अनुसार वामन को एकबेर–विधान से ब्रह्मस्थान में ही प्रतिष्ठापित किया जाना चाहिए। बहुबेर–विधि से स्थापना के क्रम में वामन का रूप त्रैलोक्याक्रमणद्योतक होना

निर्दिष्ट है। बहुबेर–विधि में वामन की भार्या तथा पुरोहित का कल्पन भी विहित है। यद्यपि यहाँ इसका रूप चतुर्भुज होना निर्दिष्ट नहीं है, फिर भी शंख, चक्र, गदा तथा खड्गधारी रूप के निर्देश से इसका चतुर्भुज होना स्वतः सिद्ध होता है।[191] पाद्म संहिता ने वामन के विविध रूपों का निर्देश किया है। यहाँ जो रूप वर्णित हैं, वे दो तरह के कहे गये हैं। एक तो बिना किसी नाम–विशेष के ही वामनाकार कहकर वर्णित है। दूसरा रूप दिव्यरूप होना कहा गया है। सामान्य रूप वामनाकार, श्यामलाअंग, मेखला–सुशोभित, कौपीन, मृगाजिन तथा यज्ञोपवीतधारी, सव्यचरण, ईषत्कुंचित तथा दक्षिण चरण ऋजु होना कहा है। इसका दक्षिण हाथ वसुन्धरा की याचना करता हुआ होता है। पाद्म संहिता ने वामन के स्थित, शयान या यानग रूप की कल्पना का निर्देश किया है। मार्कण्डेय की तरह यहाँ भी वामन को एकबेर या बहुबेर–रूप में स्थापित किये जाने का निर्देश है। वामन के दिव्य रूप की कल्पना के क्रम में इस मूर्ति के दक्षिण भाग में वामन–आकृतिक वामन तथा अपसव्य भाग में दैत्येन्द्र बलि की मूर्ति का कल्पन विहित है। यहाँ परिवार के रूप में पक्षीन्द्र, ब्रह्म, गंगा आदि के कल्पन का विधान किया गया है। इस रूप को शंख, चक्र, गदा, खड्ग, धनुष तथा पाशादिधारी होना कहा गया है। आलय–भित्ति पर भेरी–ताड़न–तत्पर जाम्बवान् तथा स्तुति–संलग्न ऋषि–मुनियों के चित्र भी कल्पन का निर्देश किया गया है। वामन की कर्मार्चा चतुर्भुज होती है।[192] पराशर के अनुसार वामन का रूप चक्र, शंख, छत्र तथा वंशधारी होना विहित है। इस रूप के साथ लक्ष्मी का कल्पन भी निर्दिष्ट है।[193] विष्णुतन्त्र के अनुसार वामन का रूप स्थानक या आसीन ही होता है। यहाँ वामन का शयान या यानग रूप–कल्पन निषिद्ध है। शेषसंहिता में तेजःपुंज यज्ञसूत्र, शिखाधारी, कमण्डलु तथा छत्र हाथ में लिये हुए रूप का वर्णन है।[194]

त्रिविक्रम

वामन का ही प्रादुर्भाव–रूप त्रिविक्रम है, यह कहना गलत नहीं होगा। मान्यताओं के अनुसार भगवान् विष्णु ने वामन के रूप में राजा बलि से तीन पग पृथ्वी की याचना की थी, पर उसे मापने के समय सहसा उसे वंचित कर अति विशाल रूप धारण कर लिया था और उस रूप से तीन ही पग में सारी वसुन्धरा के साथ उसके शरीर को भी नाप डाला था। पांचरात्र–संहिताओं के अनुसार त्रिविक्रम भगवान् विष्णु के अवतारों में अन्यतम है। जैसाकि ऊपर कहा गया है, त्रिविक्रम वामन का ही रूप–विशेष है, पर इसकी आकृति वामन की आकृति से सर्वथा विपरीत अति विशाल होना कहा गया है। त्रिविक्रम–रूप के साथ वामन–रूप के कल्पन का भी विधान है। त्रिविक्रम का एक पाद ऊपर की ओर उठा हुआ तथा दूसरा पाद राजा बलि के पास स्थित होता है। यह रूप चतुर्भुज होता है और गदा, पंकज, चक्र तथा शंख धारण किये हुए होता है।[195] विष्णुतिलक–संहिता ने त्रिविक्रम

के वाम पाद को भूमि पर स्थित तथा सव्येतर पाद को बलि के मस्तक पर आकाश में स्थित होना कहा है। त्रिविक्रम का वर्ण तप्त स्वर्ण की तरह अथवा कृष्ण होना कहा है।[196] कुछ ग्रन्थों में त्रिविक्रम को सभी अलंकारों से विभूषित तथा दो या चार हाथों से संयुक्त होना कहा है। विष्णुतिलक ने त्रिविक्रम के यानग रूप का वर्णन किया है। यहाँ त्रिविक्रम का गरुड़ के स्कन्ध पर कल्पित होने का विधान है। नारदीय संहिता ने त्रिविक्रम के रूप का वर्णन सामान्यतः संक्षिप्त रूप में किया है। इसके अनुसार त्रिविक्रम का रूप विविध अस्त्रों से युक्त भुजाबलि–समन्वित होता है। इसके चरण में जान्हवी तथा वैजयन्ती की आभा होती है। यह एक पाद पर स्थित, दूसरे पाद को ऊपर की ओर उठाये होता है। यह रूप समस्त आश्चर्यों से युक्त होता है।[197] यद्यपि त्रिविक्रम का विविधायुक्त रूप पाद्म संहिता में प्रत्यक्षतः वर्णित नहीं है, फिर भी पाद्म संहिता के अनुसार वर्णित वामन के दो रूपों में से अत्यतम रूप दिव्यरूप विविध आयुधों से युक्त होना कहा गया है। सम्भवतः यह वामन का दिव्य रूप त्रिविक्रम–रूप है। इस प्रकार नारदीय के त्रिविक्रम तथा पाद्म संहिता के दिव्य वामन–रूप में हम सामान्यतः समानता देखते हैं।

परशुराम

परशुराम की मूर्ति सामान्यतः आसीन तथा स्थित, दोनों रूपों में वर्णित है। नारदीय संहिता के अनुसार परशुराम का वर्ण सुवर्ण की तरह होता है। तेज से जाज्वल्यमान दो भुजाएँ, चर्माम्बर धारण किये हुए, योगासन में आसीन, ध्यान–परायण, हाथ में कुठार धारण किये हुए रूप यहाँ वर्णित है।[198] इसका अन्य आसीन रूप द्विभुज, जटामुकुट–समन्वित, दक्षिण तथा वाम हाथों में क्रमशः परशु और सशर चार धारण किये हुए, ब्राह्मी लक्ष्मी से सुशोभित श्रीवत्स से समलंकृत वक्षःस्थल, उपवीत धारण किये हुए निर्दिष्ट है। अन्य ग्रन्थों में परशुराम के वाम तथा दक्षिण हाथों में क्रमशः कमण्डलु तथा अक्षसूत्र–धारण का विधान है।[199] परशुराम की स्थित मूर्ति का स्वरूप त्रिभंगीयुक्त कहा गया है और एकबेर–विधि में ब्रह्मपद में उसकी स्थापना का विधान है। परशुराम की चतुर्भुज मूर्ति का निर्देश भी देखते हैं। इनके चारों हाथों में आयुध–कल्पन के विषय में सभी संहिताओं में एकरूपता नहीं देखते। इस क्रम में पाद्म संहिता ने जहाँ शंख, चक्र, शारंग तथा शरहस्तरूप होना कहा है। वहाँ हयशीर्ष–संहिता ने धनुष, खड्ग, खेटक तथा कुठारधारी रूप की कल्पना का निर्देश किया है। परशुराम की कर्मार्चा चतुर्भुज या जामदग्न्य की तरह रूप–सम्पन्न भी हो सकती है।[200]

राम

राम की प्रतिमा दो तरह की कही गई है– स्थित तथा आसीन।[201] स्थित मूर्ति का स्वरूप द्विबाहुयुक्त शर तथा धनुषधारी त्रिभंगी–क्रम से कल्पित होता है। नारदीय संहिता ने केवल इसी रूप का निर्देश तथा कल्पन–प्रकार कहा है। राम का रूप श्यामवर्ण, विशालाक्ष, मुकुटादि सर्वाभूषण–विभूषित, कटिसूत्र समरस्थ, सशर करयुक्त, दक्षिणलोचन से सविलास अवलोकन करते हुए, वाम हाथ में सज्यधनुष धारण किये हुए होता है। धनुष पीठ पर स्थित होता है और उसका परिमाण राम की प्रतिमा के ललाट–पर्यन्त होता है। यह रूप लीलाओं से युक्त तथा राजचिन्हों से अंकित होता है। उत्तर और दक्षिण में सीता तथा लक्ष्मण की स्थिति होती है, अथवा दक्षिण भाग में हनुमान का कल्पन होता है। लक्ष्मण का रूप तथा उसकी आकृति राम के समान निर्दिष्ट है। इसका उच्छ्राय राम के कन्धे तक होगा। सीता शुभलक्षणों से युक्त होती है और हनुमान् का रूप वानराकार होना कहा गया है। हनुमान् का हेम वर्ण होता है। दाशरथि राम की प्रतिष्ठा सर्वदा बहुबेर–विधान से ही की जानी चाहिए।[202] पाद्म संहिता तथा हयशीर्ष–संहिता में भी राम का वर्णन देखते हैं। पाद्म संहिता ने राम–मूर्ति के अंग–प्रत्यंग की कल्पना का निर्देश तथा मानादि बताया है। पर, यहाँ राम का एकबेरार्चन भी अभिमत है। एकबेरार्चन–विधि में राम की स्थापना ब्रह्मभाग में की जाती है। पाद्म संहिता ने अन्य प्रकार से भी राम के कल्पन का विधान किया है। इस क्रम में लक्ष्मण–भरतादि सारे राम–परिवार के कल्पन का सविस्तार वर्णन देखते हैं।[203] त्रिभंगी का लक्षण पाद्म संहिता तथा हयशीर्ष–संहिता में उभयत्र समान रूप से वर्णित है। त्रिभंगी स्वरूप का स्पष्ट निर्देश विष्वक्सेन–संहिता में इस प्रकार कहा गया है–

मुखे शरीरे कट्यां च त्रिष्वंगेषु नारद!
त्रिभंगी गत्वान्मुनिश्रेष्ठ त्रिभंग गीति प्रपद्यते।।
मुखं दक्षिणतो भंग् तनुमध्यं तु वामतः।
दक्षिणे कटिभंगस्तु भंग गत्रयमुदाहृतम्।।[204]

पाद्म संहिता में वर्णित त्रिभंगी का लक्षण भी सर्वथा ऐसा ही है।[205] नारदीय संहिता ने भी त्रिभंगी–स्वरूप का वर्णन इसी प्रकार किया है, पर यह वर्णन राम के वर्णनक्रम में नहीं, अपितु श्रीकृष्ण–मूर्ति–कल्पन के अवसर पर निर्दिष्ट है

वक्त्रं दक्षिणतः पद्मं कायमध्येन वामतः।
कटिं दक्षिणतस्तद्वत्................।।[206]

स्थित रूप में जब राम की कल्पना चतुर्भुज रूप में होती है तब उसके हाथों में धनुष–बाण के अतिरिक्त शंख तथा चक्र धारण का विधान है।[207] अगस्त्य–संहिता के

अनुसार राम की मूर्ति पाद्म के अन्तः वीरासन में आसीन रूप में कल्पित होती है। यहाँ राम का वाम हस्त सीता के स्तन को स्पर्श करता हुआ तथा दक्षिण हस्त ज्ञानमुद्रा के रूप में होना निर्दिष्ट है। पक्षान्तर में यहाँ राम के चतुर्बाहु रूप का भी निर्देश किया गया है। उस रूप के अवशिष्ट दो हाथों में धनुष तथा बाण की कल्पना का विधान देखते हैं। यहाँ भी राम का रूप श्यामवर्ण होना कहा है। राम, हनुमान् तथा वशिष्ठादि परिवार से युक्त होंगे।[208] राम के साथ लक्ष्मण, भरत तथा शत्रुघ्न के रूपों के विषय में भी वर्णन किया गया है। इन सबके वाम हस्त में चाप तथा दक्षिण हस्त में बाण होना कहा गया है। राम की स्थिति मध्य में होती है। वाम पार्श्व में लक्ष्मण तथा दक्षिण पार्श्व में सीता का स्थान निर्दिष्ट है। शत्रुघ्न तथा भरत का स्थान क्रमशः उत्तर तथा दक्षिण में कहा गया है। यहाँ उत्तर से कदाचित् वाम भाग विवक्षित हो सकता है। परिवार–विधि तथा स्वतन्त्र रूप से स्थापन–क्रम में उभयत्र शत्रुघ्न तथा भरत को वामहस्त होना कहा है। इस क्रम में अस्वतन्त्र सपरिकर राम की स्थापना का भी निर्देश किया गया है।[209] स्वतन्त्र राम की कल्पना के अवसर में कर्मादि बिम्बों के कल्पन का निर्देश है। राम का आसीन बेर–स्थापन प्रभा से परिष्कृत सिंहासन पर सपरिकर स्थापित करने का विधान है। अथवा कर्मार्चादि चतुर्भुज भी स्थापित किये जा सकते हैं। स्वतन्त्र राम की प्रतिष्ठा में द्वारपार्श्व में दौवारिकों की कल्पना का निर्देश देखते हैं। वहाँ शुक्लवर्ण नल दक्षिण–पार्श्व में तथा स्वर्णाभ जाम्बवन्त वाम–पार्श्व में होते हैं। ये दोनों क्षुरिका तथा वेत्रहस्त, बद्ध कल्याण–कंचुक कहे गये हैं। विष्वक्सेन के स्थान में सेनापति नील की स्थापना निर्दिष्ट है। पक्षान्तर में इस पद में गुह अथवा विष्वक्सेन की स्थापना की जानी चाहिए। राम के समक्ष आगे मुखमण्डप में मारुति की कल्पना की जानी चाहिए, अथवा उस जगह गरुड़ की कल्पना भी की जा सकती है।[210]

बलराम

अवतारों में वर्णन–क्रम में नारदीय संहिता ने बलराम के मूर्ति–कल्पन की चर्चा नहीं कही है। बलराम को प्रायः यहाँ अवतारों के अन्तर्गत नहीं माना गया है। फिर भी कुछ अन्य पांचरात्र–संहिताओं ने बलराम की मूर्ति के रूप का वर्णन किया है। बलराम का वर्ण गौर, मनुष्याकार शरीर, हल तथा लांगलधारी द्विभुज रूप होता है। अथवा वाम हस्त कटितल पर तथा दक्षिण हस्त अभय रूप में प्रदर्शित होना कहा है। बलराम का रूप चतुर्भुज होना भी अभिहित है। इस रूप के दक्षिण हस्त में मूसल, वाम हस्त में हल तथा अन्य दोनों हाथों में क्रमशः शंख और चक्र के कल्पन का निर्देश है। मस्तक पर किरीट धारण करना अथवा बद्धकेश होना कहा गया है। इच्छानुरूप बलराम के दक्षिण अथवा वाम पार्श्व में रेवती का कल्पन किया जाता है। बलराम के वस्त्र का वर्ण नील होता है।[211] विष्वक्सेन–संहिता ने भी उपर्युक्त रूप की तरह ही बलराम को मूसल तथा हलधर होना बताया है। यहाँ

उसके दक्षिण में श्रीदेवी तथा सौम्यभाग में गरुड़ की कल्पना का निर्देश देखते हैं।[212] चतुर्भुज बलराम को शेषसंहिता ने शंख, चक्र तथा वरद हस्तों के साथ हलधर होना बताया है।[213] हयशीर्ष–संहिता में वर्णित बलराम के वाम–ऊर्ध्व हस्त में लांगल, अधःहस्त में शंख, दक्षिण–ऊर्ध्व हस्त में मूसल तथा अधःदक्षिण हस्त में चक्र–कल्पन का विधान है। पक्षान्तर में शंख–चक्र के स्थान में क्रमशः गदा तथा कृपाल धारण करने का विधान किया गया है।[214]

कृष्ण

विष्णु के विभिन्न अवतारों में अन्यतम तथा अत्यन्त प्रसिद्ध कृष्णावतार के विविध रूपों का विस्तृत वर्णन वैष्णव–संहिताओं में उल्लिखित है। कृष्ण के मूर्ति–कल्पन का निर्देश करते हुए नारदीय संहिता ने इसका वर्ण वर्षाकालीन मेघ के वर्ण के समान श्याम होना कहा है। यह रूप द्विभुज होता है। कृष्ण का वाम कोर्पर सत्यभामा के स्कन्ध पर रखा होना कहा है। तलाग्र अवांगमुख कटिपर्यन्त होता है। इस मूर्ति का दक्षिण हस्त नाभिसूत्र–पर्यन्त कल्पित होता है और यह विलास–मुद्रा–सम्पन्न केलियष्टि–विभूषित होना निर्दिष्ट है। कृष्ण का स्थित रूप त्रिभंगी–युक्त होता है। त्रिभंगी का वर्णन राम की मूर्ति के वर्णन–क्रम में द्रष्टव्य है। श्रीकृष्ण का वस्त्र पीत कौशेय वर्ण होता है। यह रूप क्रीड़ा के लिए उद्यत होता है। इस रूप के दक्षिण भाग में भगवान् के रूप को निहारती हुई रुक्मिणी की प्रतिमा का विधान निर्दिष्ट है। पक्षान्तर में सत्यभामा के स्थान में गरुड़ की कल्पना भी अनुमत है। गरुड़ अंजलिबद्ध, सौम्यरूप तथा स्थित रूप में कल्पित होना विहित है। रुक्मिणी तथा सत्यभामा की प्रतिमाएँ श्री तथा भूमि देवियों की प्रतिमाओं के लक्षण से लक्षित होंगी।[215] कृष्ण का यह द्विभुज रूप सात्वत–संहिता, विष्वक्सेन–संहिता तथा पाद्म संहिता में भी कुछ न्यूनाधिक्य के साथ प्रायः ऐसा ही वर्णित देखते हैं।[216] नारदीय संहिता में एक मूर्ति का सामान्य परिचय देकर आगे संक्षिप्त रूप में श्रीकृष्णावतार में भगवान् द्वारा की गई विविध लीलाओं के आधार पर अनेक मूर्तियों के कल्पन का विधान किया गया है। इस क्रम में कृष्ण के निम्नलिखित रूपों के नाम निर्दिष्ट हैं– नवनीत–नट, गोवर्द्धनधर रूप, गोपी–समूहान्वित रूप, कुमारस्वरूप, यौवनस्वरूप आदि। इन विविध रूपों की कल्पना बुद्धि के अनुसार ऊहा कर निर्धारित करना कहा गया है।[217] इस तरह वस्तुतः नारदीय संहिता के अनुसार कृष्ण की मूर्तियों की संख्या निश्चित रूप से नहीं कह सकते। यह भक्त तथा आराधक के ऊपर निर्भर करता है कि कृष्ण का जो रूप आराधक को रूचिकर लगे, वह उस रूप की कल्पना कर उसकी आराधना कर सकता है।

पांचरात्रागम की कुछ संहिताओं ने श्रीकृष्ण के कुछ अन्यान्य रूपों का भी निर्देश किया है। कुछ स्थलों में कृष्ण का चतुर्भुज रूप वर्णित है।[218] पराशर–संहिता ने अर्क–वर्ण के समान आठ हाथों में इक्षुचाप, पौष्प बाण, चक्र, अब्ज, पाश, सृणिका, अंजन तथा वंशनाल

धारण किये हुए कृष्ण का मदनगोपाल–रूप होना कहा है।[219] यद्यपि शेषसंहिता ने भी मन्मथ कृष्ण का निर्देश किया है, फिर भी यहाँ आयुधविन्यास के क्रम में पक्ष, बाण तथा चक्रधारक रूप का वर्णन किया गया है। यहाँ पूर्वोक्त की तरह अष्टबाहु का विधान नहीं है। इसी संहिता ने कृष्ण के जगन्मोहन रूप तथा पुत्र गोपालरूप का भी वर्णन किया है। पुत्र गोपाल–रूप श्वेत पद्म पर स्थित चक्र तथा पद्म धारण किये हुए निर्दिष्ट हैं।[220] विष्वक्सेन–संहिता ने कृष्ण के नवनीत–नट रूप का निर्देश किया है।[221] शाण्डिल्य संहिता के वर्णन के अनुसार वृन्दावन में यमुना के तट पर दिव्यकुंज में चिन्ता–मणि–पीठ पर स्थित रूप में विविधावरणों से सुशोभित, वेणुवादन में तत्पर, सुन्दर स्वरूप वाले श्रीकृष्ण के ध्यान का विधान है।[222] सात्वत–संहिता ने कृष्ण के चार रूपों का वर्णन किया है। प्रथम रूप प्रायः तपस्वी का है। यह इन्दीवर की तरह श्याम–वर्ण, ऊर्ध्वबाहु, जटाधारी, एक पाद पर स्थित, वायु–आहरण करता हुआ, एक, तीन अथवा छह रात्रादि कृच्छपरायणता अथवा अर्द्धमास या पूर्णमासोपवास का उपदेश करता हुआ रूप होता है। दूसरा रूप पूर्वोक्त रूप में ही कृष्णाजिनवसनधारी, सत्कुठारयुक्त हाथ वाला होना कहा है। यह रूप प्रायः कृष्ण का वीर रूप है। तीसरा रूप घोर रूप सतोय जलद के वर्ण के समान, रक्त सुन्दर नयनयुक्त, धनुष तथा बाणधारी रूप होता है। कृष्ण का चौथा रूप, जो हम यहाँ देखते हैं, वह अतसीकुसुम की शोभा के समान वर्ण वाला, सभी शास्त्रार्थ–ग्रन्थों को वाम हाथ में धारण करते हुए तथा दक्षिण हाथ से शास्त्रार्थ का उपदेश करते हुए होना कहा गया है। कृष्ण का यह रूप प्रायः शास्त्रोपदेशक–रूप है।[223] विविध पांचरात्र संहिताओं में कर्णिका आयामवाले बालइन्दुमण्डल में राधिका के साथ मयूर–पिच्छाभरणादि से विभूषित श्रीकृष्ण के रूप का निर्देश किया है। यहाँ राधा तथा श्रीकृष्ण के विविध 19 रूपों का वर्णन किया है। इन रूपों में रूक्मिणी तथा सत्यभामा के साथ सिंहासनारूढ़ चतुर्भुज रूप अथवा राजा की तरह पर्यंकशायी या भोगीन्द्रशायी अथवा ताक्ष्यारूढ़–रूप अर्जुन के सारथि के रूप में रथ पर अर्जुन के साथ कल्पित होता है। यह पार्थसारथी–रूप चतुर्भुज या द्विभुज दोनों में से एक तरह का हो सकता है। श्रीकृष्ण के विश्वरूप की कल्पना का भी निर्देश देखते हैं। एक रूप वृन्दावन में गवानुचर–रूप भी विहित है। कदम्बमूल में गायों से घिरे हुए रूप का वर्णन भी देखने को मिलता है। कालीय–मर्दन–रूप दो प्रकार के वर्णित है। कृष्ण के रासमण्डल–मध्यस्थ रूप तथा नवनीत–नर्तन रूप सामान्यतः प्रमुख कहे गये हैं। एकबेराराधन में ब्रह्मपद में रूक्मिणी तथा सत्यभामा के साथ कृष्ण के प्रतिमा–कल्पन का विधान है।[224] कृष्ण के विविध रूपों का वर्णन हम वैखानस आगम–संहिता–ग्रन्थों में भी देखते हैं, पर वे सभी प्रायः उसी प्रकार के कहे गये हैं जैसे पांचरात्र–संहिता–ग्रन्थों में हैं।

बुद्ध

बुद्ध की मूर्ति के स्वरूपादि का वर्णन वैष्णव आगम के सभी संहिता–ग्रन्थों में नहीं दिखलायी पड़ते है, पर **नारदीय संहिता तथा हयशीर्ष–संहिता में बुद्ध की मूर्ति का स्वरूप वर्णित है। ध्यातव्य है कि ये दोनो संहिताएं बहुत बाद की हैं।** इन दोनों संहिताओं के वर्णन प्रायः समान हैं। कोई विशेष अन्तर नहीं है। बुद्ध को पद्मासन में आसीन, दशतालमान से कल्पित, लम्बे कानों तथा योगदृष्टि से युक्त, पद्मलोचन, समाधिस्थ तथा उत्तानपाणि होना कहा है। नारदीय संहिता ने उत्तानपाणि की जगह अभय या वरदहस्त होना बताया है। इसका रूप शातकुम्भप्रभा की तरह होता है।[225]

कल्कि

विष्णु का अन्तिम अवतार कल्कि कई रूपों में वर्णित है। नारदीय तथा कुछ अन्य संहिताओं ने इसका अश्वारोही द्विभुज रूप होना कहा है। कल्कि दिव्य अश्व पर आसीन, श्वेतोष्णीषधारी, उष्णीय में दो बाण धारण किये हुए, दक्षिणकराग्र में सायक तथा वाम हस्त में धनुष धारण किये होता है।[226] इसका रूप मन्दायत जटायुक्त होता है। यद्यपि हयशीर्ष–संहिता में भी कल्कि का अश्वारूढ़ द्विभुज रूप वर्णित है, फिर भी आयुध के विषय में नारदीय संहिता ने जहाँ धनुष–बाण का विधान किया है वहाँ इसने कल्कि का रूप खड्गपाणि होना कहा है। यहाँ कल्कि का चतुर्भुज रूप भी निर्दिष्ट है। एक हाथ में धनुष तथा बाण और अन्य तीन हाथों में शंख, चक्र तथा खड्ग–धारण का विधान है।[227] मार्कण्डेय–संहिता ने कल्कि जो पिंग तुरंगारूढ़ रक्तवर्ण होना कहा है। यह रूप चर्मवसनधारी, खड्ग, खेटक तथा जटाजाल से विभूषित होता है। यह रूप लक्ष्मी तथा परिजनों से समाश्रित होता है।[228] पाद्म संहिता में कल्कि के जो रूप वर्णित है, वे पूर्वोक्त रूपों की अपेक्षा भिन्न हैं। यहाँ चतुर्भुज कल्कि–मूर्ति के मुख्य हाथों में खड्ग, खेटक तथा ऊपर के दोनों हाथों में शंख तथा चक्र का विधान किया है। कल्की की आसीन मूर्ति के हाथों में खेटक तथा खड्ग की कल्पना निषिद्ध है। आसीन मूर्ति में खेटक तथा खड्ग के स्थान में उन हाथों को अभय तथा वरद होना निर्दिष्ट है। कल्कि का शयन–रूप–कल्पन निषिद्ध है। एकबेर–विधि में अन्य अवतारों की तरह ही इसकी स्थापना के लिए ब्रह्मस्थान का निर्देश किया गया है। उसके दक्षिण–पार्श्व में पुरोहितभूत याज्ञवल्क्य तथा नारद का स्थान विहित है। इसके जंगमबेर का कल्पन द्विभुज या चतुर्भुज के रूप में कहा गया है। द्विभुज में अभय तथा वरद हस्त एवं चतुर्भुज में अभय तथा वरद हस्त के साथ अवशिष्ट दो हाथों में शंख तथा चक्र के कल्पन का निर्देश है।[229] विष्वक्सेन–संहिता के अनुसार चतुर्भुज रूप में ऊर्ध्व–दक्षिण तथा वाम हाथों में चक्र एवं शंख तथा नीचे के हाथों में पाश

का कल्पन विहित है। कल्कि के दक्षिण तथा वाम भाग में क्रमशः श्री तथा पुष्टि देवी के विधान के साथ द्वितीयावरण में अष्टपरिवार की स्थापना का निर्देश किया गया है।[230]

अन्ततः सार संकलन के रूप में वैष्णव आगमों के अनुशीलन, आलोडन, अवलोकन के उपरान्त निष्कर्ष जन्य विवेचन के रूप में यह कहा जा सकता है कि चतुर्व्यूह प्रतिमा वासुदेव, संकर्षण, प्रद्युम्न, अनिरुद्ध के अतिरिक्त वासुदेव के सामान्य शयन, स्थानक और यानभूत वैनतेय का रूप अर्द्धपुरुषाकृति कहा गया है। यथा सत्य, सुवर्ण, गरुण, ताक्ष्र्चय, विहगेश के अतिरिक्त द्वादश मासाधियों जैसे केशव, नारायण, माधव, गोविन्द, विष्णुमूर्ति, मधूसूदन, वामन मूर्ति, श्रीधर, हयशीर्ष, पद्मनाभ, दामोदर आदि का सविस्तार उल्लेख है। इसके अतिरिक्त मत्स्य मूर्ति, कूर्म मूर्ति, वराह मूर्ति, नृसिंह, वामन, त्रिविक्रम, परशुराम, राम, बलराम, कृष्ण, बुद्ध, कल्कि आदि की मूर्ति कल्पना की गयी है तथा इनके आयुधों, अलंकरणों का भी विस्तृत वर्णन उल्लिखित है।

सन्दर्भ

1. अव्यक्ता ही गर्तिदुखं देहवत्भिनवाप्यते।

—–विष्णुधर्मोत्तर पुराण, 46.4

2. विष्णुधर्मोत्तर पुराण, 46.5
3. द्रष्टव्य, देवप्रतिष्ठा तत्त्व, पृ0 505
4. जयाख्य संहिता, पटल 11; प्रपंचसार, 6; शारदा तिलक, 4.29–41
5. उपाध्याय, आचार्य बलदेव, वैष्णव सम्प्रदायों का साहित्य और सिद्धांत, चौखम्बा अमरभारती प्रकाशन, वाराणसी, सन् 1978, पृ0 88–89
6. गीता, 2.7
7. जयाख्य संहिता, पटल 22, श्लोक 65–75 तथा ब्रह्मसूत्र–शांकरभाष्य, 2.2–42
8. साकारं च निराकारं भगवदाराधनं द्विधा।
प्रतिमाराधनं मुख्यं साकारमभिधीयते।।

—–अर्चाधिकार, 23.1; क्रियाधिकार, 9.1; खिलाधिकार, 20.17

9. सात्वत संहिता, परिच्छेद 4.31–34; कांची संस्करण, 1901 ई0
10. सात्वतसंहिता, 4.31; ईश्वर–संहिता, 17.215
11. नारदीय संहिता, 13.3; ईश्वर–संहिता, 17.239
12. भविष्यपुराण, 131.2; मत्स्यपुराण, 258.21
13. श्रीप्रश्न–संहिता, 14.3; ईश्वर–संहिता, 17.241; विमानार्चनकल्प, पटल 15, पृ0 68
14. नारदीय संहिता, 13.94
15. नारदीय संहिता, 13.58, 99
16. विमानार्चनकल्प, पटल 22, पृ0 148
17. मार्कण्डेय–संहिता, 9.21–22

18. विष्णु संहिता, 13.60–70; पाद्संहिता, क्रियापाद, 30.48–53; हयशीर्ष–संहिता, आदिकाण्ड, 35.55
19. समूर्त्तार्चनाधिकरणम्, 43–52; अनिरुद्ध संहिता, 13.1; मानसारशिल्प, 51.9
20. श्रीमद्भागवत, 11.27.13
21. श्रीमद्भागवत, 11.27.13–14
22. राव, गोपीनाथ, एलिमेण्ट्स ऑफ हिन्दू आइक्नोग्राफी, भाग 1, भूमिका, पृ0 17; विस्तार के लिए द्रष्ट्व्य, चौधरी, राघव प्रसाद, पांचरात्रागम, बिहार राष्ट्र भाषा परिषद, पटना, 1987, पृ0 111
23. नारदीय संहिता, 13.349–353; सनत्कुमार संहिता, ब्रह्मरात्र, 6.17–18
24. मार्कण्डेय संहिता, 9.1–2
25. नारदीय संहिता, 13.340–343
26. ईश्वर संहिता, 17.140
27. नारदीय संहिता, 13.361
28. नारदीय संहिता, 13.344–347
29. श्रीप्रश्न संहिता, 14.3; विष्णुतिलक संहिता, 6.437–438
30. श्रीमद्भागवत पुराण, 11.27.13
31. नारदीय संहिता, 13.350–354; विष्वक्सेन संहिता, 17.7–10
32. ईश्वर संहिता, 17.248
33. नारदीय संहिता, 13.69–72; मार्कण्डेय संहिता, 9.23–28; विष्वक्सेन संहिता, 10.31–34
34. नारदीय संहिता, 13.68
35. नारदीय संहिता, 13.2; विष्वक्सेन संहिता, 11.307–308
36. श्रीप्रश्न संहिता, 11.1
37. अर्चनाधिकार, 9.3; क्रियाधिकार, 5.74–75; विमानार्चनकल्प, पटल 19, पृ0 91
38. अर्चनाधिकार, 12.14
39. पाद्म संहिता, क्रियापाद, 2.31–32
40. पाद्म संहिता, क्रियापाद, 13.70–80
41. ब्राह्मीय चित्रकल्पशास्त्र, 17.20–44; विस्तार के लिए द्रष्ट्व्य, चौधरी, राघव प्रसाद, पांचरात्रागम, बिहार राष्ट्र भाषा परिषद, पटना, 1987, पृ0 116
42. पाद्म संहिता, क्रियापाद, 2.92
43. अनिरुद्ध संहिता, 12.13
44. श्रीप्रश्न संहिता, 12.29
45. मार्कण्डेय संहिता, 9.11–14
46. अनिरुद्ध संहिता, 12.10
47. विमानार्चनकल्प, पटल 90
48. खिलाधिकार, 12.1
49. क्रियाधिकार, 5.75
50. द्रष्ट्व्य, चौधरी, राघव प्रसाद, पांचरात्रागम, बिहार राष्ट्र भाषा परिषद, पटना, 1987, पृ0 117
51. यज्ञाधिकार, 15.21–23

52. अर्चनाधिकार, 8.80–81
53. अर्चनाधिकार, 9.4
54. विमानार्चनकल्प, पटल 19, पृ0 94
55. नारदीय संहिता, 13.125
56. नारदीय संहिता, 13.175–177
57. श्रीप्रश्न संहिता, 12.28
58. नारदीय संहिता, 13.129–172; जयाख्य संहिता, 20.9–66; पाद्म संहिता, क्रियापाद, 21.1–90
59. श्रेडर, एफ आट्टो, एन इन्ट्रोडक्शन टू दि पांचरात्र, पृ0 37–38
60. तत्रैव, पृ0 40
61. चतुर्व्यूहात्मने तस्मै त्रिगुणायागुणाय च।
    चतुर्धा संस्थितो ब्रह्मं सगुणो निर्गुणो तथा।।
    ––मार्कण्डेय पुराण : एक सांस्कृतिक अध्ययन, वासुदेवशरण अग्रवाल, हिन्दुस्तानी एकेडमी, इलाहाबाद, 2010, पृ0 45–46
62. तत्रैव, पृ0 45–46
63. चतुर्वेदी, एस0 एन0; त्रिवेदी, आर0 के0, ए यूनिक चतुर्व्यूह इमेज, वाल्यूम I, आगम कला प्रकाशन, दिल्ली, 1989, पृ0 147
64. तत्रैव; अर्ली वैष्णव इमेजरी : चतुर्व्यूह एण्ड वैरियेन्ट फार्मस, डोरिस श्रीनिवासन्, आरकाइब्स ऑफ एशियन आर्ट, XXXII, 1979, पृ0 39–54; दि अर्ली वैष्णव पैंथियान, वी0 एस0 पाठक, जे0पी0एच0एस0, XXI-XXV, 1951–52, पृ0 209–220
65. एपिग्राफिया इण्डिका, XXI, पृ0 194
66. द्रष्ट्व्य, मिश्र, रामप्यारे, वैष्णव पांचरात्र आगम, प्रतिभा प्रकाशन, दिल्ली, 1994, पृ0 138–145
67. गोयल, श्रीराम, प्राचीन भारतीय अभिलेख संग्रह, खण्ड 1, पृ0 204, 173, 157
68. जोशी, नीलकंठ पुरुषोत्तम, आइक्नोग्राफी ऑफ बलराम, पृ0 22
69. चतुर्व्यूह एण्ड वैरियेन्ट फार्मस, डोरिस श्रीनिवासन्, आरकाइब्स ऑफ एशियन आर्ट, XXXII, 1979, पृ0 39–59
70. ए यूनिक चतुर्व्यूह इमेज,. एस0 एन0 चतुर्वेदी, आर0 के0 त्रिवेदी वाल्यूम I, आगम कला प्रकाशन, दिल्ली, 1989, पृ0 145–151
71. विस्तार के लिए द्रष्ट्व्य, श्री माता प्रसाद त्रिपाठी, भागवत–पांचरात्र–परम्परा में चतुर्व्यूह उपासना का इतिहास, के0 पी0 जायसवाल शोध संस्थान, पटना द्वारा आयोजित प्रो0 दत्त स्मारक व्याख्यान।
72. शान्तः संवित्स्वरूपस्तु भक्तानुग्रहकाम्यया।
    अनौपम्येन वपुषा ह्यमूर्तो मूर्ततांगतः।।
    ––ईश्वर संहिता, 24.75
73. मध्ये पाग्दक्षिणस्यां च सितरक्तेन तेजसा।
    वसुदेवो जगन्नाथो भावनीयो महामते।।
    ––ईश्वर संहिता, 24.133
74. बृहद्ब्रह्म संहिता–1, 12.100–103

75. विश्वामित्र संहिता, 4.5–8
76. नारदीय संहिता, 13.177–183
77. लक्ष्मीतन्त्र, 10.26–31
78. बृहद्ब्रह्म संहिता–1, 12.100–103
79. गर्भसंकर्षणात् तं वे प्राहुः संकर्षण भुवि।
श्रामेति लोकरमणाद् बलं बलवदुच्छ्यात्।।
——भागवत, 10.2–13
80. लक्ष्मीतन्त्र, 4.15
81. संकर्षणाद्वितीयस्य बलं कृष्णस्य वर्धताम्। ——महाभाष्य, 2.2.24
प्रासादेधनपतिराम केशवादीनाम्। ——महाभाष्य, 2.2.34
82. सिन्दूरशिखराकारं सौम्यवक्त्रं चतुर्भुजम्।।
अतसीपुष्पमसंगाशवसनंताललांछितम्।
मुख्येन पाणियुग्मेन तुल्यामाद्यस्य वै विभोः।।
सीरं तच्चक्रहस्तेऽस्य मुसलं तु गदाकरे।
दक्षिणो चिनतयेद्भागे संकर्षणमिदृशम्।।
——लक्ष्मीतन्त्र, 10.31–33
83. नारदीय संहिता, 13.184–186
84. पाद्म संहिमा, क्रियापाद, 16.37
85. हयशीर्ष–संहिता, आदिकाण्ड, 21.4–5
86. पराशर संहिता, 13.93
87. विष्वक्सेन संहिता, 20.142
88. विष्वक्सेन संहिता, 11.15–19
89. नारदीय संहिता, 13.187
90. विष्णु संहिता, 6.76
91. लक्ष्मीतंत्र, 38.56
92. विष्वक्सेन संहिता, 20.143
93. मार्कण्डेय संहिता, 8.11; पाद्मसंहिता, क्रियापाद, 16.38
94. विष्वक्सेन संहिता, 11.20–22
95. पराशर संहिता, 13.105
96. लक्ष्मी तन्त्र, 10.34–36
97. हयशीर्ष–संहिता, आदिकाण्ड, 21.6–9
98. नारदीय संहिता, 13.188
99. मार्कण्डेय संहिता, 8.10
100. विष्वक्सेन संहिता, 11.23–30
101. लक्ष्मी तन्त्र, 10.37–39
102. तत्रैव, 38.57

103. बृहद्ब्रह्म संहिता, 13.183–186
104. नारदीय संहिता, 13.186–191
105. तत्रैव, 13.201–204
106. तत्रैव, 13.207–216
107. तत्रैव, 13.217–222
108. तत्रैव, 13.222–226
109. ईश्वर संहिता, 8.40
110. नारदीय संहिता, 13.223–226
111. तत्रैव, 13.226–231
112. ईश्वर संहिता, 17.215–235
113. विष्वक्सेन संहिता, 20.149–153; हयशीर्ष संहिता, आदिकाण्ड, 18.1–5; पाद्म संहिता, क्रियापाद, 22.8–11
114. विष्वक्सेन संहिता, 26.35–44
115. ईश्वर संहिता, 10.257–261
116. द्रष्ट्व्य, चौधरी, राघव प्रसाद, पांचरात्रागम, बिहार राष्ट्र भाषा परिषद, पटना, 1987, पृ0 124
117. नारदीय संहिता, 13.231–234
118. सात्वत संहिता, 12–22
119. पराशर संहिता, 13.18
120. पाद्म संहिता, क्रियापाद, 16.30; मार्कण्डेय संहिता, 8.3
121. नारदीय संहिता, 13.239
122. विष्वक्सेन संहिता, 11.152–153
123. नारदीय संहिता, 13.142
124. पाद्म संहिता, क्रियापाद, 16.31; मार्कण्डेय संहिता, 8.4
125. हयशीर्ष संहिता, आदिकाण्ड, 19.6
126. विष्वक्सेन संहिता, 11.154–159
127. वाशिष्ठ संहिता, 16.10
128. पराशर संहिता, 13.26
129. द्रष्ट्व्य, चौधरी, राघव प्रसाद, पांचरात्रागम, बिहार राष्ट्र भाषा परिषद, पटना, 1987, पृ0 124
130. विश्वामित्र संहिता, 6. 43–47
131. सात्वत संहिता, 12.42–44
132. विश्वामित्र संहिता, 6.47
133. पाद्म संहिता, क्रियापाद, 16.31; मार्कण्डेय संहिता, 8.4
134. पराशर संहिता, 13.33
135. हयशीर्ष संहिता, आदिकाण्ड, 19.5
136. विष्वक्सेन संहिता, 11.161–163
137. महाभारत, आदिपर्व, अध्याय, 21

138. महाभारत, शान्तिपर्व, 342.70
139. पाद्म संहिता, क्रियापाद, 16.32; मार्कण्डेय संहिता, 8.5
140. विष्वक्सेन संहिता, 11.164–168
141. तत्रैव, 11.169
142. हयशीर्ष संहिता, आदिकाण्ड, 19.9–10
143. विष्णुसंहिता, 1.18–20
144. विष्वक्सेन संहिता, 38.51–55
145. मार्कण्डेय संहिता, 8.6
146. पाद्म संहिता, क्रियापाद, 16.32
147. हयशीर्ष संहिता, आदिकाण्ड, 19.11–12
148. पराशर संहिता, 13.52
149. विष्वक्सेन संहिता, 11.176–178
150. ईश्वर संहिता, 24.11–13
151. पाद्म संहिता, क्रियापाद, 16.34; मार्कण्डेय संहिता, 8.7; विष्वक्सेन संहिता, 11.187–190
152. पाद्म संहिता, क्रियापाद, 16.35; मार्कण्डेय संहिता, 8.8
153. पराशर संहिता, 13.80
154. विष्वक्सेन संहिता, 11.194–199
155. तत्रैव, 11.120–126
156. पाद्म संहिता, क्रियापाद, 16.35; मार्कण्डेय संहिता, 8.9
157. विष्वक्सेन संहिता, 11.229–232
158. भगवद्गीता, 4.7.8
159. शतपथ ब्राह्मण, 1.8
160. पाद्म संहिता, क्रियापाद, 17.2–6
161. विष्णु संहिता, 14.1–5
162. द्रष्ट्व्य, चौधरी, राघव प्रसाद, पांचरात्रागम, बिहार राष्ट्र भाषा परिषद, पटना, 1987, पृ0 130
163. विष्वक्सेन संहिता, 11.31–38
164. पाद्म संहिता, क्रियापाद, 17.2; मार्कण्डेय संहिता, 8.19
165. मत्स्य पुराण, 288.39
166. मार्कण्डेय संहिता, 8.20; हयशीर्ष संहिता, आदिकाण्ड, 23.7
167. पाद्म संहिता, क्रियापाद, 17.7
168. विष्वक्सेन संहिता, 11.39–43
169. विष्वक्सेन संहिता, 11.39
170. तत्रैव, 39.42
171. पाद्म संहिता, क्रियापाद, 17.7–12
172. मत्स्य पुराण, 258.39
173. पाद्म संहिता, क्रियापाद, 17.12–17

174. मार्कण्डेय संहिता, 8.22–28
175. नारदीय संहिता, 13.259
176. पाद्म संहिता, क्रियापाद, 17.13; नारदीय संहिता, 13.249
177. नारदीय संहिता, 13.249–252
178. पराशर संहिता, 30.14
179. नारदीय संहिता, 13.153–156
180. विष्वक्सेन संहिता, 11.45–47
181. पाद्म संहिता, क्रियापाद, 17.26
182. तत्रैव, 17.22–23
183. विष्वक्सेन संहिता, 11.58–60
184. पाद्म संहिता, क्रियापाद, 16.40
185. तत्रैव, 19.37
186. नारदीय संहिता, 13.263
187. पाद्म संहिता, क्रियापाद, 17.31–41
188. नारदीय संहिता, 13.265–271
189. विहगेन्द्र संहिता, 4.7–17; द्रष्ट्व्य, चौधरी राघव प्रसाद, पांचरात्रागम, बिहार राष्ट्र भाषा परिषद, पटना, 1987, पृ0 130
190. नारदीय संहिता, 13.271–272
191. मार्कण्डेय संहिता, 8.31–38
192. पाद्म संहिता, क्रियापाद, 17.41–54
193. पराशर संहिता, 15.186
194. शेष संहिता, 8.7
195. हयशीर्ष संहिता, आदिकाण्ड, 23.21–23
196. विष्वक्सेन संहिता, 6.179
197. नारदीय संहिता, 13.271–275
198. तत्रैव, 13.278–280
199. विष्वक्सेन संहिता, 11.71–75
200. पाद्म संहिता, क्रियापाद, 17.57–60
201. तत्रैव, 17.60
202. नारदीय संहिता, 13.280–288
203. पाद्म संहिता, क्रियापाद, 17.82–105
204. विष्वक्सेन संहिता, 11.97–98
205. पाद्म संहिता, क्रियापाद, 17.64–65
206. नारदीय संहिता, 13.293–294
207. पाद्म संहिता, क्रियापाद, 17.65
208. द्रष्ट्व्य, चौधरी राघव प्रसाद, पांचरात्रागम, बिहार राष्ट्रभाषा परिषद, पटना, 1987, पृ0 140

209. विष्वक्सेन संहिता, 11.99–109
210. पाद्म संहिता, क्रियापाद, 17.107–112
211. पाद्म संहिता, क्रियापाद, 17.112–117
212. विष्वक्सेन संहिता, 11.100–114
213. शेष संहिता, 26.9
214. हयशीर्ष संहिता, आदिकाण्ड, 23.32–33
215. नारदीय संहिता, 13.288–298
216. विष्वक्सेन संहिता, 3.4
217. नारदीय संहिता, 13.298–300
218. पाद्म संहिता, क्रियापाद, 16.42
219. पराशर संहिता, 15.254
220. शेष संहिता, 26.19–52
221. विष्वक्सेन संहिता, 33.3–4
222. शाण्डिल्य संहिता, भाग 1, 16.7–9
223. सात्वत संहिता, 12.145–154
224. पाद्म संहिता, क्रियापाद, 18.1–37
225. नारदीय संहिता, 13.301–303
226. तत्रैव, 13.303–305
227. हयशीर्ष संहिता, आदिकाण्ड, 23.37–38
228. मार्कण्डेय संहिता, 8.67–70
229. पाद्म संहिता, क्रियापाद, 18.38–46
230. विष्वक्सेन संहिता, 11.134–139

अध्याय तृतीय

प्रतिमोपादान-द्रव्य

मूर्तिपूजा सम्बन्धी साहित्य अत्यन्त विस्तृत है। मूर्तिपूजा से सम्बद्ध वे पदार्थ जिनसे मूर्तियाँ निर्मित होती हैं, वे देवता जिनकी मूर्तियों की पूजा होती थी या होती है, मूर्ति–निर्माण में शरीरावयवों के आनुपातिक क्रम, मूर्तियों एवं देवताओं की स्थापना एवं मूर्ति सम्बन्धी कृत्य आदि का वर्णन हुआ है। वराहमीहिर की बृहत्संहिता[1] में, मत्स्यपुराण[2] एवं मध्यकाल के निबन्धों में स्मृतिचन्द्रिका, स्मृतिमुक्ताफल, पूजाप्रकाश आदि ग्रन्थ देवपूजा तथा उसके विभिन्न स्वरूपों पर विस्तार से प्रकाश डालते हैं।[3] समरांगणसूत्रधार में प्रतिमाओं के लिए प्रयुक्त सात प्रकार के द्रव्यों के सन्दर्भ में उल्लेख है यथा–

प्रतिमानामप बूमो लक्षणं द्रव्यमेन च।
सुवर्णरूप्यताम्राश्मदारुलेख्यानि शक्तितः।।
चित्रं चेति विनिर्दिष्टं द्रव्यमर्चासु सप्तधा।[4]

यही नही शिल्परत्न ग्रन्थ में सात प्रकार की प्रतिमाएं बतलायी गयी हैं–

शिलामयं मणिमयं लौहं दारुमयं तथा।
मृण्मयं मिप्रकं लेख्यं बिम्ब सप्तविधं स्मृतम्।।[5]

भारतीय विचारकों ने माध्यम को कभी आराध्य नहीं माना। आराध्य की प्राप्ति साध्य थी, माध्यम उसका साधन था। प्रतिमा पूजन में अनेक प्रकार के भाव की कल्पना की गयी। प्रथम स्थिति हृदय में ध्यान करना (आत्मस्थिति), दूसरी स्थिति जल, सूर्यमण्डल, अग्नि, स्थण्डिल या वेदिका में इष्ट की कल्पना। तृतीय स्थिति वाह्य द्रव्य की प्रतिमा में प्रतिमा इष्ट स्थापना। जैसे रत्न, सुवर्ण, रजत, ताम्र, पित्तल, लौह, काष्ठ या मिट्टी से प्रतिमाएँ बन सकती हैं, जिनमें बहुमूल्य रत्नों से निर्मित सर्वश्रेष्ठ एवं मिट्टी से निर्मित निकृष्ट मानी जाती है।[6] विष्णु–पूजा के लिए प्रस्तर–मूर्तियों में शालग्राम प्रस्तर (गण्डकी नदी के उद्गम पर शालग्राम नामक ग्राम में पाये जाने वाले काले प्रस्तर खण्ड) एवं द्वारका के प्रस्तर (गोमतीचक्र जिन पर चक्र बने हों) बड़े महत्व के माने जाते हैं। शालग्राम की पूजा केवल द्विज ही कर सकते हैं, शूद्र नहीं।[7] किन्तु कई पुराणों के मत से नारियाँ एवं शूद्र भी बिना स्पर्श किये शालग्राम की पूजा कर सकते हैं।[8] ऋषियों द्वारा अतीत में संस्थापित लिंगों की पूजा भी स्त्रियाँ एवं शूद्र नही कर सकते थे। शालग्राम–पूजा पर्याप्त प्राचीन है, क्योंकि वेदान्तसूत्र–भाष्य[9] में शंकराचार्य ने हरि के प्रतीक रूप में इसकी चर्चा की है। पूजा में पाँच प्रकार के प्रस्तर प्रयोग में आते रहे हैं–

1– शिव–पूजा में नर्मदा का बाण–लिंग
2– विष्णु–पूजा में शालग्राम
3– दुर्गा–पूजा में धातुमय प्रस्तर
4– सूर्य–पूजा में स्फटिक प्रस्तर
5– गणेश–पूजा में लाल प्रस्तर

राजतरंगिणी[10] में कश्मीर में नर्मदा से प्राप्त शिव के बाणलिंगों की स्थापना की चर्चा की है।

वैष्णव आगम के जिन ग्रन्थों में प्रतिमा–कल्पन की चर्चा की गई है, प्रायः उन सभी ग्रन्थों में न्यूनाधिक रूप से इसके उपादान–द्रव्य का भी विवेचन किया गया है। सामान्यतः **मूर्तिलक्षण–निरूपणाध्याय का प्रारम्भ प्रतिमा–उपादान–द्रव्य–निर्देश से ही प्रारम्भ होता है।** सर्वप्रथम उपादान–द्रव्य के आधार पर ही प्रतिमा के पाँच भेद कहे गये है। ये पाँच उपादान–द्रव्य हैं–

1– शिला
2– लौह
3– मणि
4– काष्ठ
5– मृद।[11]

कुछ अन्य संहिताओं के अनुसार निम्नलिखित छः उपादान–द्रव्य स्वीकृत हैं– 1–रत्न 2–स्फटिक 3–लौह 4–शिला 5–दारु 6–मृद्।[12] विश्वामित्र संहिता में वर्णित उत्तम प्रतिमाओं में मणिज, लौहज और शैलज प्रतिमाओं का उल्लेख है।[13] उपर्युक्त पाँच द्रव्यों के भी विशिष्ट भेद तथा लक्षणादि कहे गये हैं। कुछ ग्रन्थों में प्रतिमा के सात उपादान–द्रव्य वर्णित हैं और उन्हीं के आधार पर प्रतिमा के भेद भी बतलाये गये हैं। ये सात द्रव्य हैं। 1–रत्न 2–लौह 3–शिला 4–धातु 5–मृद् 6–काष्ठ 7–आलेख्य।[14] हयशीर्ष–संहिता तथा अग्निपुराण में भी सात प्रतिमोपादान–द्रव्यों का निर्देश है। ये सात द्रव्य हैं– 1–मृद् 2–दारु 3–लौह 4–रत्न 5–शैल 6–गन्ध 7–कुसुम। यहाँ निर्दिष्ट दो द्रव्य ऐसे हैं जो अन्यत्र नहीं दिखते हैं। ये दोनों तत्काल पूजा के लिए प्रतिमा–कल्पनार्थ स्वीकृत हैं। इन्हें सर्वकाम–प्रदायक कहा गया है।[15] श्रीमद्भगवत में उपादान–द्रव्य के आधार पर आठ प्रकार की प्रतिमाओं का निर्देश किया गया है।[16] ये आठ प्रतिमाएं हैं– 1–शैली 2–दारुमयी 3–लौही 4–लेप्या 5–आलेख्य 6–सैकती 7–मनोमयी 8–मणिमयी। एक जगह प्रतिमा के दस उपादान द्रव्य कहे गये हैं।[17] मत्स्यपुराण में उपर्युक्त सूची में सीसे एवं कांसे[18] को जोड़ कर प्रतिमार्थ बारह उपादान–द्रव्य बताये गये हैं।[19] विश्वामित्र के अनुसार मणि, लोह तथा शैल से कल्पित बिम्ब उत्तम होते हैं परन्तु इन तीनों के अतिरिक्त वज्र, पदमराग, वालवाय, ताम्र तथा पित्तल ये सभी बिम्बोपादान–द्रव्य कहे गये हैं।[20] विष्वक्सेन–संहिता ने स्वार्थ तथा द्विविध अर्चन के निमित्त पृथक्–पृथक् बिम्बोपादान–द्रव्य का निर्देश किया है। गृहार्चा में ब्राह्मणों के लिए लौह, मणि, रजत तथा ताम्र बिम्बोपादान द्रव्य के रूप में प्रशस्त हैं। क्षत्रियों के लिए सुवर्ण या रजत, वैश्य के लिए रजत या ताम्र तथा शूद्र के लिए ताम्र प्रतिमोपादान द्रव्य विहित हैं। गृहार्चाक्रम में ताम्रज प्रतिमा ग्राह्य कही गयी है।[21] इन प्रतिमोपादान–द्रव्यों के भी पृथक–पृथक विशिष्ट भेद तथा लक्षणादि होते हैं।

प्रतिमोपादान द्रव्य-शिला

शिला के अनेक भेद होते हैं। शिलाएँ तीन तरह की होती हैं।[22]

1– गिरिजा
2– भूमिजा
3– वारिजा

ब्राह्मणादि वर्णक्रम से चारों वर्णों के लिए सितादि चार वर्ण की शिलाओं की प्रतिमा का उपादान–द्रव्य होना विहित है। आलयकर्ता ब्राह्मण हो तो उसके लिए सित शिला ग्राह्य होती है। क्षत्रिय के लिए रक्तवर्ण शिला, वैश्य के लिए पीतवर्ण शिला तथा शूद्र के लिए कृष्णवर्ण शिला प्रतिमा कल्पन के लिए ग्राह्य होती है।[23] प्रतिमा के लिए कृष्ण शिला

सर्वसिद्धि–प्रदायक होती है।[24] काश्यप शिल्पशास्त्र के अनुसार श्वेत शिला के सात, पीत शिला के सात तथा कृष्ण शिला के दस भेद होते हैं।[25] वैखानस आगम के अनुसार कृतादि चार युगों में क्रम से श्वेतादि शिलाओं से प्रतिमा निर्माण होता है।[26] क्षिति चार प्रकार की होती है[27]–

1– वारुणी
2– ऐन्द्री
3– आग्नेयी।
4– वायवी

इन्हीं क्षितियों के आधार पर उपलब्धि स्थान के अनुरूप शिलाएँ भी वारुणी, ऐन्द्री, वायवी तथा आग्नेयी के नाम से प्रसिद्ध होती हैं। इन चार क्षितियों तथा शिलाओं के लक्षण इस प्रकार हैं–

वारुणी

जो भूमि स्निग्ध हो, पुष्पवनों से उपेत, तोयपूर्ण तथा तृणसम्पन्न हो उसे वारुणी भूमि कहते हैं। वारुणी भूमि में उपलब्ध शुक्ल वर्ण शिला को वारुणी शिला कहते हैं।[28]

ऐन्द्री

क्षीरवृक्ष के पूर्व दिक् में, तोय के दक्षिण पार्श्व में, ब्रीहिक्षेत्र के उत्तर में पीतवर्ण की क्षिति ऐन्द्री क्षिति कही गई है। ऐन्द्री क्षिति में उपलब्ध शिला ऐन्द्री शिला कही जाती है।[29]

आग्नेयी

जिस भूमि में गृध्र तथा कपोत निवास करते है, तोय का अभाव होता है, आग्नेय दिशा में पलाश, खदिर तथा विल्व के वृक्ष होते हैं और भूमि का वर्ण रक्ताभ होता है ऐसी भूमि को आग्नेयी भूमि और उसमें उपलब्ध शिला को आग्नेयी शिला कहते हैं।[30]

वायवी

आम्र, श्लेष्मातक तथा स्नुहिवृक्ष से युक्त, जहाँ सियार दिखते हों तथा मृगतृष्णा की स्थिति हो, तृण और तोय रहित, शर्करायुक्त, विरुतृणाविवर्जित भूमि वायव्या भूमि कही गई है और उसमें उपलब्ध शिला वायवी शिला कही गई है और इस प्रकार की शिला वर्जित है।[31]

ध्यातव्य है कि आग्नेयी शिला गुर्जर प्रदेश में, वायवी शिला मरुप्रदेश में, ऐन्द्री शिला मध्यप्रदेश में तथा वारुणी शिला अनूप देश में उपलब्ध होती है।[32]

वय के आधार पर शिला-भेद

सामान्यतः वय के आधार पर शिलाएँ तीन तरह की होती हैं[33]

1– बाला
2– मध्या
3– वृद्धा

बाला शिला

अर्धपक्व इष्टिका के समान जो दो खण्डों में विभक्त हो जाती है और टंकाहति को सहन नहीं कर सकती, उसे बाला शिला कहते हैं। प्रतिमा–कल्पन के लिए ऐसी (बाला) शिला सर्वथा अग्राह्य है। शस्त्राघात को न सहने वाली, पिच्छिला, अस्थिरा शिला को बाला शिला कहते हैं।

मध्या शिला

मध्या शिला से तात्पर्य यौवन शिला से है। यह सुदृढ़ अवयव युक्त, स्निग्ध, गम्भीर, निःस्वप्नयुक्त, अनुष्ण सुगन्धयुक्त, ईषदमृद्वी तथा सुशोभन होती है। यौवन शिला से कल्पित प्रतिमा सर्वार्थ–साधक होती है। यौवन शिला लिंग के आधार पर तीन प्रकार की होती है[34]–

1– स्त्री शिला
2– पुंल्लिग शिला
3– नपुंसक शिला

पुंल्लिग शिला से स्निग्ध स्वर होता है और स्फुलिंग प्रकट होते हैं। स्त्री शिला सर्वथा निस्तेज होती है। नपुंसक शिला विवर तथा आवर्त से रहित, शरावोदर, कर्कश तथा शब्दहीन होती है।[35] पुंल्लिग शिला से प्रतिमा कल्पन तथा स्त्री–शिला से पाद–पीठ कल्पन विहित है।[36] इस विषय में नारदीय संहिता, श्री प्रश्न–संहिता तथा विमानार्चनकल्प में सर्वथा एकरूपता नहीं दिखलायी पड़ता। विमानार्चनकल्प के अनुसार पुल्लिंग–शिला से पुल्लिंग–बेर, स्त्री–शिला से स्त्री–बेर तथा नपुंसक शिला से प्रासाद–तलादि–कल्पन का निर्देश किया गया है। श्रीप्रश्न संहिता ने भी विमानार्चनकल्प की तरह स्त्री–बेर के लिए उपादान–द्रव्य स्त्री–शिला होना कहा है। पुल्लिंग–शिला से पादपीठ–कल्पन का विधान है, जो नारदीय संहिता से भिन्न है। पुरुषोत्तम संहिता में भी श्रीप्रश्न की तरह स्त्री–शिला में

स्त्री–बेर–कल्पन का निर्देश है। यहाँ पुल्लिंग–शिला से पादपीठ–कल्पन का तथा नपुंसक शिला में रत्नन्यास का विधान है।[37] अस्त्री–शिला से स्त्री–बेर–कल्पन नाश का कारण होता है। विष्णु तथा हयशीर्ष–संहिता के अनुसार निविडावयवयुक्त, स्निग्ध, धीरशब्द युक्त, सुशीतल, सुगन्ध तथा रस और रूप से आढ्य शिला युवती शिला कही गयी है।

वृद्धा शिला

रुक्ष तथा बृहद् शिखरयुक्त शिला को वृद्धा शिला कहते हैं। प्रतिमा के लिए इसका उपयोग सर्वकर्म नाशक होता है। वृद्ध शिला से प्रतिमा कल्पन निषिद्ध है। अंतिकठिना शिला वृद्धा शिला होती है।[38]

शिला के विविध अंग

ज्ञातव्य है कि शिला के विविध अंग भी होते हैं। नीचे वाला भाग शिला का मुख कहा गया है। ऊपर का भाग पृष्ठप्रदेश होता है। दक्षिण–ग्रीवा शिला शान्तिदायिनी, पूर्व–ग्रीवा जयाप्रदा, पश्चिम–ग्रीवा श्रीप्रदा तथा उत्तरानना–शिला धन प्रदान करने वाली होती है।

शिला से जायमान शब्दों के आधार पर उसके तत्तदङ्गों का निर्देश किया जा सकता है। आघात के बाद शिला के जिस भाग से घण्टा के समान ध्वनि होती है उसे शिला का **शिर भाग** कहा गया है।[39] कांस्य की तरह ध्वनि वाले भाग को **मध्यभाग** तथा कांस्य ताल की तरह ध्वनि वाले प्रदेश को शिला का **मूल भाग** कहते हैं।[40] पूर्वाभिमुख देवालय में प्राक–शिरा शिला कल्पित बेर की स्थापना होनी चाहिए। दक्षिणाभिमुख आलय में दक्षिण–शिरा शिला से, पश्चिमाभिमुख आलय में पश्चिम–शिरा शिला से तथा उत्तराभिमुख द्वारवाले आलय में उत्तर–शिरा शिला से प्रतिमा कल्पन विहित है।[41] **दक्षिण–शिरा शिला शान्तिदायिनी, प्राक्–शिरा शिला जयदायिनी, पश्चिम–शिरा शिला श्रीकरी, उत्तर–शिरा शिला पुष्टिकरी तथा कोण–शिरा शिला अग्राह्य कही गई है।**[42]

ग्राह्य तथा अग्राह्य शिला

सामान्य रूप से ग्राह्य तथा अग्राह्य शिला का विवेचन अधोलिखित रूप में उल्लिखित हैं– सूर्यकिरणों से तप्त, अग्निदग्ध, अन्य कर्मों में प्रयुक्त, अन्योपहित, क्षाराम्बु में स्थित, विवर्ण, स्फुटित तथा रुक्ष शिलाएँ प्रतिमा–निर्माण के लिए अग्राह्य कही गई है।[43] प्रतिमा–कर्म के लिए वायवी तथा आग्नेयी शिलाएँ भी त्याज्य हैं।[44] अग्राह्य शिला से कल्पित प्रतिमा अभिचारिक होती है, अतः सर्वथा त्याज्य है।

ग्राह्य शिलाओं का निर्देश करते हुए सुस्निग्ध, एक वर्ण, अभिसन्धियों में स्थित, द्रुमछाया में विद्यमान टंकवात से हत, शुभ्र, विस्तार तथा आयाम से युक्त शिला को ग्राह्य कहा गया है।[45]

वैष्णव आगमों में शिला के ग्राह्यत्वाग्राह्यत्वादि–विवेचन के साथ शिला–संग्रह के लिए ग्राह्य तथा अग्राह्य स्थलों का भी निर्देश किया गया है। मुख्य भूधरों से शिला–संग्रह निहित है। इन भूधरों में हिमवान्, हेमकूट, निषध, त्रिकूट, माल्यवान्, ऋक्ष, श्रृंगवान्, मलय, गन्धमादन तथा मेरु पर्वत उत्तम कहे गये हैं। सह्य, विन्ध्य, परियात्र, अर्बुद, शिलोच्चय, श्रीपर्वत, जयन्त तथा श्वेत पर्वत भी शिला–संग्रह के लिए ग्राह्य कहे गये हैं। इन गिरियों के अभाव में अन्य भूधरों से भी शिला–संग्रह किया जा सकता है।[46] विष्वक्सेन–संहिता के अनुसार धरा तथा पर्वत दोनों जगहों से शिला संग्रह विहित है। पर्वतों में सामान्यतः यहाँ भी वही पर्वत स्वीकार्य हैं जो नारदीय संहिता और हयशीर्ष संहिता में विहित हैं।[47] उपर्युक्त स्थानों में भी शुभ तथा पुण्यक्षेत्र में सघन ब्रह्मवृक्ष, शुभ पादपसंयुक्त, पुण्योदक तथा तृणसमन्वित, पद्मोत्पल–समाकीर्ण, ब्रीहीक्षेत्र–समन्वित, हिन्ताल, न्यग्रोध तथा नारिकेल से विभूषित, पलाश, बकुल, क्रमुक, अश्वत्थ, न्यग्रोध, उदुम्बर, कुश एवं दर्भ से समाकीर्ण, कृष्णमृग–सेवित प्रदेश शिला संग्रह के लिए उपयुक्त होता है।[48] द्विज, सिद्ध तथा तपस्वीजन जहाँ तपस्यारत हों और चाण्डाल, पतित, तथा प्रतिलोमादि नरों का सर्वथा अभाव हो, ऐसे प्रदेश से भी शिला संग्रह विहित है।[49] इस क्रम में अधोलिखित प्रदेश शिला संग्रह के लिए त्याज्य कहे गये हैं– नदीतीर, ह्रदतट, ग्राममध्य, चतुष्पथ, भूतिभूमि, श्मशान, चाण्डाल तथा शवरावासः वात, आतप तथा अग्नितप्त स्थान, जलदूषित, शर्करा तथा ऊषर–संयुक्त स्थान, तृणरहित, जलवर्जित, मरुप्राय, कण्टक–द्रुमसंकुल प्रदेश, पक्वसत्तव–समाकीर्ण, अतिभीषण मलेच्छप्रदेश, ग्रामान्त तथा वल्मीक–समाकीर्ण प्रदेश। इन सभी प्रदेशों से प्रतिमा–कल्पनार्थ शिला–संग्रह निषिद्ध है।[50]

शुभ शिला तथा अशुभ (दुष्ट) शिला

वैष्णवागमों में शुभ शिला का भी विवरण विस्तृत रूप में किया गया है। घनी, विना व्रण की, ठोस, सुगन्धयुक्त, मधुर और कान्तियुक्त तथा श्रेष्ठ शिला से पीठिका पर सब प्रकार की मूर्तियों का निर्माण करना चाहिए।[51] विष्णुधर्मोत्तर पुराण में शुभ शिला के लक्षण का विस्तृत वर्णन इस प्रकार है जो शिला कपोत, भृग, माष, मृदंग, श्वेत, पद्म की आभा की हो या काली तथा श्वेत वर्ण की हो वह सब प्रकार के मूर्ति–कर्म के लिए शुभ है।[52] काश्यपशिल्प में केवल चार वर्ण की शिलाओं को प्रशस्त कहा गया है।[53] कुछ शिलाएं ऐसी भी होती हैं जो प्रतिमा–निर्माण कार्य के लिए उपयुक्त नही होती हैं फिर भी कोई इन शिलाओं से प्रतिमा–निर्माण कार्य करता है तो उसका फल भयावह होता है। इसप्रकार की

शिलाओं को वैष्णवागमों में दुष्ट शिला की संज्ञा दी गई है। वैष्णवागमों में निर्देश है कि जो शिला विमल हो तथा जिसमें स्वर्ण कांसे आदि के चिह्न हों अथवा शिला धातु युक्त हो या उनमें विविध प्रकार के चिह्न बने हों तो उसे प्रतिमा–कर्म के लिए भयावह कहा गया है।[54] विष्णुधर्मोत्तर पुराण में 'विमल शिला' की अच्छी व्याख्या की गयी है। इसके अनुसार विमल त्रिविध लोह, कांस्य और धातुयुक्त हैं। लोहयुक्त विमल शिला दुष्ट होती है और जन का क्षय करने वाली होती है। कांस्य युक्त शिला जन और मान का विनाशिनी है। हेम शिला दुर्भिक्ष लाने वाली होती है।[55]

शिला परीक्षण

नारदीय संहिता तथा अनेक अन्य वैष्णव–संहिताओं में शिला–संग्रह के निमित्त गमनविधि, शुभाशुभ फलनिमित्तक वस्तु–दर्शन–विवरण तथा शिला संग्रह प्रयोग का भी विस्तृत विवेचन किया गया है।[56] शिला–संग्रह के पूर्व उसके परीक्षण का विधान है। यह प्रतिमा–विज्ञान का विषय है। कुछ शिलाएँ गर्भयुक्त होती है। इन शिलाओं के गर्भ में कुछ जन्तु विशेष निवास करते हैं। किस गर्भयुक्त शिला में किस जन्तु का आवास है, यह परीक्षण के द्वारा जाना जा सकता है।

परीक्षण के द्वारा शिलागर्भ में उपलब्ध जन्तु–विशेष के आधार पर पृथक–पृथक उसके फल भी होते हैं। इस विषय को अधोलिखित तालिका के द्वारा स्पष्ट देखा जा सकता है–

शिलास्थित मण्डल वर्णादि	**शिलास्य जन्तु**	**फल**
पद्मवर्ण मण्डल	रक्तपांसु	अनावृष्टि
श्वेतपद्मवर्ण मण्डल	श्वेतपांसु	अनावृष्टि
स्निग्ध तथा कपिल वर्ण	कूर्म	++++
रुक्षाशिला	फेन	++++
कपोत सदृश शिला	गृहगोली	नैर्धन्य
मांजिष्ठ–सदृश शिला	रक्तदर्दुर	++++
शुक्लपिंजर वर्ण	रक्तपीत कच्छप	––––
कुसुम्भपीत वर्ण	पीतदर्दुर	अनारोग्य
शुक्लपीत वर्ण	पीतकृकलास	अनायुष्य
अयस–सदृश वर्ण	गोधा	दुर्भगत्व
गुडवर्ण शिला	पाषाण	––––
मधुवर्ण शिलाखद्योत		
गोत्रहानि		

सारंगवर्ण	वृश्चिक	कलह
निस्त्रिशवर्ण	सलिल	गर्भहानि
नीलवर्ण	शलभ	————
रुक्ष	मूषिका	पुत्रनाश
कृष्णवर्ण	कृष्ण सर्प	विषमरण
श्यामवर्ण	मत्स्य	————
मधुप्रभ	इन्द्रगोप[57]	————

इस प्रकार वर्णादि के अनुसार मण्डलादियुक्त शिलाओं में स्थित गर्भ का निर्देश किया गया है, जिसमें विविध वस्तुएँ होती हैं। इनके अन्तः स्थित वस्तुओं का ज्ञान शिला की परीक्षा द्वारा सम्पादित होता है। इसके लिए मण्डलयुक्त शिला के ऊपर निर्धारित वस्तुओं के प्रलेप का लेप किया जाता है। एक रात के बाद शिला के वर्ण का निरीक्षण करते हैं और वर्णादि के अनुसार गर्भस्थ जन्तु आदि की जानकारी प्राप्त होती है, प्रलेप–वस्तुएँ सामान्यतः चार प्रकार से तैयार की जाती हैं जैसे– 1–करण्टक 2–अर्जुनरस 3–तुलसीमूल 4–किंशुकबीज इन सब को समभाग में पीसकर **भैंस के दूध** में मिलाकर प्रलेप तैयार किया जाता है। प्रलेप तैयार करने की दूसरी विधि में 1–विष्णुक्रान्ता 2–ब्रह्मदण्डि 3–इन्द्री 4–चित्रशूलिनि को **अजाक्षीर** में पीसकर प्रलेप तैयार करते हैं। इस प्रलेप को भी शिला के ऊपर लेपकर एक रात छोड़ देते हैं और फिर उसके वर्ण के अनुसार गर्भस्थ जन्तु का ज्ञान प्राप्त करते हैं। प्रलेप तैयार करने की तीसरी विधि के अनुसार 1–धातु 2–कांस्य 3–सीसा को **गोक्षीर** के साथ पीसकर प्रलेप तैयार किया जाता है। शिला के ऊपर इस प्रलेप का लेप करने के बाद यदि रक्त उपल दीख पड़े तब तीन रातों तक उसको उसी प्रकार रख कर गर्भ–निर्देश किया जा सकता है। शिला परीक्षण के चौथे उपाय में मसी तीन पल, कुष्ठ, मुस्त तथा कर्बीर समभाग लेकर **स्त्री–दूध** के साथ पीसकर शिला पर लेप करने के बाद यदि वह सिमसिमाता हो तब उसमें गर्भ का निर्देश किया जाना चाहिए।[58] शिला–गर्भ–परीक्षण के लिए महिषज, नवनीत तथा मेष का चूर्णित श्रृंग और कुर्विन्द का चूर्ण पीसकर तथा गोदुग्ध के साथ मिलाकर शिला के ऊपर सर्वतः लेप करने का विधान भी है। इस लेप के बाद गर्भ व्यक्त होता है।[59] शिलाओं के गर्भ–परीक्षण की जो विधि नारदीय संहिता में विहित है, प्रायः उससे मिलती–जुलती विधि का निर्देश कुछ अन्य वैष्णवागमों में देखते हैं।[60] इस प्रकार गर्भ परीक्षण के अनन्तर ज्ञात अशुभ की शान्ति के लिए होमादि आवश्यक है।

गर्भयुक्त शिला से प्रतिमा–कल्पन सर्वथा निषिद्ध है। गर्भयुक्त शिला से प्रतिमा–कल्पन करने वाले का सर्वनाश होता है।[61] अतः गर्भयुक्त से प्रतिमा–निर्माण करने वाले को उस

दोष–शान्ति के लिए अवश्य ही प्रायश्चित करना चाहिए। प्रायश्चित के साथ ही दोषयुक्त शिला से कल्पित प्रतिमा को हटाकर उसके स्थान पर निर्दोष शिला–कल्पित प्रतिमा की प्रतिष्ठा की जानी चाहिए।[62]

सात्वत–संहिता तथा ईश्वर–संहिता ने सामान्यतः गुणवती कार्यक्षम शिला–संग्रह का निर्देश किया है। अतिवृद्ध तथा परिक्षीण त्वक शिला तथा वृक्ष का ग्रहण निषिद्ध है। यहाँ भी शिला के वे ही सब दोष कहे गये हैं, जो नारदीय संहिता में वर्णित हैं पर, नारदीय संहिता में दोषस्वरूप, उसके ज्ञान के उपाय तथा फलादि विषय क्रमिक रूप से उल्लिखित है, जबकि इन संहिताओं में उस तरह से क्रमिक तथा विस्तृत वर्णन नहीं उल्लिखित है। यहाँ सामान्यतः ग्राह्य शिला का निर्देश किया गया है। सात्वत तथा ईश्वर दोनों संहिताओं में विषय का वर्णन समान है।[63]

प्रशस्त शिलाओं के प्रसंग में यहाँ ध्यान देने योग्य है कि विष्णुधर्मोत्तर पुराण में श्वेत वर्ण की, कुसुम वर्ण की, काली मिर्च के समान काली, कपिलवर्ण की, मृग के वर्ण की, कपोत वर्ण की तथा भ्रमर के समान काली इन आठ प्रकार की शिलाओं को प्रशस्त शिलाएँ कहा गया है। इसके अतिरिक्त अत्यन्त काली तथा हीरे के समान श्वेत शिला धन–संपदा, पुत्र–पौत्रादि की वृद्धि प्रदान करती है। श्वेत वर्ण की शिला में यदि कृष्णवर्ण के या रक्तवर्ण के चिह्न हो तो वह शिला दोषयुक्त है। श्वेतवर्ण की शिलाओं में हीरे के समान वर्ण वाली शिला सर्वोत्तम मानी गयी है यथा–

श्वेतश्च पद्मवर्णश्च कुसुमोषरसन्नियम्।
पाण्डुरोमुद्गवर्णश्च कापोतो भृंग सन्निभः।।
ज्ञेया प्रशस्ता पाषाणा अष्टावेते न संशयः।
कृष्णवर्णा शिलायातु शुक्ला हीरकसंयुता।।
सा शिला श्रीकरी ज्ञेया पुत्रपौत्रविवर्धिनी।
सर्ववर्णेषु शुक्लेषु प्रशस्तं हीरकं स्मृतम्।[64]

शिला-संग्रह प्रशस्त काल

वैष्णवागमों में शिला–संग्रह के प्रशस्त काल का निर्धारण किया गया है साथ ही दिनादिन निर्देश किये गये हैं। शिला संग्रह के प्रशस्त काल का निर्देश पाद्म संहिता से विस्तृत रूप में किया गया है। इसके अनुसार पुण्य नक्षत्र में, पुण्य तिथि को, पुण्य वार को यजमान के अनुकूल, सभी शकुनों को ध्यान करते हुए शिला संग्रह के लिए प्रस्थान करना चाहिए। यजमान को गुरु की श्रद्धा पूर्वक पूजा अर्चन कर, रथकार और अन्य शुभ जनों का भी पूजन कर ब्राह्मण आदि को भोजन करा कर, सब प्रकार से सन्तुष्ट होकर

शिला संग्रह करना चाहिए।[65] प्रतिमा के लिए शिला का संग्रह कर्म शुभ दिन, मुहुर्त और शकुन में शान्तचित से करना चाहिए। इसके विपरीत स्थिति में नही।[66] इसीतरह का मन्तव्य विष्णुधर्मोत्तर पुराण में भी वर्णित है।[67] उत्तरायण मास में शुक्ल पक्ष में, शुभ दिन में, प्रशस्त काल, नक्षत्र और शुभ मुहुर्त में प्रतिमा द्रव्यों को वन, तपोवन और गिरि से लाना चाहिए।[68] शिला–विशेष के संग्रह का काल–निर्देश भी वर्णित है। श्वेताब्जाभा सौम्या शिला विप्र के द्वारा मृगनक्षत्र में, कलुत्थ की आभावाली एन्द्री शिला क्षत्रिय द्वारा ज्येष्ठा नक्षत्र में, पीत या हरितवर्ण शिला विंशों के द्वारा फाल्गुनी नक्षत्र में, मुद्गाम कृष्णवर्ण शिला शूद्रों के द्वारा अश्विनी नक्षत्र में ग्राह्य कही गई है। हरितवर्ण शिला का देवता **भग** तथा कृष्णवर्ण शिला का देवता **अश्वि** कहे गये हैं।[69]

शिला-दोष तथा फल, शिला-प्रतिमा दोष तथा फल

सनत्कुमार–संहिता में शिला तथा शिला–कल्पित प्रतिमा के पृथक–पृथक सात दोष तथा उसके अनुसार पृथक–पृथक सात फलों का निर्देश अधोलिखित रूप से किया गया है–

शिला दोष	**फल**
1– शिरा	सम्पदानाश
2– विवरा	राष्ट्रविग्रह
3– अवर्ता	दुर्भिक्ष
4– ग्रन्थि	राष्ट्रविप्लव
5– मण्डल	सर्वदोष
6– गर्भा	सर्वधनक्षय
7– रुक्षा	धनापाय

शिला–प्रतिमा–दोष	**फल**
1– आधिक्य	व्याधि
2– हीनत्व	धनक्षय
3– स्फुट	प्राणनाश
4– वक्र	सर्वसन्ताप
5– स्थूल	व्याधि
6– कृश	द्रव्यकृशता
7– सुषिर	स्वामिनाश[70]

वशिष्ठसंहिता में इन सात शिला–दोषों तथा प्रतिमा–दोषों के अतिरिक्त कुछ अन्य दोषों का भी उल्लेख किया गया है। यहाँ निर्दिष्ट कुल 10 दोष हैं। इन दोषों के फल सनत्कुमार–संहिता में उक्त फल के समान है।[71] अतः शिला–प्रतिमा–कल्पन के अवसर में शिला तथा प्रतिमा–दोषों को दृष्टि में रखकर ही प्रतिमा का निर्माण किया जाना चाहिए।

प्रतिमोपादान द्रव्य-लौह

प्रतिमोपादान–द्रव्य शिला के बाद प्रतिमोपादान द्रव्य के रूप में लौह का निर्देश आता है। आगम या शिल्पशास्त्रीय ग्रन्थों में प्रतिमोपादान लौह–द्रव्य कहने से केवल अयस का ही बोध नहीं होता, अपितु लौह–द्रव्य से सुवर्ण, रजत, ताम्र, तथा आरकूट आदि धातुओं का बोध होता है।[72] शिल्पशास्त्रीय ग्रन्थों में आठ लोह धातुओं का विवरण प्राप्त होता है। ये आठ धातुएं स्वर्ण, रजत, ताम्र, पीतल, कांसा, सीसा, लौह तथा त्रयापुंष हैं।[73]

लौह–द्रव्य दो तरह के कहे गये हैं– 1–शुद्ध 2–मिश्र। शुद्ध द्रव्य प्रशस्त तथा मिश्र द्रव्य वर्ज्य कहा गया है। सामान्यतः लौह–द्रव्य से अर्द्धचित्र प्रतिमा का कल्पन निषिद्ध है। प्रतिमोपादान–द्रव्यों में लोहज द्रव्य अन्य द्रव्यों की अपेक्षा निर्दुष्ट होता है।[74] वर्णों के अनुसार ब्राह्मणों के लिए सुवर्ण, रजत तथा ताम्र, क्षत्रियों के लिए सुवर्ण तथा वैश्यों के लिए रजत तथा ताम्र, शूद्रों के लिए ताम्र अथवा सभी वर्णों के लिए ताम्र विहित है।[75] वशिष्ठसंहिता ने अधोलिखित रूप में प्रतिमोपादान लौह–द्रव्यों का विवरण दिया है–

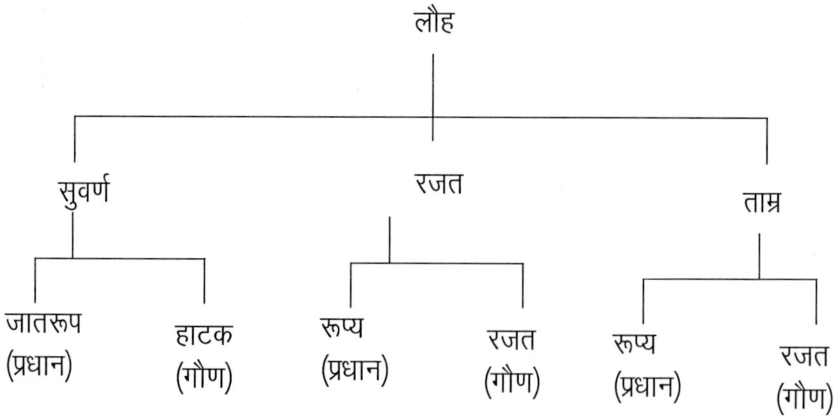

इन धातुओं में सुवर्ण, रजत तथा ताम्र द्रव्यों से मधूच्छिष्ट–क्रिया के द्वारा बिम्ब–कल्प किया जाता है। कुछ संहिताओं में सामान्य रूप से मधूच्छिष्ट–क्रिया का वर्णन किया गया है।[77]

प्रतिमोपादान द्रव्य-रत्न

प्रतिमा–कल्पन हेतु प्रतिमोपादान द्रव्य में रत्न का भी स्थान सर्वाधिक महत्वपूर्ण रहा है। इस द्रव्य को प्रतिमा कल्पन हेतु उत्तम बताया गया है। देवतामूर्ति प्रकरण में आठ रत्नों स्फटिक, पद्मराग, वज्र, नील, हिरण्य, वैदूर्य, विद्रुम तथा पुष्प बिम्ब कल्पन का निर्देश है।[78] प्रतिमोपादान–द्रव्यों के निर्देश–क्रम में मणि को भी अन्यतम प्रतिमोपादान द्रव्य कहा गया है। मणिजार्चा तीन प्रकार की होती है–

1– चन्द्रकान्तमयी
2– सूर्यकान्तमयी
3– स्फटिकमयी

इन तीनों में पूर्व–पूर्व गरीय होती है। मणिमय बेर–कल्पन में अर्द्धचित्र, चित्र या चित्राभास, बेरशिला के आधार पर बनाये जाते हैं। अर्थात् मणिमय बेर का आधार शिला होती है।[79]

प्रतिमोपादान द्रव्य-दारु

प्रतिमा के उपादान–द्रव्यों में तृतीय द्रव्य दारु है। जिस प्रकार प्रतिमा–कल्पन के लिए कुछ शिलाएँ ग्राह्य तथा कुछ अग्राह्य कहीं गई हैं, उसी प्रकार कुछ दारु ग्राह्य तथा कुछ दारु अग्राह्य कहे गये हैं। प्रतिमा बनाने वाले को चाहिए कि अनुकूल दिन में, दैवज्ञ के द्वारा विशोधित मुहूर्त में, यात्रा प्रकरण में विहित शुभ शकुन को देख कर प्रतिमा बनाने हेतु लकड़ी लाने के लिये वन में प्रवेश करे।[80] पौष्कर–संहिता में ग्राह्य दारुओं का विस्तृत विवेचन है। इनके अनुसार लक्षणों से उपेत, अक्षत, सरल, दृढ़, फल तथा पुष्पप्रद, स्थूल क्षीरी, विविधजातीय, यज्ञोपयुक्त वृक्ष प्रतिमोपादान के रूप ग्राह्य है। इस क्रम में चन्दन, स्यन्दन, सुरभिचन्दन, अगरु, कर्णिकार, काश्मर्य, रक्तचन्दन, बिल्व, आमलक, चूत, तालवर्णक, सिंहिका, श्रीपर्णी, नारिकेल, नागमातृका, पीनक, गव्य, कपित्थ, तमालक, बदर, खदिर, फल्गु, मधूक, किंशुकद्रुम, फालबेत, खर्जूर, नीय, नारंग, शिंशुप, पिप्पल, अश्वत्थ, पिप्पली, सुरदारु, हरितिक्य, वकुल, उदुम्बर, काला, पुष्पकुल, बेर तथा अन्य फलवृक्ष फालस्य भूर्जवृक्ष, पलाश, कृतमर्दक, तिन्दुक, बीजसार, मातुलुंगद्रुम, राजवृक्ष, कोहितक, सुनाभि, कुटक, अर्जुन, साल, कुटज, शाक, शमी, श्रीवेष्ट, केतक, असन, स्यन्दन तथा सारयुक्त यज्ञीय वृक्ष स्थापनादि कर्म में ग्राह्य कहे गये हैं। इसीप्रकार का विवरण रूपमण्डन में भी प्राप्त होता है।[81] प्रतिमा–कल्पन के लिए दारु का परिमाण एक–एक ताल की वृद्धि से द्वादशतालान्त पुनः षोडश तालयुक्त होना कहा गया है।

उपर्युक्त वर्णित वृक्ष दो भागों में विभक्त है। कुछ तो प्रतिमा–कल्पन के लिए ग्राह्य हैं और अन्य सभी स्थापनादि सामान्य कर्म में ग्राह्त्य कहे गये हैं। स्थापनादि कर्म में आवश्यक काष्ठकल्पित विविध पात्रादि तथा अग्नि–कार्य के लिए आवश्यक समिधादि काष्ठ का समावेश है। काष्ठकल्पित पात्र से यज्ञ में प्रयोग होने वाले स्रुक तथा स्रुवा आदि पात्रों का ग्रहण अपेक्षित है। स्थापना–क्रम में ग्राह्य दारु से पीठ, प्रासाद, प्रकार, शयन, आसनादि उपकरण तथा यात्रार्थ रथादि एवं केतुदण्डादि के उपादान–द्रव्य का निर्देश है।[82]

बिम्ब के लिए अग्राह्य दारु के रूप में श्मशान के मार्ग, देवालय, वल्मीक, उपवन और तपस्वियों के आश्रम में उत्पन्न, चैत्य, नदियों के संगम–स्थान में उत्पन्न, घड़ों के जल से सिंचित, कुबड़े अन्य वृक्षों के संयोग से पीड़ित, बिजली से भग्न, वायु से भग्न, हाथियों से भग्न,[83] स्वयं शुष्क, स्वयं भग्न, हतत्वक्, वक्र, कोटर तथा वर्ण युक्त, चतुष्पथ में विद्यमान, पक्षी आवास युक्त, शुष्काग्र, अनल, कुंजर, तथा अशनि से आहत या दूषित, पशुओं से सेवित, महापथ पर छायादायक वृक्ष, एकशाखा, द्विशाखा तथा त्रिशाखा, चाण्डाल तथा अन्त्यजों से निवेसित, शीर्णपर्ण, मार्गस्थ, अन्यवृक्ष–समावृत्त, कूपस्थ, तड़ागस्थ तथा विक्रीत वृक्ष सर्वथा वर्जित कहे गये हैं। इन निषिद्ध दारुओं से प्रतिमा निर्माण करने वाला या कराने वाला दोनों सपरिकर नष्ट होते हैं।[84]

पाद्म संहिता, सनत्कुमार संहिता, कपिंजल–संहिता, विष्वक्सेन–संहिता, पुरुषोत्तम संहिता तथा विष्णु संहिता में भी ग्राह्य वृक्षों का परिगणन किया गया है। ये वृक्ष सामान्यतः वे ही हैं, जो पौष्कर संहिता में परिगणित हैं।[85] नारदीय संहिता में संक्षेप रूप में ही इनका वर्णन करते हुए दृढ़मूल, रोगवर्जित नदी–संगम–तीर्थों में, पर्वतों पर, वनों में, पुण्योद्यानों में उगे हुए, कण्टकादिवर्जित, चन्दनादि के सार तथा दृढ़ भाग वाले वृक्ष को प्रतिमा–कल्पन के लिए ग्राह्य कहा गया है।[86] ईश्वर संहिता ने त्याज्य वृक्षों में उन्हीं वृक्षों का परिगणन किया है, जिनका निर्देश पौष्कर–संहिता में किया गया है।[87] प्रतिमा–कल्पनार्थ ग्राह्य वृक्षों के संग्रह के लिए सामान्यतः वे ही स्थान बताये गये हैं, जो शिला–संग्रह के लिए निर्दिष्ट हैं।[88]

वैष्णव आगमों में प्रतिमा निर्माण के सम्बन्ध में वृक्षों के पूजन आदि के सन्दर्भ उल्लिखित हैं। ग्राह्य वृक्ष को खीर, लड्डू, भात, दही, उल्लोपिका आदि भक्ष्य वस्तुयें, पुष्प और सुगन्ध द्रव्यों से वृक्ष की पूजा करने के उपरान्त रात्रि में देवता, पितर, पिशाच, राक्षस, नाग, सुरगण, गणेश आदि की पूजा करने के पश्चात् वृक्ष को स्पर्श करके वक्ष्यमाण मन्त्र का पाठ करना चाहिए।[89] प्रतिमार्थ ग्राह्य वृक्ष के छेदन से पूर्व वृक्ष की प्रार्थना करते हैं। वृक्ष की पूजा के प्रसंग में होमादि के प्रयोग का विधान है। बृहत्संहिता में निर्देश है कि हे वृक्ष! अमुक देवता की पूजा के लिए कल्पित किये हुए मैं नमस्कार करता हूँ, मेरे द्वारा की गई विधिपूर्वक इस पूजा को आप ग्रहण करें तथा इस वृक्ष पर जो प्राणी निवास करते हैं,

वे सब विधिपूर्वक इस पूजा को ग्रहण करके कहीं अन्यत्र अपना निवास स्थान कल्पित करें, आज वे सब मुझे क्षमा करें, उनको मैं नमस्कार करता हूँ।[90] इसके पश्चात् प्रातः काल जल से सींच कर शहद और घृत से चुपड़े हुए कुठार से पहले ईशान कोण में काट कर शेष को प्रदक्षिण क्रम से काटना चाहिए।[91] यदि कटा हुआ वृक्ष पूरब, ईशान कोण या उत्तर दिशा में गिरे तो वृद्धि करने वाला होता है। नैर्ऋत कोण में गिरे तो रोग, आग्नेय कोण में गिरे तो अग्निदाह, दक्षिण दिशा में गिरे तो रोग, पश्चिम दिशा में गिरे तो रोग और वायव्य कोण में गिरता है तो घोड़े का नाश होता है।[92] वृक्ष की शाखाओं के छेदन के बाद वृक्ष काटने का विधान है। शिला–गर्भ की तरह वृक्ष गर्भ का परीक्षण होता है। फिर दारु का सिंचन कर गुरु को दक्षिणा–प्रदान किया जाता है और काटा हुआ वृक्ष आलय में लाते हैं। उसी दारु से रथकार प्रतिमा–कल्पन करता है।[93] कुछ स्थलों में दारु का अधिवासन तथा अर्चन कर उसके पश्चात् बिम्ब–कल्पन का विधान है।[94]

यहाँ यह ध्यानार्ह है कि वृक्ष की दिशाओं की तरह ही प्रतिमा को स्थापित करना चाहिए। वृक्ष के उर्ध्व भाग से प्रतिमा का उर्ध्व भाग और वृक्ष के अधोभाग से प्रतिमा का अधोभाग निर्मित करना चाहिए। अतः अभिष्ट वृक्ष को काटने से पूर्व उसमें सभी दिशाओं का चिह्न लगा देना चाहिए।[95]

प्रतिमोपादान द्रव्य-मृद्

प्रतिमा–कल्पन के लिए चतुर्थ उपादान द्रव्य मृद् है। प्रतिमा निर्मित करने के लिए मृद का प्रयोग अत्यन्त प्राचीन काल से चला आ रहा है। वह ब्रह्मणादि चार वर्णों के आधार पर चार प्रकार का कहा गया है। ब्राह्मण, क्षत्रिय, वैश्य तथा शूद्र इन चार वर्णों के लिए प्रतिमोपादान–द्रव्य के रूप में क्रमशः शुक्ल, रक्त, पीत तथा कृष्ण वर्ण मृद् ग्राह्य होता है। प्रतिमोपादान–रूप में मिश्रित मृद् अग्राह्य है।[96] सनत्कुमार–संहिता में भी चार प्रकार की मृत्तिकाओं का निर्देश पूर्वोक्त क्रम से वर्ण के आधार पर ही किया गया है, पर इसका क्रम कुछ भिन्न है। इसके अनुसार शूद्र के लिए कृष्णवर्ण; वैश्य के लिए कृष्ण तथा पीतवर्ण; क्षत्रियों के लिए कृष्ण, पीत एवं रक्त वर्ण; तथा ब्राह्मण के लिए कृष्ण, पीत, रक्त तथा शुक्ल इन चार वर्णों की मृत्तिका स्वीकार्य है। यहाँ निर्दिष्ट मृत्तिकाएँ अनुलोम क्रम से ग्राह्य तथा प्रतिलोम क्रम से अग्राह्य कही गई हैं।[97] मृद् ग्रहण के लिए ये स्थान निर्दिष्ट है– नदीतीर, पर्वत, उद्यान, देवालय अथवा तीर्थ–क्षेत्र। नदी संगम भी मृद्–संग्रह के लिए उपयुक्त स्थल कहा गया है।[98]

मृद–संग्रह के पश्चात् उसके संस्कार का प्रसंग आता है। संस्कार क्रम में सम्यक् मर्दित मृद् में कुछ अन्य पदार्थों का संमिश्रण करते हैं। यह कार्य निर्वात स्थल में पट पर मृत्तिका रखकर किया जाता है। सर्वलोहमय तथा पाषाण–चूर्ण को शर्करा–चूर्ण के

साथ मर्दन कर मृत्तिका में सम्मिलित करते हैं। उसके बाद कषायों से उसका सेचन करते हैं। श्रीवेष्ट, कुमकुम, कुष्ठ, कटुक–त्रय, यथालाभ चूर्ण कर मृत्तिका में मिलाते हैं। उसके बाद एक महीने या दो महीने तक उसका अधिवास (परिवास) करते हैं। पुनः उस अधिवासित मृत्तिका में दधि–सम्मिश्रण करते हैं। दधि–मिश्रित मृत्तिका का पुनः एक महीने तक अधिवास करने से मृद् बिम्ब का उपादान–द्रव्य तैयार हो जाता है।[99] कुछ स्थानों में भी प्रतिमा के लिए उपादान–द्रव्य मृत्तिका का संस्कार निर्दिष्ट है। सनत्कुमार–संहिता के अनुसार निर्दिष्ट स्थल से मृदसंग्रह के पश्चात् उसे गर्त में रखते हैं। उसमें मृत्तिका का चतुर्थांश लोह, पाषाण तथा शर्करा–चूर्ण मिश्रित करते हैं तदनन्तर अर्जुन तथा खादिर के कषाय से उसका सेचन किया जाता है। कषाय के साथ आलोडित द्रव्य मास–पर्यन्त अधिवासित होता है। मृत्तिका में कुमकुम, कुष्ठ, श्रीबेर, कटुकत्रय अच्छी तरह पीसकर मिलाते हैं। इस प्रकार प्रतिमा–कल्पन के लिए मृद् तैयार हो जाता है।[100] विष्णुसंहिता के अनुसार अधिवास काल एक महीना या दो महीने हो सकता है।[101] विष्वक्सेन–संहिता में भी मृद्–संस्कार की प्रक्रिया सामान्यतः ऐसी ही कही गई है।[102] इस प्रकार प्रतिमोपादान–द्रव्य मृद् के संस्कार की प्रक्रिया सभी पांचरात्र–ग्रन्थों में नाम मात्र भेद के साथ ही सामान्य रूप से समान है।

मृद्बिम्ब दो प्रकार के होते हैं, 1–पक्व 2–अपक्व। अपक्व मृद्प्रतिमा प्रशस्त कही गई है। मृण्मय पक्व बिम्ब को सर्वथा गृहित कहा गया है।[103]

मृद्–प्रतिमा–कल्पन के लिए आवश्यक उपादान–द्रव्यों में मृद् के अतिरिक्त कुछ अन्य द्रव्य भी अपेक्षित होते हैं। मृद्–प्रतिमा–कल्पन के लिए आधार रूप में शूल की आवश्यकता होती है। गर्भगृह में शूल–कल्पन के निमित्त पीठ का निर्माण करते हैं। शूल सर्वदा रत्नन्यास के अवसर में न्यस्त रत्नों को स्पर्श करता हुआ होता है। **मृद्प्रतिमा यदि स्थानक होती है तो उसमें जानु–सन्धि नहीं होती।** अन्यत्र जानु–सन्धि का विधान है। शूलदण्ड की संख्या न्यूनातिन्यून एकादश(11) तथा अधिकतम एकोनविंश (19) कही गई है। नारिकेल–त्वक्–कल्पित रज्जुओं के द्वारा शूलदण्ड को अच्छी तरह बाँधते हैं। जिस प्रकार मानव शरीर में शिरा होती है उसी प्रकार प्रतिमा–शूल में रज्जूबन्ध होता है। शूल पर रज्जूबन्ध के बाद उसके ऊपर धीरे–धीरे मृल्लेप तथा पुनः रज्जुबन्धन का निर्देश है। इस तरह तीन बार रज्जुबन्ध तथा तीन बार मृल्लेप किया जाता है। अनन्तर धीरे–धीरे प्रतिमा के ऊपर मृल्लेप कर प्रतिमा को पुष्ट बनाते हैं। इस कर्म के लिए कुशल कुलाल या शिल्पी अधिकृत व्यक्ति है। कुलाल तथा शिल्पी के अभाव में अन्य कोई प्रवीण व्यक्ति भी यह कार्य कर सकता है। प्रतिमा सुन्दर कपाल तथा अन्य सुन्दर अंगों से युक्त होनी चाहिए। इस प्रकार प्रतिमा समदृष्टि, प्रसन्नानन, हास्यमुख कल्पित होनी चाहिए। **उर्ध्व या अधोदृष्टि प्रतिमा को सर्वदा वित्तनाशक कही गई है।** अतः प्रतिमा का

निर्माण सर्वदा समदृष्टि–रूप में ही किया जाना चाहिए।[104] मृद्प्रतिमा में मानव शरीर की तरह अधोलिखित तत्वों की कल्पना की गई है–

शूल – अस्थि
रज्जु – शिरा
मृद् – मांस
पट – त्वक्

प्रतिमा में शरीर की तरह 64 शिराएँ निर्दिष्ट हैं।[105] शूल के लिए चन्दनादि स्थिर दारु ग्राह्य कहे गये हैं। शूल–कल्पन एक जातीय वृक्ष से किया जाना उत्तम है। पर्वयुक्त दारु से मृद्प्रतिमा का शूल–कल्पन मध्यम तथा नाना जातीय वृक्षों से शूल–कल्पन अधम होता है। पाद्मसंहिता में शूल के परिमाणादि का विस्तृत वर्णन हुआ है।[106] प्रतिमा की दृढ़स्थिति के लिए उपशूल का कल्पन करते हैं। ब्रह्मा, विष्णु तथा शिव की प्रतिमा दशतालमान से, अन्य देवताओं की प्रतिमा नवतालमान से तथा पुरुष एवं स्त्री–देवताओं की प्रतिमाएँ अष्टतालमान से कल्पित होती। आसन तथा शयन–प्रतिमा–कल्पन के लिए पृथक–पृथक पंचदश (15) शूल दण्ड निर्दिष्ट है। स्थानक प्रतिमा के लिए शूलदण्ड की संख्या सप्तदश (17) कही गई है। शयन–बिम्ब के लिए एकोनविंश (19) शूलदण्डों का भी विधान है। **शयन–बिम्ब में पाद–शिला–कल्पन निषिद्ध है।**[107]

सनत्कुमार–संहिता ने **मृण्मयी प्रतिमा के विविध वर्णों** का निर्देश किया है। इसके अनुसार आसन–प्रतिमा का वर्ण रक्त या पीत, शयन–बिम्ब का श्याम या हरित तथा यानग प्रतिमा का वर्ण हरित ही होना चाहिए। यह वर्ण क्रम कृतयुग के लिए कहा गया है। शूद्र, क्षत्रिय आदि वर्णों के आधार पर भी प्रतिमा के वर्ण का निर्देश किया गया है। कृतयुग में शूद्र के लिए प्रतिमा का वर्ण श्याम, विप्र तथा क्षत्रिय के लिए प्रतिमा का वर्ण पीत, हरित या श्याम कहा गया है। त्रेतायुग में वैश्य के लिए प्रतिमा का वर्ण हरित या श्याम तथा शूद्र के लिए प्रतिमा का वर्ण श्याम कहा है। द्वापर में द्विजातियों के लिए प्रतिमा का वर्ण पीत या श्याम कहा गया है। कलियुग में सबके लिए प्रतिमा का वर्ण श्याम कहा गया है।[108]

वर्ण के आधार पर देवता निर्दिष्ट किये गये हैं। श्वेत वर्ण के देवता पृथ्वी, पीत वर्ण के अपु, रक्तवर्ण के देवता तेज, हरितवर्ण के देवता वायु तथा कृष्णवर्ण के देवता आकाश हैं। वर्णों का विभाग अधोलिखित कहा गया है। वर्ण तीन तरह के होते हैं–

1. धावत (उत्तम)
2. वृक्षसम्भव (मध्यम)
3. संयोगज (अधम)।

दूसरे प्रकार से भी वर्ण शुद्ध होता है। अनुवर्ण प्रायः शुद्धिवर्जित होता है। शुक्ल, रक्त, पीत तथा कृष्ण– ये चार वर्ण भी संकर रूप से द्विविध होते हैं। श्वेत (शुक्ल) दो तरह का होता है 1–श्वेत 2–वलर्क्ष। शुक्ल के पर्यायवाची शब्द हैं– शंख, गोक्षीर तथा कुन्दाभ। वलर्क्ष के लिए मुक्ता, स्फटिक तथा चन्द्राभ– ये तीन पर्यायवाची शब्द कहे गये हैं। रक्तवर्ण दो तरह का होता है– 1–अरुण 2–शोण। अरुण के लिए जया, शोणित शब्द का प्रयोग होता है। शोण के लिए किंशुक तथा अशोक–संकाश ये दो शब्द कहे गये हैं। पीतवर्ण दो तरह के होते हैं– हरित एवं पीत। मनःशिला तथा हरिताल– ये दो शब्द हरित वर्ण के लिए प्रयुक्त होते हैं। पीतवर्ण के लिए हरिद्रा तथा कुंकुमाभ– ये दो कहे गये हैं। कृष्ण श्याम तथा कृष्ण भेद से दो तरह का होता है। श्याम का बोध दूर्वा तथा मर्कताभ शब्द से होता है। कृष्णवर्ण के लिए इन्द्रनीलनिभ तथा कृष्ण– ये दोनो शब्द भी निर्दिष्ट हैं। शुक्ल वर्ण के साथ रक्तवर्ण के मिश्रण से बना हुआ वर्ण बभ्रु वर्ण कहा जाता है। पीत तथा कृष्ण के सम्मिश्रण से कालवर्ण का निर्माण होता है। पीत कृष्ण से युक्त शुक्लवर्ण को कुबेर वर्ण कहते हैं। जहाँ तक वर्णों के अन्य भेदों का प्रश्न है, उपर्युक्त के अतिरिक्त अन्य भी अनेक वर्ण होते हैं, जो परस्पर सम्मिश्रण से निर्मित होते हैं।[109]

अन्य उपादान-द्रव्य

प्रतिमा–कल्पनार्थ उपादान–द्रव्यों के वर्णन–प्रसंग में शिला, दारु तथा मृद् के विस्तृत विवेचन के पश्चात् प्रतिमा कल्पन के लिए प्रयुक्त कुछ अन्य उपादान–द्रव्यों का वर्णन प्रसंगात् ध्यान देने योग्य है। जयाख्य–संहिता ने पट पर प्रतिमा–निर्माण का निर्देश करते हुए पट–परिणाम का भी निर्देश किया है। प्रतिमोपादान के रूप में दो या एक हाथ का चतुरस्र कार्पास या क्षौम का अनाहत शुक्लवर्ण नव वस्त्र ग्राह्य है।[110] ईश्वर संहिता ने चित्रमय बिम्ब (चित्रभास) के लिए आश्रय के रूप में भित्ति, काष्ठ तथा अम्बर को स्वीकृत किया है। इस क्रम में अम्बर के चार भेद कहे गये हैं, जो उनके उपादान–द्रव्य के आधार पर स्वीकृत हैं। जैसे–

1– कार्पास
2– कौशेय
3– क्षौम
4– शाण।[111]

जयाख्य संहिता के अनुसार चित्र की कल्पना के लिए सर्वप्रथम सकर्णिक अष्टदल–कमल का कल्पन वर्णित है। यहाँ कर्णिका के मध्य में द्वादश अंगुल से आरम्भ कर त्रिंशत् अंगुल उच्छायान्त चित्र का निर्माण किया जाता है। इस विधि से लक्ष्मी तथा लोकेशादि परिवार देव से समावृत चित्र का कल्पन होता है।[112]

उपादान–द्रव्य–भेद आधारित बिम्ब–भेद में मणिज बिम्बों का निर्देश विवेचित किया है। ये मणिज बिम्ब वस्तुतः चित्राभास की तरह ही कल्पित होते हैं। **मणिजार्चा सौम्या, आग्नेयी तथा समाभेद** से तीन प्रकार की कही गई है। चन्द्रकान्तमयी बेर सौम्या, चन्द्रकान्तमयी (सूर्यकान्तमयी) बेर आग्नेयी तथा स्फटिकमयी बेर समा कही गई है। इन तीनों में पूर्व–पूर्व गरीयसी कही गई है। चित्राभास का कल्पन मणियों के द्वारा ही होना चाहिए। बहुबेर–विधान से इसका किया जाना विहित है। इसकी कर्मार्चा रजत होनी चाहिए और उसका निर्माण सर्वदा शुद्ध लोह से होना चाहिए।[113]

अस्तु वैष्णव आगमों के अनुशीलन से स्पष्ट है कि शिला, लौह, मणि, काष्ठ एवं मृद् से प्रतिमा निर्माण की विलक्षण व्याख्या की गयी है।

सन्दर्भ

1. बृहत्संहिता 58.30–56, जहाँ चार या आठ या दो बाहुओं वाली राम एवं विष्णु की मूर्तियों के विषय में तथा बलदेव, एकनंशा, ब्रह्मा, स्कन्द, शिव, गिरिजा, बुद्ध, जिन सूर्य, मात्रिका, वरुण एवं कुबेर की मूर्तियों के विषय में उल्लेख है।
2. मत्स्यपुराण, अध्याय 58–264 में, अग्निपुराण अध्याय 44.53 में, विष्णुधर्मोत्तर पुराण में 3.44 तथा अन्य पुराणों में, मानसार, हेमाद्रि कृत चतुर्वर्ग चिन्तामणि व्रतखण्ड, जिल्द 2–1, पृ0 76–222 एवं कतिपय आगम ग्रन्थों में, पन्द्रहवीं शताब्दी के सूत्रधार मण्डनकृत देवतामूर्ति प्रकरण में तथा अन्य पुस्तकों में प्रतिमा लक्षण के विषय में विस्तृत वर्णन उल्लिखित है।
3. विस्तृत विवरण के लिए द्रष्ट्व्य, काणे, धर्मशास्त्र का इतिहास, भाग–1, पृ0 392।
4. समरांगणसूत्रधार, 76.1
5. शिल्परत्नम्, 2.25–26
6. अधमाधकहि विज्ञेया मृण्मयी प्रतिमा च या।

   सर्वकाम प्रदा चैव रतनदा चोत्तमोत्मा।।

   ––स्कन्द पुराण, पूजा–प्रकाश, धर्मशास्त्र का इतिहास, भाग 2, पृ0 715
7. वृद्धहारीत, 8।183–189
8. पूजा–प्रकाश, पृ0 20–21
9. वेदान्तसूत्र–भाष्य, 1.2–7
10. राजतरंगिणी, 2.131 एवं 7.185
11. अथातः संप्रवक्ष्यामि प्रतिमाविधिमुत्तमम्।

    शिलामयी लोहमयी तथा रत्नमयीति च।।

    तथा काष्ठमयी चेति मृन्मयी चेति पंचधा।

    चतुर्वर्णा शिला प्रोक्ता चातुर्वर्ण्यक्रमणेतु।।

    ––सनत्कुमार संहिता, ब्रह्मरात्र 7.1.2; नारदीय संहिता 13.3–4, श्रीप्रश्न संहिता 18.3–4
12. श्रीप्रश्न संहिता 11.5; पाद्मसंहिता, क्रियापाद, 11.2
13. विश्वामित्र संहिता, 22.1

14. अनिरुद्ध संहिता, 12.9; भार्गव संहित, 4.7
15. हयशीर्ष संहिता, आदिकाण्ड, 1–2
16. शैली दारुमयी लौही लेप्यालेख्या च सैकती।
    मनोमयी मणिमयी प्रतिमाष्टविधा स्मृता ।।

    ––श्रीमद्भागवत 11 |27 |12
17. दारु–इष्ट–शिला–लोह सनेह भृद्धत शर्करा।
    दन्त यन्त्र क्रियाभास शिल्पिन दशधा क्रिया।।

    ––प्रतिमाविचार, आ0 श्रीनिवास अयंगार की मातृका। विस्तृत विवरण के लिए द्रष्ट्व्य चौधरी राघव प्रसाद, पांचरात्रागम, बिहार राष्ट्रभाषा परिषद, पटना, 1987, पृ0 146
18. विस्तार के द्रष्ट्व्य, वृद्धहारीत, 8.120
19. सौवर्णी राजती वापी ताम्री रत्नमयी तथा।
    शैलीदारुमयी चापि लोहसंगमयी तथा।।
    रीतिकाधातुयुक्तावा ताम्रकांस्यमयी तथा।
    शुभ दारुमयी वापी देवतार्चा प्रशस्यते।।

    ––मत्स्यपुराण, 258.20–21
20. विश्वामित्र संहिता, 22.1–2
21. विष्वक्सेन संहिता, 10.54–56
22. विमानार्चनकल्प, पटल 15
23. वशिष्ठ–संहिता, 4.2–6; नारदीय संहिता, 13.4–5; सनत्कुमार संहिता ब्रह्मरात्र, 7.2–3
24. प्रकीर्णाधिकार, 7.20
25. काश्यप–शिल्पशास्त्र, 49
26. खिलाधिकार, 7.60–62
27. वारूणी चैव माहेन्द्री आग्नेयी वायवी तथा।
    चतुस्तु शिलाः प्रोक्ताः तासांलक्षणमुच्यते।।

    ––विष्वक्सेन संहिता, 4.7
28. या पुष्पवन संकीर्णा जलाशयसमायुवृता।
    स क्षितिर्वारूणी ज्ञेया शिला तत्र तु वारूणी।।

    ––विष्वक्सेन संहिता, 4.8
29. यस्याश्चात्तरसंस्थायः व्रीहिक्षेत्रं तु दक्षिणे।
    पश्चिमें क्षीरवृक्षाश्च सा माहेन्द्री प्रकीर्तिता।।

    –– विष्वक्सेन संहिता, 4.9
30. पलाशाः खदिरा वृक्षाः काश्मर्यः पुष्प दक्षिणे।
    तित्तिर्यश्च कपोताश्च गृध्राश्चैव वसाशनाः।।
    भ्रमराश्च वराहाश्च दृश्यन्ते यत्र सन्ततम्।
    तोयमन्तर्गतां स्वल्पां तामाग्नेयीं प्रचक्षते।।

    ––विष्वक्सेन संहिता, 4.10–11

31. विल्वश्लेष्मातकाकीर्णा तथा स्नुहिविभीतके।
सृगाल यत्र दृश्यन्ते तथैव मृगतृष्णिका।।
तृणोदक विहीना च शर्करोषर संयुता।
वायवी सा क्षितिः प्रोक्ता शिलां तत्र तु वर्जयेत्।।
——विष्वक्सेनसंहिता, 4.12–13; नारदीय संहिता, 13.16–23; हयशीर्ष संहिता, आदिकाण्ड, 15.8–10
32. हयशीर्ष–संहिता, आदिकाण्ड, 15.13–17
33. वृद्धां बालां च चण्डालीं गर्भिणीं दुष्टभूमिजाम्।
शिलां त्यक्त्वा शुभामन्यां गृह्वीयाद् वर्णयोगतः।।
——विष्णु संहिता, 12.78
34. सूत्रपातं ततः कुर्याद् ग्राह्येच्छिल्पिभिः शिलाम्।
त्रिविधाश्च शिलाः प्रोक्तास्तन्त्रे पुंस्त्रीनपुंसकाः।।
——विष्वक्सेनसंहिता, 4.22
35. नारदीय संहिता, 13.50–57; सनत्कुमार संहिता, ब्र0 रा0, 7.22–26
36. स्त्रीलिंगेति च या प्रोक्ता सा भवेत् पादपीठिका।
शिलायाश्च शिरो ज्ञात्वा कारयेत् प्रतिमां ततः।।
——सनत्कुमार–संहिता, ब्रह्मरात्र, 7.27; नारदीय संहिता, 13.58–59
37. पुरुषोत्तम–संहिता, 5.74
38. निबिडावयवा स्निग्धा धीरशब्दा सुशीतला।
सुगन्धरसरूपाढया युवतिः सा सुशोभन।।
बाला शस्त्रासहा मृद्छी पिच्छिला पल्लावारिस्थिरा।
चण्डाली शुल्किनी वा स्याद् यस्यां न रमते मनः।।
सा मण्डूकरवण्डा च वृद्धा रुक्षातिझर्झरा।
बहुवर्णातिनीला च धूम्रा च स्थूलरोमिका।।
——विष्णुसंहिता, 14.10–13; हयशीर्ष–संहिता, आदिकाण्ड, 15.31–34
39. नारदीय–संहिता, 13.59–61; सनत्कुमार–संहिता, ब्रह्मरात्र, 7.27–28
40. नारदीय संहिता, 13–62
41. नारदीय संहिता, 13.63–65; वाशिष्ठ–संहिता, 4.30–33
42. पाद्मसंहिता, क्रियापाद, 11.73–74
43. हयशीर्षसंहिता, आदिकाण्ड, 15.18–22
44. पाद्मसंहिता, क्रियापाद, 11.38–41; हयशीर्ष संहिता, आदिकाण्ड, 15.11–13
45. नारदीय संहिता, 13.23–27
46. नारदीय संहिता, 13.6–9; हयशीर्ष संहिता, आदिकाण्ड, 15.3–7
47. विष्वक्सेन संहिता, 4.1–4
48. नारदीय संहिता, 13.13–15; सनत्कुमार संहिता, ब्रह्मरात्र, 7.4–6; पाद्मसंहिता, क्रियापाद, 11.44–46
49. विष्णुतिलक संहिता, 6.350–351
50. नारदीय संहिता, 13.10–13; सनत्कुमार संहिता, ब्रह्मरात्र, 7.7–10; पाद्मसंहिता, क्रियापाद, 11.41–44

51. निविडा निर्व्रणाऽमृद्वी सुगन्धा मधुरा शिला।
सर्वार्चालिंगपीठेषु श्रेष्ठा कान्तियुता च या।।

——रूपमण्डन, 1.3

52. श्वेताश्च पद्मवर्णश्च कुसुमोषरसन्निमम्।
पाण्डुरो मुद्गवर्णश्च कापोतो भृंगसन्निमः।।
ज्ञेयां प्रशस्ताः पाषाणाः अष्टोवेते न संशयः।

——विष्णुधर्मोत्तर पुराण, 3।90.21—22

53. श्वेता रक्ता च पीता च कृष्णा चैवचतुर्विधा।

——काश्यपशिल्प, 49—32

54. विमलं हेमकास्यादि चिह्नं लोहमयंच यत्।
तथाऽन्यद्विविधंचिह्नं प्रतिमायां भयावहम्।।

——रूपमण्डन, 1.41

55. विमलं त्रिविधं ज्ञेयं लोहं कांस्यं च हेमजम्।
या लोहविमलैर्जुष्टा सा जनक्षयकारिणी।।
कांस्याभविमलोपेता जनमान विनाशिनी।
हेमयुक्ता दुर्भिक्षं तथा कुर्यादवग्रहम्।।

——विष्णुधर्मोत्तर पुराण, 3।90.8—10

56. नारदीय संहिता, 13.29—49; ईश्वर—संहिता, 17.31—52
57. पुरुषोत्तम संहिता, 7.65—73; नारदीय संहिता, 13.72—82
58. नारदीय संहिता, 13.83—90
59. पुरुषोत्तम संहिता, 5.62—64
60. हयशीर्ष संहिता, आदिकाण्ड, 15.39—47; पुरुषोत्तम संहिता, 7.65—73
61. गर्भसन्दर्शने विद्वान् शान्तिहोमं समाचरेत्।
न कुर्यात् गर्भसंयुक्तां प्रतिमां लोभमोहितः।।

——नारदीय संहिता, 13.91; हयशीर्ष संहिता, आदिकाण्ड, 15.47

62. स्थापितायां सगर्भायां नाशं सर्वब्रजेज्जगत्।
अस्य दोषस्य नाशाय सहस्रकलशैर्हरिम।।

——नारदीय संहिता, 13.92

63. सात्वत संहिता, 24.55—64; ईश्वर—संहिता, 17.53—62
64. विष्णुधर्मोत्तर पुराण, 90.21—24
65. पाद्मसंहिता, क्रियापद, 19.48—52
66. सुदिने सुमुहुर्त्ते च शकुने शान्तचोष्टिते।
प्रतिमागृहकाष्ठादिकर्म कुर्यान्न चान्यया।।

——रूपमण्डन, 1.6

67. ग्राह्यां शिलां दिने गत्वा शोभने स्नयवेद् बुधः।

——विष्णुधर्मोत्तर पुराण, 3।90.25

68. उत्तराणमासे तु शुक्ल पक्षे शुभोदये।
प्रशस्तपक्षनक्षत्रे मुहुर्ते करणाण्विते।।
गच्छेलिंग समुद्दिश्च वनं चोपवनं गिरिम्।।

——मयमत्, 23.19—20

69. विष्णुसंहिता, 14.5—7
70. कृशेऽपि च कृशं द्रव्यं सुषिरे स्वामिनाशनम्।
प्रतिमा द्विविधा प्रोक्ता सौभ्याग्रेयीति संज्ञिता।।

——सनत्कुमार संहिता, ब्रह्मरात्र, 7.51—59

71. वशिष्ठसंहिता, 4.58—68
72. नारदीय संहिता, 13.93—94
73. सौवर्णराजतं ताम्रं पैत्तलं कांस्यमायसम्।
सैसकं त्र्यायुषंचेति लौहं बिम्बं तथाऽष्टधा।।

——उद्धृत, देवतामूर्ति प्रकरण, पृ0 21

74. नारदीय संहिता, 13.93—94
75. वाशिष्ठ संहिता, 4.87—88; नारदीय संहिता, 13.94—96
76. वाशिष्ठ संहिता, 4.83—87
77. पाद्मसंहिता, क्रियापाद, 19.33—46
78. स्फटिकं पद्यमरागश्च वज्रं नीलं हिरण्णयम्।
वैदूर्य विद्रुमं पुष्पं रत्नबिम्बं तथाऽष्टधा।।

——देवतामूर्ति प्रकरण, पृ0 21

79. नारदीय संहिता, 13.93—97
80. बृहत्संहिता 59.1
81. श्रीपर्णी शिशपाऽशोकः शिरीषः खादिरोऽर्जुनः।
चन्दनः श्रीफलो निम्बो रक्तचन्दन वीर्यकोः।।
कर्पूरो देवादारुश्च चन्दनः पारिजातकः।
चम्पको मधुवृक्षश्च हिन्ताश्चगरू शुभाः।।

——रूपमण्डन, 4.54—55

82. पौष्कर संहिता, 40.13—33
83. बृहत्संहिता 59.2—4
84. शिलानामिव वृक्षाणां भूमिभागो विधीयते।
कटुकण्टकिनो वृक्षा वर्जनीयाः प्रयन्ततः।।

——सनत्कुमार संहिता, ब्रह्मरात्र, 7.87—89; पुरुषोत्तम संहिता, 6.8—15

85. पाद्मसंहिता, क्रियापाद, 11.87—92; सनत्कुमार संहिता, ब्रह्मरात्र, 7.90—95, पुरुषोत्तम संहिता, 6.22—34
86. नारदीय संहिता, 13.101
87. ईश्वर संहिता, 17.82—84
88. नारदीय संहिता, 13.9

89. बृहत्संहिता 59.8–9
90. अर्चार्थममुकस्य त्वं देवस्य परिकल्पितः।
नमस्ते वृक्ष पूजेयं विधिवत् सम्प्रगृह्यताम्।।
यावीह भूतानि ससन्ति तानि बलिं गृहीत्वा विधिवत् प्रयुक्तम्।
अन्यत्र वासं परिकल्पयन्तु क्षमन्तु तान्यद्य नोमोऽस्तु तेभ्यः।।
––बृहत्संहिता, 59.10–11
91. बृहत्संहिता 59.12
92. बृहत्संहिता 59.13
93. पाद्मसंहिता, क्रियापाद, 11.101–106; पुरुषोत्तम संहिता, 6.22–34
94. विष्वक्सेन संहिता, 3.51–54
95. बृहत्संहिता 59.7
96. नारदीय संहिता, 13.109–110; विष्वक्सेन संहिता, 6.1–4
97. कृष्णा पीता च रक्ता च शुक्ला स्याद्विप्रजन्मनः।
अनुलोमं तु गृहणीयात् प्रतिलोमं विवर्जयेत्।।
––सनत्कुमार संहिता, ब्रह्मरात्र, 7.97–99
98. मिश्रितं वर्जयेश्चैव वर्णसंकरदूषितम्।
नदीसंगमतीर्थेषु देवतायतनेषु च।।
––सनत्कुमार संहिता, ब्रह्मरात्र, 100–101; नारदीय संहिता, 13.111
99. नारदीय संहिता, 13.112–116
100. सनत्कुमार संहिता, ब्रह्मरात्र, 7.100–104
101. विष्णुसंहिता, 14.62–64
102. विष्वक्सेन संहिता, 6.7–10
103. अपक्वं पार्थिवं शुस्तं पक्वमत्र विगर्हितम्।
कपिलाज्यातसी तैलकषा यैश्चूर्ण संयुताम्।।
––विष्णुसंहिता, 14.62

मृत्संस्कारमथो वक्ष्ये शृणुष्वैक मनाधुना।
पक्वापक्वे द्विधा प्रोक्ता भूसुरादीननुक्रमात्।।
––विष्वक्सेन संहिता, 6.1–2
104. सनत्कुमार संहिता, ब्रह्मरात्र, 7.127–134
105. यथा शरीरे सर्वेषां चतुः षष्टिः सिराः स्मृताः।
शूले तथैव पाशास्तु कर्तव्यास्तन्त्रकोविदैः।।
––सनत्कुमार संहिता, ब्रह्मरात्र, 7.177; विष्वक्सेन संहिता, 5.73–78
106. पाद्मसंहिता, क्रियापद, 13.1–23
107. शयने च तथा दण्डास्तत उर्ध्व न कारयेत्।
न च पादाशिलादीनि शयने कारयेद् बुधः।।
––सनत्कुमार संहिता, ब्रह्मरात्र, 7.165–173

108. आसने रक्तवर्णो वा पीतो वा विष्णुरण्ययः।
शयने श्यामलो वापि हरितो वा हरिःस्वयम्।।
याने हरित एव स्यान्महाविष्णुः कृते युगे।
पीतश्च हरितः श्यामः क्षत्रियस्य कृते युगे।।
हरितः श्यामलश्चापि वैश्यस्य तु कृते युगे।
श्याम एव तु शूद्राणां शेषाणां च कृते युगे।।
विप्रक्षत्रिययोः पीतहरितश्यामलास्त्रयः।
वर्णा विष्णोः समुद्दिष्टास्त्रेतायां वर्ण कर्मणि।।
वैश्यस्य हरितः श्यानो श्यामः शूद्रस्य वै भवेत्।
द्वापरे तु द्विजातीनां पीतश्यामौ प्रकीर्तितौ।।
कलौ युगे तु सर्वेषां श्यामवर्णः प्रशस्यते।
एष एव क्रमः प्रोक्तो विपरीतोऽन्य उच्यते।।

––सनत्कुमार संहिता, शिवरात्र, 1.277–281

109. पाद्मसंहिता, क्रियापाद, 14.48–62; विष्वक्सेन संहिता, 6.11–27
110. बिम्बं सुलक्षणं कृत्वा पटस्थं धातुजं तु वा।।
सर्वावयवसंपूर्ण तालं तालाधिकं तु वा।
विधिना तं प्रतिष्ठाप्य तत्र मंत्र यजेत्सदा।।

––जयाख्य संहिता, पटल 20, 2–3

111. ईश्वर संहिता, 17.3–4
112. जयाख्य संहिता, पटल 20, 5–7
113. लोहजाः प्रतिमाः सर्वा निर्दोषाः समुदाहृताः।
त्रिविधा मणिजा चाथ सोम्याग्नेयी सेमेती च।।
चन्द्रकान्तमयी सौम्या आग्नेयी सूर्यकान्तजा।
समा स्फटिकजा प्रोक्ता पूर्वा पूर्वा गरीयसी।।
अर्धचित्रं च चित्रं च चित्राभासं तथैव च।
त्रितयं मणिजं कुर्याजं कुर्यात् फलं पूर्वोक्तमेव च।।

––सनत्कुमार संहिता, ब्रह्मरात्र, 7.84–86; वाशिष्ठ संहिता, 6.91–96

अध्याय चतुर्थ

प्रतिमा-मान

प्रतिमा–मान अर्थात् प्रतिमा का अंग–प्रत्यंग तथा सम्पूर्ण प्रतिकृति लम्बाई एवं चौड़ाई का एक निश्चित प्रमाण होता है। उसके बिना अपेक्षित और समीचीन प्रतिमा का निर्माण सम्भव नहीं है। अस्तु मान तथा प्रमाण (Iconometry) विषयों का विवेचन प्रसंगात यहाँ ध्यान देने योग्य है। वैष्णव आगम संहिताओं ने विविध स्थलों में मूर्तिकल्पन–प्रसंग में पृथक–पृथक अपनी मान्यताओं के अनुरूप इस विषय का विवेचन किया है। इस विषय में सभी ग्रन्थों की दृष्टि सर्वथा समान नहीं है। विविध वैष्णव संहिताओं ने सामान्यतः अंगुल आदि मानों का निर्देश कर वासुदेवादि की मूर्ति के लिए प्रत्येक अंग का विस्तृत वर्णन दिया है। इसी परिप्रेक्ष्य में पांचरात्रिक मूर्तिकल्पन–मापों के तकनीकी शब्दों तथा उनके प्रमाण के विषय की अन्य बातों का विचार यहाँ अपेक्षित है।

सामान्यतः इस प्रकरण में मान के लिए प्रयुक्त 'अंगुल', 'ताल' आदि शब्दों की परिभाषा तथा उसकी मौलिक इकाई, तत्तप्रमाणों के उपयोग–स्थल तथा अवसर, उन–उन प्रतिमानों का विषय, जहाँ आलयादि तत्तद्वस्तुओं के आधार पर उनके अनुरूप सापेक्ष रूप से प्रतिमा का प्रमाण आदि निर्धारित तथा प्रतिपादित किया गया है। पांचरात्रिक ग्रन्थों में प्रतिमामान से सम्बन्धित विस्तृत विवरण प्राप्त होते हैं। गृह में पूजने योग्य मूर्तियों के विषय में मत्स्यपुराण में वर्णित है कि उनका आकार अँगुठे से लेकर 12 अंगुल से अधिक नही होना चाहिए, किन्तु मंदिर में स्थापित होने वाली मूर्तियों का आकार 16 अंगुल

से अधिक नही होना चाहिए अथवा उचित ऊँचाई के लिए निम्न नियम का पालन करना चाहिए मंदिर के द्वार की ऊँचाई को आठ भागों में बाँटिए, पुनः सात भागों को एक–तिहाई और दो–तिहाई भागों में बाँटिये, मूर्ति का आधार सात भागों की एक–तिहाई तथा मूर्ति दो–तिहाई (अर्थात 7/8 का 2/3) होनी चाहिए।[1] रूपमण्डन में इसी प्रकार का विवरण उल्लेखनीय है। गृह में पूजा योग्य प्रतिमा एक से बारह अंगुल तक की ऊँचाई की होनी चाहिए। देवालयों में प्रतिष्ठित करने योग्य मूर्तियों की ऊँचाई बारह अंगुल से नौ हाथ तक होनी चाहिए। प्रासाद के बिना जिन मूर्तियों की पूजा होनी चाहिए उनकी ऊँचाई दस हाथ से ऊपर होनी चाहिए देवालय के बिना पूजी जाने योग्य मूर्तियों की ऊँचाई दस हाथ से शुरू होती है। **बिना देवालय की पूजी जाने वाली मूर्तियों की दो कोटियाँ हैं।** प्रथम **दस हाथ से छत्तीस हाथ** तक ऊँची प्रतिमाओं को अलग–अलग बिना चबुतरे के प्रतिष्ठित करना चाहिए। किन्तु इससे ऊँची अर्थात् **छत्तीस से पैंतालिस हाथ** तक की ऊँची प्रतिमा चबुतरे के आधार पर प्रतिष्ठित करनी चाहिए।[2] मत्स्यपुराण में उल्लिखित है कि विष्णु की प्रतिमा हो तथा प्रतिमा की पीठिका का विस्तार प्रतिमान के तृतीय अंश से निर्मित हो। देवता, दानव तथा किन्नरों की प्रतिमा नौ(9) ताल परिमाण की होनी चाहिए। यहाँ यह भी ध्यान देने योग्य है कि अँगुठे से मध्यमा अंगुली तक फैले करतल को ताल कहते हैं। मत्स्यपुराण में ही वर्णित है जाली के भीतर से सूर्य की किरणों के प्रविष्ट होने पर जो उड़ता धूलिकण स्पष्ट दिखाई पड़ता है उसे त्रशरेणुः कहते हैं। आठ त्रशरेणुओं के बराबर एक बालाग्र होता है, उससे आठ गुना बड़े आकार के पदार्थ को लिख्या और आठ लिख्या की एक यूका होती है। आठ यूका का एक यव और आठ यवों के माप का एक अंगुल होता है। अपनी अंगुली के परिमाण से 12 अंगुल का मुख होता है, और मुख के परिमाणानुसार देवता के सभी अवयवों की कल्पना करनी चाहिए।

अंगुलमान

वैष्णव संहिताओं में प्रतिमा–मान के लिए छोटी अन्विति के रूप में 'अंगुल' का प्रयोग किया गया है। अंगुल का मान प्रायः एक इंच के समान होता है। अंगुल तीन प्रकार के कहे गये हैं–

1– मानांगुल
2– मात्रांगुल
3– देहलब्धांगुल

1–मानांगुल– मानांगुल मान निम्नप्रकार वर्णित हैं–

8 परमाणु = 1 रेणु
8 रेणु = 1 बालुका

8 बालुका = 1 रक्ष
8 रक्ष = 1 यूक
8 यूक = 1 तिल (यव)
8 यव = 1 मानांगुल

2–मात्रांगुल– मध्यमा अंगुलि के मध्यम पर्व को मात्रांगुल कहते हैं।

3–देहलब्धांगुल– तालगणन से विभक्त प्रतिमा के आधार पर जो अंगुलमान होता है, उसे देहलब्धांगुल प्रमाण कहते हैं।[3] इस सम्बन्ध में बृहत्संहिता में उल्लिखित है कि प्रतिमा की ऊँचाई को बारह भाग करके फिर प्रत्येक भाग को नव–नव भाग करें। इस तरह एक–एक अंगुल का भाग बन जायेगा, क्योंकि समस्त प्रतिमाएं अपने–अपने अंगुलप्रमाण से 108 अंगुल की होती हैं। अपने अंगुलप्रमाण से प्रतिमा का कुख बारह अंगुल चौड़ा और चौदह अंगुल लम्बा बनाना चाहिए।[4]

पाद्मसंहिता ने पाँच प्रकार के अंगुलमानों का निर्देश किया है[5]–

1– मानांगुल
2– मानान्तर अंगुल
3– मात्रांगुल
4– मुष्ट्यंगुल
5– देहलब्धांगुल

मानांगुल का प्रमाण– यहाँ परमाणु का विवरण दिया गया है। ऐसी अवधारणा है कि गवाक्ष से सूर्य की रश्मियों में दिखने वाले कणों की परमाणु या अणु संज्ञा है।

8 परमाणु = 1 केश
8 केश = 1 लिक्ष
8 लिक्ष = 1 यूक
8 यूक = 1 यव
8 यव = 1 अंगुलि (उत्तम)
7 यव = 1 अंगुलि (मध्यम)
6 यव = 1 अंगुलि (अधम)

मानान्तरांगुल–प्रमाणः

8 तिर्यक यव = 1 मानान्तरांगुल
3 शालि (ऋजु) = 1 मानान्तरांगुल

मात्रांगुल–प्रमाण– आचार्य के दक्षिण करस्थ मध्यमांगुल के मध्यम पर्व के दीर्घ का परिमाण 'मात्रांगुल' कहा जाता है।

मुष्ट्यंगुल–प्रमाण– चार भागों में विभक्त वस्तु के एक भाग को मुष्ट्यंगुल कहते हैं। पाद्मसंहिता ने **देहलब्धांगुल6** की परिभाषा या प्रमाण का निर्देश नहीं किया है।

पुरुषोत्तम–संहिता के अनुसार अंगुलमान का क्रम अधोलिखित है–

1– मानांगुल–प्रमाण

8 रेणु = 1 अणु (सर्षप)
8 सर्षप = 1 तिल
8 तिल = 1 यव
8 यव = 1 तिर्यगंगुल

2– मात्रांगुल–प्रमाण– मध्यमांगुल का मध्य पर्व तथा उर्ध्व तिर्यक् को मात्रांगुल कहते हैं।

3– देहलब्धांगुल–प्रमाण– अंगुष्ठवलयार्द्ध तथा अष्टार्द्ध उन्नत इन दोनों तरहों से देहलब्धांगुल मान निर्दिष्ट है।[7]

मानांगुल–प्रमाण से आलय आदि की कल्पना होती है। मात्रांगुल–प्रमाण से कुण्ड, कूर्च, स्रुक तथा स्रुव, इध्म आदि अनल–पात्रों की माप होती है। देवताओं के कल्पन में देहलब्धांगुल–मान का प्रयोग होता है। देव–प्रतिमा–कल्पन के लिए तीन प्रकार से मानों का आधार स्वीकार किया गया है।

1– देव–प्रतिमा का मान आलय के प्रमाणनुरूप
2– देव–प्रतिमा का मान द्वार के प्रमाणानुरूप
3– देव–प्रतिमा का मान यजमान के अनुरूप

उपर्युक्त मान के आधार पर कल्पित बिम्ब के सव्यहस्त के देहलब्धांगुलमान से पादादिकेशान्त अष्टोत्तरशत अंगुल, द्वादशांगुलमान से नवताल की गणना होती है। अर्थात नवताल–मान में 108 अंगुल होते हैं, जो द्वादश भागों में विभक्त होते हैं।[8]

मण्डलादि–कल्पन के लिए सर्वत्र यही हस्तमान स्वीकृत है।[9] भार्गवतन्त्र ने इस विषय का विवेचन सामान्यतः पाद्मसंहिता की ही तरह किया है। परन्तु किंचित् न्युनाधिक्य अन्तर से यहाँ दृष्टिगोचर होता है। इसके अनुसार ये प्रमाण अधोलिखित हैं–

1– मानांगुल

8 परमाणु	=	1 केश
8 केश	=	1 लिक्ष

8 लिक्ष	=	1 यूक
8 यूक	=	1 यव
8 यव	=	1 मानांगुल

2– मानांन्तरांगुल

3 शालि = 1 मानान्तरांगुल

3– मात्रांगुल– आचार्य के दक्षिण हस्त की मध्यमांगुल के माध्यम पर्व को मात्रांगुल कहते हैं।

4– मुष्ट्यंगुलमान– अंगुष्ठ के बिना शेष चार अंगुलों की मुष्टि को चार भागों में विभक्त कर उसके एक भाग को मुष्ट्यंगुल कहते हैं।

5– देहलब्धांगुलमान– जिस किसी प्रतिमा को दस भागों में विभक्त कर उसके एक भाग को पुनः द्वादश भागों में विभक्त करने के बाद उसके एक भाग को 'देहलब्धांगुलमान' कहते हैं।[10]

तुषहीन अनुत्तान अष्ट मध्यम यवों के बराबर मान को उत्तम अंगुल, सात यवों के बराबर मान को मध्यम अंगुल तथा छह यवों के बराबर मान को अधम अंगुलमान कहते हैं।[11] हयशीर्ष–संहिता ने अधोलिखित रूप से मान विषय को प्रतिपादित किया है–

8 परमाणु	=	1 त्रसरेणुः
8 त्रसरेणुः	=	1 रथरेणुः
8 रथरेणुः	=	1 वालाग्र
8 वालाग्र	=	1 लिक्षा
8 लिक्षा	=	1 यूका
8 युका	=	1 यव
8 यव	=	1 अंगुल
24 अंगुल	=	1 कर

इस प्रसंग में चतुरंगुल–संयुक्त अपने हाथ का पद्महस्तकलश है। इन्हीं हाथों से प्रासाद, यागमण्डपादि–कल्पन निर्दिष्ट है। प्रतिमा, पिण्डिका, कुण्ड, मण्डल, तोरण, ध्वज तथा स्रुवादि पात्र का कल्पन इन मानों के आधार पर किया जाना चाहिए।[12]

तालमान

अंगुलमान के सामान्य विवेचन के उपरान्त अब यहाँ तालमान के विषय के सम्बन्ध में वैष्णव संहिताओं में वर्णित तथ्यों पर विश्लेषण आवश्यक है। तालमान एकताल से प्रारम्भ

कर दशताल–पर्यन्त कहा गया है। ये उत्तम, मध्यमादि भेद से भिन्न–भिन्न कहे गये हैं। किसी भी प्रतिमा–विशेष के मान को दस भागों में विभक्त कर, उसके एक भाग को पुनः बारह भागों में विभक्त करने से जो एक भाग होता है, उसे अंगुल कहते हैं। अंगुल का अष्टमांश यव कहा गया है। द्वादशांगुलक मान ताल के नाम से अभिहित होता है। यही ताल मुख्य ताल कहा गया है। इस क्रम में दशताल से वासुदेव–मूर्ति के मान का विधान है। सार्द्धनवतालमान से ब्रह्म तथा शिव की प्रतिमा का मान निर्धारित है। **नवताल से देवताओं का प्रतिमाकल्पन, सार्द्ध–अष्टताल–मान से द्वारस्थकुमुदादि गणदेवताओं की मूर्तियाँ, अष्टतालमान से मनुष्यमूर्ति, सप्तताल–मान से पिशाचादि की प्रतिमा, षट्तालमान से कुब्जकों की मूर्ति तथा पंचतालमान से वामनों की प्रतिमा के कल्पन का विधान है। भूतों की प्रतिमा चतुस्ताल–मान से, किन्नरों की प्रतिमा त्रितालमान से, मत्स्यमूर्ति द्वितालमान से तथा एकतालमान से पन्नगों की प्रतिमा की कल्पना का निर्देश है।** जहाँ तक दशतालमान के स्वरूप का प्रश्न है, यह 124 अंगुल परिमित कहा गया है। प्रकरण–पर्यालोचन से यह उत्तम दशताल का स्वरूप या लक्षण प्रतीत होता है। मध्यम दशताल 120 अंगुल तथा अधम दशताल 116 अंगुल होते हैं। 112 अंगुल उत्तम नवताल, 108 अंगुल मध्यम नवताल तथा 104 अंगुल कनिष्ठ नवताल कहे गये हैं। उत्तम अष्टताल का परिमाण 100 अंगुल, मध्यम अष्टताल का मान 96 अंगुल तथा अधम अष्टताल का परिमाण 92 अंगुल कहा है। इसी प्रकार अधोलिखित क्रम से उत्तम सप्ततालादि का निर्देश भी आवश्यक है ताकि प्रतिमा निर्माण की परम्परा का सम्यक् विवेचन हो सके।

86 अंगुल = उत्तम सप्तताल
82 अंगुल = मध्यम सप्तताल
78 अंगुल = अधम सप्तताल
74 अंगुल = उत्तम षट्ताल
70 अंगुल = मध्यम षट्ताल
66 अंगुल = अधम षट्ताल
62 अंगुल = उत्तम पंचताल
58 अंगुल = मध्यम पंचताल
54 अंगुल = अधम पंचताल
50 अंगुल = उत्तम चतुस्ताल
46 अंगुल = मध्यम चतुस्ताल

42 अंगुल = अधम चतुस्ताल
38 अंगुल = उत्तम त्रिताल
34 अंगुल = मध्यम त्रिताल
30 अंगुल = अधम त्रिताल
26 अंगुल = उत्तम द्विताल
22 अंगुल = मध्यम द्विताल
18 अंगुल = अधम द्विताल
14 अंगुल = उत्तम एकताल
10 अंगुल = मध्यम एकताल
6 अंगुल = अधम एकताल[13]

ज्ञातव्य है कि परमाणु से लेकर लिक्षा तक का मान अत्यन्त सूक्ष्म है। मूर्तिनिर्माण में वस्तुतः युका का भी प्रयोग कम होता था। आँख आदि की बारीकियों को दर्शानें में यवमध्य का उपयोग मिलता है। अंगुल ही सामान्यतया तालमान का व्यवहारिक आधार था। अंगुल के सम्बन्ध में वर्णित है कि आठ यवमध्यों का एक अंगुल होता है। साधारण तथा मध्यम कद के पुरुष की मध्य अंगुली के मध्य भाग की मोटाई एक अंगुल का मान है।[14] मत्स्य पुराण में इसका संकेत है कि अंगुल का कोई निश्चित आधार नही था।[15] बृहत्संहिता में भी अंगुल के मान के संबंध में ऐसी ही युक्ति है।[16] शुक्रनीति के अनुसार अंगुल को मुष्टि का चतुर्थ भाग बताया गया है।[17]

इसप्रकार अंगुल के मान के सम्बम्ध में दो प्रकार की परम्पराएं प्राचीन भारत में प्रचलित थीं। एक तो आठ यवमध्य के बराबर एक अंगुल वाली जिसे एक सुनिश्चित मान माना जा सकता है। इसे मानांगुल कहा गया। जितेन्द्र बनर्जी महोदय की धारणा है कि आठ यवमध्य वाला अंगुल सामान्य अंगुल से बड़ा था और मूर्तिशास्त्र में प्रयुक्त नही होता था।[18]

ध्यान देने योग्य है कि लिक्षा से लेकर अंगुल तक की मान योजना अव्यावहारिक होते हुए भी तालमान संबंधी सभी प्रकरणों में उद्धृत हैं। मानांगुल की इस निश्चित मानयोजना के अतिरिक्त मात्रांगुल भी प्रचलित था। बनर्जी महोदय की धारणा है कि मात्रांगुल वास्तु और शिल्पशास्त्र में बहुमान्य था और इसका व्यवहार मूर्ति अथवा मन्दिर आदि की ऊँचाई नियत करने में होता था।[19]

व्यावहारिक रूप में देखें तो भारतीय मूर्तिकारों को एक ताल (12 अंगुल) से लेकर सोलह ताल ($12\times16 = 192$) तक की प्रतिमा बनाने की सामान्यतया छूट थी। किन्तु

विभिन्न तालों के लिए विभिन्न देव–स्वरूप भी निश्चित थे। निम्न तालिका में इसका विस्तृत विवरण देख सकते हैं[20]–

ताल	देवता
1 ताल	ग्रासवक्त्र
2 ताल	पक्षी
3 ताल	कुंजर
4 ताल	किन्नर, अश्व
5 ताल	आसीन, सुर, वृष, शूकर, वामन
6 ताल	गणनायक
7 ताल	वृष, शूकर, मानव
8 ताल	पार्वती
9 ताल	सर्वदेवता
10 ताल	राम, बलि, रुद्र, जिन
11 ताल	स्कन्द, भूत, चण्डिका
12 ताल	वेताल
13 ताल	राक्षस
14 ताल	दैत्य
15 ताल	भृगु
16 ताल	क्रूरदेवता

रूपमण्डन में राम, बलराम, पार्वती, देवी, जिन, स्कंद, हनुमान को छोड़कर शेष सभी देवताओं की मूर्तियाँ नवताल में बनाना बताया गया है।[21] नवताल में देवप्रतिमा बनाने का विधान बड़ा ही प्राचीन और लोकप्रिय है। बृहत्संहिता का विधान है कि प्रवर कोटि की मूर्तियाँ 108 अंगुल (नवताल) की होनी चाहिए।[22] मत्स्यपुराण, अग्निपुराण और विष्णुधर्मोत्तर पुराण का भी यही अभिमत है कि देवप्रतिमा नवताल में बननी चाहिए।[23] 'शुक्रनीति' और 'प्रतिमालक्षण' के अनुसार भी देवता की मूर्ति नवताल में ही बननी चाहिए।[24]

सामान्यरूप में नवताल में देवमूर्ति–निर्माण की परम्परा प्राचीन भारत में बहुमान्य है। इसके अतिरिक्त प्राचीन मूर्तियाँ विभिन्न मानों में उपलब्ध हुई है। कभी–कभी नवताल से अधिक ताल की प्रतिमा बनाने का विधान है। यह परम्परा मध्ययुग में सम्भवतः क्षेत्रीय रूप में प्रचलित हुई थी। प्राचीन मूर्तियाँ विभिन्न मानों में उपलब्ध होती है। उल्लेखनीय है कि

ऐसा क्यों हुआ ? जिस तालमान या मानयोजना का प्राचीन शिल्पशास्त्रों में इतना आदर दिया गया कि जो प्रातिमा मानहीन या मानाधिक है वह त्याज्य है[25] उसकी इतनी अवहेलना क्यों हुई कि एक भी प्रतिमा उस मान के अनुरूप प्राप्त नही हुई।

ऐसा प्रतीत होता है कि लोक में प्रचलित मानांगुल और मात्रांगुल से अलग मूर्तिकारों में कोई अन्य प्रकार का अंगुल मान प्रचलित था जिसे देहलब्धांगुल कहा जा सकता है। बृहत्संहिता, मत्स्यपुराण के समय से लेकर रूपमण्डन तक देहलब्धांगुल को शिल्पकारों के द्वारा मान्यता मिली थी। मत्स्यपुराण का विधान है कि पहले मुख के मान की कल्पना करनी चाहिए फिर उसी के आधार पर पूरे शरीर की।[26]

वर्तमान समय में देखा जाय तो कोई चित्रकार या मूर्तिकार चित्र या मूर्ति बनाता है तो मुख की ही कल्पना प्रथमतः करता है। पहले मुख का मान निश्चित करता है, उसके बाद पूरे शरीर का मान निश्चित करता है। इस आधार पर यह कहा जा सकता है कि सामान्यतया देवप्रतिमा नवताल में बनती थी और इस परम्परा में देवता का मुख, एक भाग में बनता था[27] तथा शेष शरीर आठ भाग में। इस प्रकार मुखसहित पूरी प्रतिमा का योग नव भाग या ताल होता था। 'विष्णुधर्मोत्तर पुराण' में एक ताल के अंतर्गत द्वादश अंगुल बताया गया है।[28] अतः कहा जा सकता कि नवताल में बनी प्रतिमा का एक देहलब्ध अंगुल कितना होगा। बृहत्संहिता के कथन तथा 'मत्स्यपुराण' की परम्परा अथवा कलाकारों के बीच प्रचलित परम्परा के आधार पर यह आशय निकाला जा सकता है कि नवताल की बनी प्रतिमा के मुख भाग का द्वादशांश एक अंगुल (देहलब्धांगुल) है। यहाँ यह भी कहा जा सकता है कि जैसे अंगुल का मान कोई निश्चित मान नही था वैसे ही ताल का मान भी अंगुल के आधार पर होने के कारण निश्चित नही था। दूसरे शब्दों में हम कह सकते हैं कि किसी भी नवताल प्रतिमा का नवाँ भाग एक ताल और उसका 1/108 भाग अथवा एक भाग का द्वादश भाग एक अंगुल होगा। इस प्रकार यह कहा जा सकता है कि प्राचीन काल में तालमान का अनुसरण करते हुए भी छोटी–बड़ी प्रतिमाओं का बनना कैसे सम्भव हुआ।[29] इस आधार पर तालमानों का आशय समझा जा सकता है और एक से लेकर सोलह या इससे अधिक तालों में बनी प्रतिमाओं का अंगुलमान और तालमान अधोलिखित रूप में निर्धारित किया जा सकता है–

ताल	**मुख भाग पूरी प्रतिमा का अंगुल में**	**मुखसहित सर्वावयव योग (देहलब्ध अंगुल में)**	**देहलब्धांगुल पूरी प्रतिमा का**
1 ताल	1/12	1 ताल या 12 अंगुल	1/12
2 ताल	1/6	2×12 = 24 अंगुल	1/24

3 ताल	1/3	3×12 = 36 अंगुल	1/36
4 ताल	1/4	4×12 = 48 अंगुल	1/48
5 ताल	1/5	5×12 = 60 अंगुल	1/60
6 ताल	1/6	6×12 = 72 अंगुल	1/72
7 ताल	1/7	7×12 = 84 अंगुल	1/84
8 ताल	1/8	8×12 = 96 अंगुल	1/96
9 ताल	1/9	9×12 = 108 अंगुल	1/108
10 ताल	1/10	10×12 = 120 अंगुल	1/120
11 ताल	1/11	11×12 = 24 अंगुल	1/132
12 ताल	1/12	12×12 = 144 अंगुल	1/144
13 ताल	1/13	13×12 = 156 अंगुल	1/156
14 ताल	1/14	14×12 = 168 अंगुल	1/168
15 ताल	1/15	15×12 = 180 अंगुल	1/180
16 ताल	1/16	16×12 = 192 अंगुल	1/192[30]

गृहार्चा–बिम्ब की कल्पना के लिए मात्रांगुलमान ग्राह्य है। यह प्रतिमा हस्तमान से अधिक तथा द्वादशांगुलमान से न्यून नहीं होनी चाहिए। आलयार्चा–क्रम में ब्राह्मणादि–वर्णानुसार प्रतिमा का मान निम्नलिखित रूप में वर्णित है–

ब्राह्मण प्रतिमा – हस्तपरिमित
क्षत्रिय की प्रतिमा – एक विंशति अंगुलि–परिमित
वैश्य के लिए प्रतिमा – ऊनविंशति अंगुलि–परिमित
शूद्र के लिए प्रतिमा – सप्तदश अंगुलि–परिमित

लोहज प्रतिमा का परिमाण तत्तद्वर्णानुसार निम्न प्रकार का कहा गया है :

ब्राह्मण–प्रतिमा – द्वादशांगुलमान–परिमित
क्षत्रिय–प्रतिमा – नवांगुलमान–परिमित
वैश्य–प्रतिमा – सप्तांगुलमान–परिमित
शूद्र–प्रतिमा – पंचागुलमान–परिमित[31]

कपिंजल संहिता के अनुसार प्रासाद तथा मण्डप का कल्पन मानांगुल–प्रमाण से, यागोपकरणों का कल्पन मात्रांगुल–प्रमाण से तथा प्रतिमाओं का कल्पन देहलब्धांगुल–प्रमाण से किया जाना चाहिए। मान का सामान्य निर्देश निम्नवत है[32]–

24 अंगुल	=	1 निष्कु
25 अंगुल	=	1 प्राजापत्य
26 अंगुल	=	1 धनुर्मुष्टि
27 अंगुल	=	1 धनु

प्रतिमा के अन्य मान

प्रतिमा का मान सामान्यतः **1–विमान 2–द्वारमान 3–गर्भगृह के मान** पर आधारित होता है। मूल प्रासाद के विस्तार के अर्द्धप्रमाण से प्रमाणित उच्छ्रायवाली प्रतिमा उत्तम प्रतिमा कही गयी है। उससे अर्द्ध–परिमाण–परिमित प्रतिमा को मध्यम तथा मध्यम प्रतिमा के उच्छ्राय से अर्द्ध उच्छ्राय परिमाण–परिमित प्रतिमा को अधम कहा जाता है। द्वारमान से पादाधिकोच्छ्राय मानवाली प्रतिमा उत्तम प्रतिमा, द्वारमान के समान उच्छ्राययुक्त प्रतिमा मध्यम प्रतिमा तथा द्वारमान से पाद–अल्पोच्छ्राय मानयुक्त प्रतिमा को अधम प्रतिमा कहते हैं।[33]

सनत्कुमार संहिता ने भी प्रायः इसी से मिलता–जुलता सापेक्ष प्रतिमा–प्रमाण का निर्देश किया है। इस संहिता के अनुसार प्रतिमा का आयाम पाँच प्रकार का होता है। प्रासाद या गर्भगृह के मान को पाँच भागों में विभक्त कर उसके दो भागों के समान मानवाली प्रतिमा मध्यम होती है। गर्भगृह को तीन भागों में विभक्त कर उसके दो भागों के समान मानयुक्त प्रतिमा उत्तम कही गई है। प्रासाद या द्वार के आयाम के समान भी प्रतिमा का मान निर्दिष्ट है। प्रतिमा–प्रमाण सामान्यतः एक हाथ से आरम्भ कर नवहस्तान्त उच्छ्रित होना कहा है। इससे अधिक प्रतिमोच्छ्राय निषिद्ध है। एक हाथ से कम प्रमाणवाली प्रतिमा का कल्पन भी निषिद्ध है। अन्ततः अति सामान्य रूप से यहाँ कहा गया है कि कालयोग–प्रमाण से प्रतिमा कल्पन होना चाहिए।[34] श्रीप्रश्नसंहिता में विस्तार के साथ शयन और आसीन आदि प्रतिमाओं के मान का निर्देश किया गया है। यहाँ भी मूलतः प्रमाण के आधार आलय तथा गर्भागारादि ही हैं। इनके उत्तमादिभेद का निर्देश भी है।[35] पाद्मसंहिता में भी प्रतिमा–मान विषय का विवेचन अति विस्तार के साथ हुआ है।[36] विश्वामित्र–संहिता ने प्रतिमा–प्रमाण आलय अथवा यजमान के अनुरूप होना कहा है। यह प्रमाण चार अंगुल से प्रारम्भ कर चार–चार अंगुल की वृद्धि से अष्टोत्तरशत अंगुल–पर्यन्त होता है। स्वर्ण–बिम्ब का प्रमाण 108 अंगुल से अधिक नहीं होना चाहिए। रूप्य, ताम्र तथा

शिला प्रतिमाओं का मान–निर्धारण गर्भगृहमान के अनुरूप किया जाना उत्तम होता है। उसके नव भाग में से एक भाग हीन मानवाली प्रतिमा मध्यम तथा पाँच भाग में से एक भाग हीन मानवाली प्रतिमा अधम प्रतिमा कही गई है। गर्भविस्तारमान को पाँच भागों में विभक्त कर पाँच भाग के मान के अनुरूप प्रतिमामान को मध्यमोत्तम, पाँच से तीन भाग प्रमाण प्रमाणित प्रतिमामान मध्यम–मध्यम तथा द्वितीय भाग के अनुरूपमान को मध्यम–अधम मान कहा गया है।[37] गृह के अनुरूप अर्चा तथा अर्चा के अनुरूप गृह तथा पीठादि का मान भी निर्दिष्ट।[38] वशिष्ठ–संहिता ने प्रासाद के साथ प्रतिमा या प्रतिमा के साथ प्रासाद के कल्पन का विधान किया है। यहाँ प्रासाद–गर्भ–आयाम के अनुरूप प्रतिमा–आयाम को अधम कहा है। प्रासाद–गर्भ को पाँच भागों में विभक्त कर चतुर्भाग प्रमाण–परिमित प्रतिमा को मध्यम कहते हैं। **त्रिभागीकृत गर्भगृहमान के द्विभागानुरूप बिम्ब मान को उत्तम कहते हैं।** आलय के पादायाम अथवा द्वारायाम के अनुरूप भी प्रतिमामान निर्धारित होता है। प्रतिमा का न्यूनतम प्रमाण एकहस्त तथा अधिकतम नवहस्त–परिमित होना विहित है। इसके विरूद्ध विधान का सर्वथा निषेध किया गया है। प्रतिमा का उच्छ्राय तथा विस्तार उद्देश्यमान के समान या स्तम्भमान के समान भी होता है, अथवा यह शुद्धद्वार के समान या उससे पादाधिक हो सकता है। द्वादशार्द्ध मानयुक्त प्रतिमोत्सेध भी विहित है। इस प्रकार तीन प्रकार के प्रतिमोच्छ्राय का निर्देश देखते हैं। इनके अतिरिक्त द्वारमान को षोड्श भागों में विभक्त कर एक भाग हीन, दो भाग हीन अथवा तीन भाग हीन उच्छ्राय भी स्थानक–प्रतिमा के लिए उक्त है। आसन बिम्ब का प्रमाण द्वारपाद से अधिक या द्वार के अर्द्ध–प्रमाण के बराबर होना चाहिए। शयन–बिम्ब का प्रमाण द्वारार्द्धप्रमाण–परिमित होना निर्दिष्ट है। इनके साथ ही यह भी कहा गया है कि कालयोग प्रमाण से शुभ प्रतिमा का कल्पन किया जाना चाहिए।[39] कपिंजल–संहिता ने प्रायः इसी प्रकार के प्रतिमा–प्रमाण का निर्देश किया है।[40]

उपर्युक्त प्रतिमा का प्रमाण निर्देशित है, वह सामान्यतः प्रायः ध्रुव बिम्ब का विषय है। अधिकतर आलयों में ध्रुवबेर के अतिरिक्त कुछ अन्यान्य बेर भी स्थापित होते हैं। इन बेरों में आराधनामूलक विविध कर्म सम्पादित होते हैं। ये बेर मूलबेर की अपेछा लघु होते हैं। इन कर्मार्चादि बेरों के प्रमाण का निर्देश भी अनेक संहिता–ग्रन्थों में वर्णित हैं। ध्रुवबेर के मान को दस भागों में विभक्त कर उसके दो भागों के समान कर्मार्चा तथा उत्सवार्चा का मान कहा गया है। मूलबेर को एकादशांश कर उसके दशांश के अनुरूप शयन–बिम्ब का कल्पन निर्दिष्ट है। उसी के नवांशानुरूप बलिबिम्ब के अष्टांश के अनुरूप तीर्थबिम्ब का मान होता है। षष्ठांश के अनुरूप स्वपनबेर का मान होता है। इस मान–विचार के अतिरिक्त एक दूसरा पक्ष भी इन छह प्रतिमाओं के मान के सम्बन्ध में कहा गया है। उस पक्ष में मूलबेर के अंगुलमान के आधार पर 26 अंगुल परिमाणवाला मूलबेर, 24 अंगुल, 18 अंगुल,

16 अंगुल, 12 अंगुल, 8 अंगुल, 6 अंगुल मान क्रमशः कर्मार्चादि छह बेर होते हैं।[41] भार्गवतन्त्र के अनुसार मूलबेर के तृतीयांश के अनुरूप उत्सव, स्नपन तथा कौतुक–बेरों का मान विहित है। बलिबेर, शयनबेर, उत्थानबेर तथा कर्मबेर मूलबेर के अनुरूप कल्पित होने चाहिए।[42] वस्तुतः यहाँ यह स्पष्ट नहीं प्रतीत होता। व्यवहार में सामान्यतः मूलबेर की अपेछा अन्य सभी बेर छोटे होते हैं, पर यहाँ बलि आदि बेर का मान भी मूलबेर के अनुरूप होना उल्लिखित है। तदनुसार बलि आदि बेर भी मूलबेर के समान होंगें, जो व्यावहारिक दृष्टि से युक्ति युक्त नहीं दीखता।

प्रतिमा निर्माण के लिए माप

प्रतिमा निर्माण के लिए माप छः तरह से होता है। जिसके लिये मान, प्रमाण, उन्मान, परिमाण, उपमान और लम्बमान की संज्ञाएं मूर्तिकारों में व्यवहृत होती थीं। मान का अर्थ लम्बाई से, प्रमाण का चौड़ाई से, उन्मान का मोटाई से, परिमाण का अर्थ परिमाप या घेरे (गोलाई) से, उपमान का अर्थ दो अवयवों के बीच स्थान से, लम्बमान का अर्थ प्रलम्ब रेखा की लम्बाई से है। इन छः मानों का बोध विविध संज्ञाओं से होता है। मानादि के पर्याय इस प्रकार हैं[43] :

मान– आयाम, आयत, दीर्घता

प्रमाण– विस्तार, तार, स्तृति, विस्तृति, वितृतम्, व्यास, विसारित, विपुल, तत, विष्कम्भ तथा विशाल।

उन्मान–बहल, घन, मिति, उच्छ्राय, तुंग, उन्नत, उत्सेध, उच्च, निष्कम, निष्कृति, निर्गम, निर्गति तथा उद्‌गम।

परिमाण– मार्ग, प्रवेश, परिणाह, नाह, वृत्ति, आवृत्ति तथा नत।

उपमान– तीव्र, विदर तथा अन्तर।

लम्बमान– सूत्र, लम्बन तथा उन्मित।

अनिरुद्ध–संहिता में मानोन्मानादि शब्द का विवेचन वर्णित हैं परन्तु ग्रन्थ में 6 मानों के निरूपण की प्रतिज्ञा कर केवल पाँच मानों का ही लक्षण–निर्देश किया गया है। जो निम्न रूपों में वर्णित है–

1– मान – उत्तुंगमान
2– उन्मान – विस्तृतमान
3– प्रमाण – नाभिमान
4– उपमान – अर्न्तमान
5– लम्बमान – सूत्रमान[44]

ज्ञातव्य है कि इन सभी दृष्टिकोणों से मूर्ति निर्माण के लिए तालमान का वर्णन प्राचीन ग्रंथों में समान रूप से नहीं मिलता।[45] कोई–कोई ग्रन्थ तो केवल मान अर्थात प्रतिमा की दीर्घता का ही विचार करते हैं, प्रमाण, उन्मान आदि की दृष्टि से नही। रूपमण्डन में भी प्रतिमामान का सभी दृष्टियों से विचार नही हुआ है। इसमें छः से नवताल तक का विचार किया गया है। जिसमें षट्, सप्त और अष्टताल की प्रतिमा का मान बताते हुए केवल प्रतिमा के मुख से लेकर पाद तक के लम्बमान अथवा दीर्घता का ही विवेचन प्रस्तुत किया गया है अर्थात मुख से ग्रीवा तक, ग्रीवा से हृदय तक, हृदय से मध्य तक, मध्य से नाभिमेढ़ू तक, नाभिमेढ़ू से उरु तक, उरु से जानु तक, जानु से जंघा तक, जंघा से पादमूल तक का लम्बमान में अन्तर बताया गया है।[46]

ध्रुवबेर के मान को दस भागों में विभक्त कर उसके दो भागों के अनुरूप कर्मार्चा तथा उत्सवार्चा का मान होता है। बिम्ब के एकादशांश से दशांश के अनुरूप शयनबिम्ब का मान बताया गया है। नवांश के अनुरूप बलिबिम्ब तथा अष्टमांश के अनुरूप तीर्थबिम्ब की कल्पना होनी चाहिए। षष्ठांश के अनुरूप स्नपन का मान होता है अथवा पक्षान्तर में अधोलिखित रूप से मूलबेर के अंगुलमान के अनुरूप अन्य बेरों का मान निर्दिष्ट है–

1– मूलबेर	=	26 अंगुल
2– कर्मार्चा	=	24 अंगुल
3– उत्सवार्चा	=	18 अंगुल
4– शयनबेर	=	16 अंगुल
5– बलिबिम्ब	=	12 अंगुल
6– तीर्थबिम्ब	=	8 अंगुल
7– स्नपनबेर	=	6 अंगुल[47]

भार्गव तन्त्र ने मूलबिम्ब के तृतीयांश के अनुरूप उत्सव, स्नपन तथा कौतुक बिम्बों का मान–निर्देश किया है। बलिदान, शयनबिम्ब तथा उत्थान और कर्म–बिम्ब मूलबेर के प्रमाण के अनुरूप कल्पित होना चाहिए।[48]

वैष्णव संहिताओं ने इसी प्रकार विविध प्रतिमाओं के मान का उल्लेख किया है। इसमें कुछ स्थानों में ग्रन्थ के भाव कुछ क्लिष्ट प्रतीत होते हैं, पर सामान्य रूप से निर्दिष्ट विषय को समुचित कहा जा सकता है। कुछ संहिताओं ने प्रतिमा के एक–एक अंगविशेष का मान अत्यन्त विस्तार के साथ बताया है। जैसे नारदीय संहिता, बृहत्संहिता, पाद्म संहिता, विष्वक्सेन संहिता तथा कुछ अन्य संहिताओं ने प्रतिमा के मुख, केशान्त, नासिका, चिबुक, ग्रीवाग्र, नाभिमेढ़्र, जंघा, मूर्धा, ग्रीवा, जानु, गुल्फ आदि अंगों का स्पष्ट वर्णन किया है।[49]

सन्दर्भ

1. मत्स्यपुराण, 258.22–25
2. रूपमण्डन, खण्ड–2, पृ0 19
3. कपिंजल संहिता, 10.53–57
4. स्वैरंगुलप्रमाणैर्द्वादश विस्तीर्णमायतं च मुखम्।

   नग्नजिता तु चतुर्दशा दैर्घ्येण द्राविडं कथ्तिम्।।

   ––बृहत्संहिता, वराहमिहिर, व्याख्याकार : पण्डित श्री अच्युतानन्द झा, चौखम्बा विद्याभवन, वाराणसी, 2005, अध्याय–58.4
5. तत्रांगुलिविधिं वक्ष्ये यथा तदवधारय।

   पंचधांगुलिराख्याता उच्यन्ते ता विधाः क्रमात।।

   मानं मानान्तरं मात्रा मुष्टिर्देहस्तथैव च।

   वक्ष्यमाणक्रमेणैषां भेदानां लक्षणं शृणु।।

   वातायनपथं प्राप्य ये यान्ति रविरश्मयः।

   तेषु सूक्ष्मा विसर्पन्ति रेणवः परमाणवः।।

   तेऽष्टौ केशाह्वयास्तेऽष्टौ लीक्षो यूकस्तदष्टकम्।

   तदष्टकं यवास्तेऽष्टावंगुलिः समृदाहृता।।

   तदुत्तमांगुलिः सप्त यवास्त्वेव तु मध्यमा।

   यवाः षडधमा प्रोक्ता मानांगुलमिदं भवेत।।

   विनयस्तैस्तिर्यगष्टाभिर्यवैर्मानान्तरांगुलम्।

   शालीभिर्वा ऋजुन्यस्तैस्त्रिभिर्मानान्तरं भवेत्।।

   आचार्यदक्षिणकरे मध्यमांगुलिमध्यमे।

   पर्वणोरन्तरं दीर्घ मात्रांगुलमुदाहृतम्।।

   चतुर्धा विभजेदेको भागो मुष्टयंगुलिः स्मृता।

   यत्किंचित्कौतुकायामं विभज्य दशधा पुनः।।

   ––पाद्मसंहिता, क्रियापाद, 12.25–32
6. देहलब्धांगुलेनैव प्रतिमांगानि कल्पयेत्।

   यैर्यावदिभर्विभागांशैरर्च्यमानमुदाहृतम्।।

   ––पाद्मसंहिता, क्रियापाद, 12.36
7. पुरुषोत्तमसंहिता, 8.7–11
8. पुरुषोत्तम संहिता, 8.11–15
9. पौष्कर संहिता, 4.5–9
10. भार्गवतन्त्र, 4.1–6
11. तुषहीनैरनुत्तानैरष्टभिर्मध्यमैर्यवैः।

    उत्तमं सप्ताभिर्मध्यमधमं षड्भिरंगुलम्।।

    ––विष्णुसंहिता, 13.75
12. हयशीर्ष–संहिता, आदिकाण्ड, 7.1–7

13. पाद्मसंहिता, क्रियापद, 19.51–65
14. अष्टौ यवमध्या अंगुलम्।
    मध्यमस्य पुरुषस्य मध्यमायां अंगुल्या मध्यप्रकर्षो वांगुलम्।।
    ––अर्थशास्त्र 2.20.6–7
15. स्वकीयांगलिमानेन मुखं त्याद् द्वादशांगुलम्।
    ––मत्स्य पुराण 257.19
16. स्वैरंगुलप्रमाणैर्द्वादश विस्तीर्णमायतं च मुखम्।
    नग्नजिता तु चतुर्दश दैर्ध्येण द्राविडं कथितम्।।
    ––बृहत्संहिता 58.4
17. स्वस्वमुष्टेश्चतुर्थोशों अंगुलं परिकीर्तितम्।
    ––शुक्रनीतिसार, 4–409
18. बनर्जी, पृ0 316–317
19. तत्रैव, पृ0 316–317
20. रूपमण्डन, 1.19–23
21. सर्वे देवा नवांशका। ––रूपमण्डन, 1.2
22. दशरथतनयो रामो बलिश्च वैरोचनिः शतं विंशम्।
    द्वादशहान्या शेषाः प्रवरसमन्यूनपरिमाणाः।।
    ––बृहत्संहिता, 58।30
23. नवतालप्रमाणास्तु देवदानव किन्नराः।
    ––मत्स्य पुराण, 247.16; अग्निपुराण, 44.2; विष्णुधर्मोत्तर पुराण, 38.6
24. शुक्रनीति, 4.410; प्रतिमालक्षण, 1.6
25. देवतालये मानहीनां मूर्ति भग्नां न धारयेत्।
    ––शुक्रनीति सार, 4.521
26. मुखमानेन कर्तव्या सर्वावयवकल्पना।
    ––मत्स्यपुराण, 257.1
27. बृहत्संहिता, 58.4; मत्स्यपुराण, 257.19; रूपमण्डन, 1.30
28. दवादशांगुलविस्तारस्ताल इत्यभिधीयते।
    ––विष्णुधर्मोत्तर पुराण, 35.11
29. विस्तार के लिए द्रष्ट्व्य, रूपमण्डन , सम्पादक– श्रीवास्तव बलराम, प्रकाशक– मोतीलाल बनारसीदास, नेपालीखपरा, बनारस, पृ0 25–26
30. तत्रैव, पृ0 26
31. नाधिकं हस्तमानाश्च न न्यूनं द्वादशांगुलात्।
    कौतुकं भवनेऽभ्यर्च्य शिलादार्वादिजं ध्रुवम्।।
    अंगुलैः प्रतिमामानं वर्णानामुच्यते क्रमात्।
    हस्तमानमिताऽर्चा स्याद्भवने पूर्वजन्मनः।।
    अंगुलैरेकविंशत्या प्रतिमा व सुधापतेः।

विशामेकोनविंशत्या द्वाभ्या् शूद्रस्य ही नया।।
अर्धचित्रं तथाभासं भवने मुक्तिवर्धनम्।
द्वादशांगुलमानाऽर्चा लोहजा पूर्व जन्मनः।।
नवांगुला क्षत्रियस्य विशः सप्तांगुला भवेत्।
पंचांगुला चतुर्थस्य प्रतिमा भवने भवेत्।।
——पाद्मसंहिता, क्रियापाद, 32.28–32

32. कपिंजल संहिता, 10.58–60
33. इत्युक्तं त्रिविधं मानमंगुलीनां प्रभेदतः।
प्रतिमालक्षणं वक्ष्ये शृणुष्वावहितः सदा।।
बेरमानं विमानाद्वा द्वारमानेन वा पुनः।
गर्भमानेन वा ज्ञेयं मूलबेरप्रमाणतः।।
मूलप्रासादविस्तारं यद्वाह्येषु प्रमाणतः।
तस्यार्ध श्रेष्ठभितयुक्तं तदर्धं मध्यमं स्मृतम्।।
तदर्धमधमं प्राहुः प्रतिमोत्सेधमत्र वै।
एवं प्रासादमानं तु द्वारमानमतः शृणु।।
द्वारात् पादाधिकं श्रेष्ठं द्वारमानं तु मध्यमम्।
द्वारस्य पादहीनं यदधमं प्रतिमाच्छ्रयम्।।
——विष्वक्सेन संहिता, 10.23–27
34. कालयोगप्रमाणेन कर्तव्या प्रतिमा तथा।
त्रिविधं प्रतिमाकर्म शास्त्रज्ञाः संप्रचक्षते।।
—— सनत्कुमार–संहिता, 7.36
35. श्रीप्रश्न संहिता, 12.1–58
36. पाद्मसंहिता, क्रियापद, 12.1–24, 32–52
37. विश्वामित्र संहिता, 22.21–28
38. कार्या गृहानुरूपार्चा गृहं वार्चानुरूपतः।
न्यायीऽयं पीठिकादीनामपि ज्ञेयो विचक्षणैः।।
——विष्णुसंहिता, 13.80
39. वाशिष्ठ–संहिता, 4.34–45
40. कपिंजल–संहिता, 11.38–62
41. श्रीप्रश्न संहिता, 14.5–10
42. भार्गवतन्त्र, 4.102–103
43. राव गोपीनाथ, भ्योमायर्स ऑफ दी आर्कयोलाजिकल सर्वे ऑफ इण्डिया, संख्या 3, पृ0 38
44. अनिरुद्ध–संहिता, 12.1–9
45. बृहत्संहिता, अध्याय 58; मत्स्य पुराण, अध्याय 259; समरांगणसूत्रधार, अध्याय 75; विस्तार के लिए द्रष्टव्य, राव गोपीनाथ, भ्योमायर्स ऑफ द आर्कयोलाजिकल सर्वे ऑफ इण्डिया, संख्या 3, पृ0 38
46. रूपमण्डन, सम्पादक– श्रीवास्तव बलराम, पृ0 26–29

47. श्रीप्रश्न संहिता, 14.5–10
48. भार्गव–संहिता, 4.102–103
49. नारदीय संहिता, 13.129–172; बृहत्संहिता, 58.5–29; पाद्मसंहिता, क्रियापद 20.1–101, भार्गव–संहिता, 4.9–84

अध्याय पंचम

प्रतिमा-प्रतिष्ठा

प्रतिष्ठा शब्द की व्युत्पति एवं अर्थवत्ता

बिना प्रतिष्ठा के प्रतिमा देवत्व को प्राप्त नहीं कर सकती। प्रतिमा–प्रतिष्ठा के साथ–साथ देवालय से सम्बद्ध अनेक वस्तुओं की प्रतिष्ठा का भी विधान किया गया है। प्रतिष्ठा के सन्दर्भ में वैष्णव आगमों में विस्तृत विवेचन उल्लिखित है। प्रसंगात् प्रतिष्ठा शब्द की व्युत्पत्ति एवं अर्थवत्ता पर ध्यान देना आवश्यक है।

प्रति उपसर्गपूर्वक 'स्थागति निवृत्तौ' धातु से 'अङ्', पुनः 'टाप्' प्रत्यय का विधान कर प्रतिष्ठा शब्द निष्पन्न होता है। इस शब्द के अधोलिखित अर्थ निर्दिष्ट हैं– 1–स्थिति 2–अवस्था 3–ठहरना 4–रहना 5–घर 6–निवास–स्थान 7–प्रतिमा–विशेष की स्थापना।[1] वस्तुतः विविध उपादान द्रव्यों से कल्पित प्रतिमा की प्रतिष्ठा के बिना कोई महत्व नहीं है। प्रतिमा में देवत्वापादन के लिए प्रतिष्ठा–कर्म निश्चित रूप से अत्यन्त अपेक्षित है। अतः इस प्रतिष्ठाक्रम में यहाँ प्रतिष्ठा के अंगभूत विषयों, जैसे– प्रतिष्ठा के लिए प्रशस्तकाल, यागशालादि विषय, बिम्ब–संस्कार, नेत्रोन्मीलन, भगवत्स्नपन तथा आराधन, अर्चाभिमानी जीव का मूर्ति में संयोजन, शक्ति–संयोजन, भगवदाराधन तथा विविध अग्निकार्य, पिण्डिकाधिवास, गर्भागार में ब्रह्मादि पदकल्पन, पिण्डिका का स्थापन, अवसर रत्नादिन्यास, पादशिला–स्थापन, 25 तत्त्वों का चिन्तन, बिम्ब–प्रतिष्ठापनक्रम, सजीवीकरण, प्रतिष्ठा के

पाँच भेद तथा उनका विवरण, विविध न्यासक्रम, होम–बलिदान, आलय वृत्ति–कल्पन, दक्षिणा–प्रदान, पुराणप्रतिमा–प्रतिष्ठा ये सभी विषय यहाँ प्रतिष्ठा के अन्तर्गत आते हैं।

यहाँ पर ध्यानार्ह है कि पाद्मसंहिता स्वयं यह प्रश्न उठाती है कि पूर्व से विद्यमान सर्वव्यापी देव की प्रतिमा में प्रतिष्ठा कैसी ? इस प्रश्न के उत्तर में कहा गया है कि सभी प्राणिमात्र की आत्मा हरि सर्वत्र स्थित रहते हुए भी स्थापक तथा गुरु के मंत्रवीर्य तथा माहात्म्य से प्रतिमा में प्रकृष्ट रूप से सन्निहित होता है और उसी प्रतिमा में लोग अशेष कामनाओं की याचना करते हैं।[2] इससे प्रतिष्ठा की अर्थवत्ता सिद्ध होती है। जैसे दाहक वहिन सर्वदा दहन करते हुए भी व्यापक रूप से नहीं रहता, पर अरणि के मन्थन से पुनः उत्पन्न हुआ दिखता है और दहनादि कर्म–सम्पादन करता है, उसी तरह सर्वगत विष्णु प्राकृत लोगों से अदृश्य भी मन्त्रियों के मन्त्र–गौरव से प्रतिकृति में दिखता है। इसीलिए सर्वात्मरूप से विष्णु की प्रतिष्ठा कर उसका अर्चन होना चाहिए।[3] सामान्यतः इसी भावना से अनेक पांचरात्र–ग्रन्थों ने प्रतिष्ठा के जो लक्षण बताये हैं, उनकी चर्चा यहाँ उपयुक्त होगी। पौष्कर संहिता कहती है– द्रव्यों से निर्मित आकृति–विशेष में मन्त्रियों के द्वारा मन्त्रों के निवेश को आप्तलक्षण प्रतिष्ठा कहते हैं।[4] पारमेश्वर संहिता के अनुसार परात्पर चातुरात्म्य व्यूहों–विभवों तथा जगदबीज वासुदेव के मूर्ति में किये जाने वाले सन्धान को प्रतिष्ठा कहते हैं।[5] विश्वामित्र–संहिता के अनुसार भी प्रतिष्ठा के विषय में सामान्यतः पाद्मसंहिता की तरह प्रश्न उपस्थापित कर कहा गया है कि यद्यपि भगवान् सर्वव्यापक हैं, तथापि मन्दबुद्धि लोगों के विश्वास के लिए प्रतिष्ठा का विधान करते हैं।[6] श्रीप्रश्न संहिता में प्रतिष्ठा का विवरण देते हुए भगवान ने कहा है कि मनुष्यों की इष्टसिद्धि के लिए पुनः सान्निध्य कारण से, मन्त्र के गौरव से तथा देसिकों की तपस्या से देसिकों के द्वारा अर्चा (प्रतिमा) में प्रार्थित मैं सिद्धि प्रदान करता हूँ।[7] **इस तरह प्रतिष्ठा का अर्थ प्रतिमा–विशेष में मन्त्र के द्वारा भगवच्छक्ति की स्थापना कहा जा सकता है।** बृहत्संहिता विभिन्न देवताओं के प्रतिष्ठा के निमित्त विभिन्न व्यक्तियों का वर्णन करता है। विष्णु की प्रतिष्ठा वैष्णव, सूर्य की प्रतिष्ठा मगब्राह्मण, शिव की प्रतिष्ठा भस्म लगाने वाले ब्राह्मण, जितेन्द्रिय बुद्ध की प्रतिष्ठा रक्तपट धारी और जिन की प्रतिष्ठा दिगम्बर क्षपणक को करनी चाहिए। जो मनुष्य जिस देवता का परम उपासक हो उस देवता की क्रिया करनी चाहिए।[8]

प्रतिष्ठा के लिए प्रशस्तकाल

प्रतिमा–कल्पन तथा आलय–सत्राह के पश्चात् प्रतिष्ठा का अवसर आता है। अर्थात प्रतिष्ठा के लिए प्रशस्तकाल का निर्देश ततसंहिताओं में देखते हैं। इस सम्बन्ध में नारदीय संहिता में वर्णित है कि शुक्लपक्ष की प्रतिपदा, द्वितीया, पंचमी, त्रयोदशी, दशमी तथा

पौर्णमासी तिथियों को प्रतिष्ठा के लिए प्रशस्तकाल कहा गया है। सोम, बृहस्पति, भार्गव तथा बुध वासर, सौम्य वासर कहे गये हैं। नक्षत्रों में तीन उत्तरा, रेवती, अश्विनी, रोहिणी, हस्त, पुनर्वसु, पुष्य, श्रवणा तथा भरणी नक्षत्रों को वैष्णवी प्रतिष्ठा के लिए ग्राह्य कहा गया है।[9] जयाख्य संहिता ने शुक्लपक्ष की शुभ तिथियों, स्वानुकूल नक्षत्र, शुद्ध तथा स्थिर लग्न एवं अषाढ़, कार्तिक तथा चैत्र में सूर्य के स्थिर रहते हुए प्रतिष्ठा के लिए प्रशस्त काल बताया है।[10] पाद्मसंहिता ने प्रतिष्ठा–कर्म के लिए उत्तरायण को मुख्य तथा दक्षिणायण को जघन्य बताया है। इसके साथ–साथ पाद्म संहिता ने प्रतिष्ठा के लिए ग्राह्य काल का विस्तार पूर्वक विवेचन किया है।[11] बृहत्संहिता में प्रतिष्ठा के प्रशस्तकाल का विस्तृत वर्णन करते हुए कहा गया है कि उत्तरायण में, शुक्ल पक्ष में, चन्द्र गुरु के षड्वर्ग में, स्थिर लग्न में, स्थिर नवांश में; शुभ ग्रह पंचम, नवम; लग्न चतुर्थ, सप्तम और दशम स्थान में हों; पापग्रह तृतीय, षष्ठ, दशम और एकादश में हों; तीनों उत्तरा, रोहिणी, मृगशिरा, रेवती, चित्रा, अनुराधा, श्रवण, पुष्य और स्वाती नक्षत्रों में मंगल को छोड़कर शेष दिनों में और प्रतिष्ठा करने वाले के लिए शुभदायक समयों में देवता का स्थापन करना कल्याणकारी होता है।[12] वैखानस आगम में विष्णवादि देवों की प्रतिष्ठा का काल उत्तरायण में फाल्गुन, चैत्र, वैशाख, पौष तथा ज्येष्ठ में उत्तम कहा गया है। दक्षिणायन में श्रावण, आश्वयुज तथा कार्तिक को मध्यम, प्रौष्ठपद तथा आषाढ़ को प्रतिष्ठा के लिए अधम स्वीकारा गया है। माघ तथा मार्गशीर्ष प्रतिष्ठा के लिए त्याज्य कहे गये हैं।[13]

यागशालादि के सन्दर्भ

प्रतिष्ठा के लिए अंगभूत होमादि सम्पादनार्थ यागशाला की आवश्यकता होती है। उसके लिए आलय के आगे के भाग में स्थान का निर्देश किया गया है। उस यागशाला में वेदिका तथा अग्निकुण्डों का कल्पन करते हैं। प्रतिष्ठा के समय यागशाला का सम्यक् अलंकार किया जाता है। यागशाला को चार तोरणों से युत, प्रशस्त वृक्ष के पत्रों से आच्छादितधिवासन (संस्कार विशेष) का मण्डप बनाना चाहिए। मण्डप के पूर्व भाग में अनेक वर्ण की पुष्पमाला और पताका लगानी चाहिए तथा अग्निकोण में लाल, दक्षिण और नैर्ऋत्य कोण में काली, पश्चिम में सफेद, वायव्य कोण में पाण्डुर (कुछ सफेद), उत्तर में अनेक वर्ण वाली और ईशान कोण में पीली पुष्पमाला और पताका लगानी चाहिए।[14] नारदीय संहिता ने किंचित विस्तारपूर्वक इस विषय का वर्णन किया है।[15] सनत्कुमार संहिता में भी सामान्यतः इसी प्रकार वह विषय कहा गया है।[16] अलंकृत यागशाला में शुद्ध गोमय के द्वारा मण्डल कल्पन करते हैं और उस पर चारों दिशाओं में सपल्लव कुम्भ को स्थापित कर उनमें इन्द्रादि लोकपालों का आवाहन तथा पूजन करते हैं। इस क्रम में तत्कर्मांग–होम–सम्पादन का भी निर्देश किया है। होमादि का सम्पादन करते समय कुछ नियम बताये गये हैं इसके

अनुसार मुख्य ब्राह्मणों द्वारा पूर्व दिशा में इन्द्र के और अग्निकोण में अग्नि के मन्त्र का जप करना चाहिए। तत्पश्चात् यजमान द्वारा उन ब्राह्मणों की दक्षिणा आदि से पूजा की जानी चाहिए। जिस देवता की प्रतिष्ठा हो रही हो, उस देवता के मन्त्रों से ब्राह्मणों के द्वारा हवन कराना चाहिए। यदि हवन के समय अग्नि धूमयुत हो, उसकी ज्वाला वामावर्त क्रम से घूमती हो, बार–बार शब्द करती हो या उसमें चिन्गारी उड़ती हो तो शुभ नही होता है। यदि हवन करने वाले की स्मृति का लोप हो जाय या प्रसर्पण हो जाय (जहाँ पर बैठा हो वहाँ से सरक जाय) तो भी शुभ नही होता है।[17]

शय्या कल्पन

प्रतिमा के प्रतिष्ठा क्रम में शय्या कल्पन का विधान किया गया है। इस विधान में प्रतिष्ठा करने वाले पुरुष द्वारा स्नान कराई हुई, वस्त्र पहनाई हुई, भूषण से अलंकृत की हुई, पुष्प और सुगन्धित द्रव्यों से पूजा की हुई प्रतिमा को सुन्दर बिछी हुई शय्या पर स्थापित करना चाहिए।[18] शय्या में अधोलिखित देवताओं का निर्दिष्ट क्रम से अर्चन करते हैं :–

1–ऐन्द्र भाग में– विष्णु
2–दक्षिण भाग में– मधुसूदन
3–पश्चिम भाग में– त्रिविक्रम
4–उत्तर भाग में– वामन
5–आग्नेयकोण में– श्रीधर
6–नैर्ऋत्य कोण में– हृषीकेश
7–वायव्य कोण में– पद्मनाभ
8–ईशान कोण में– दामोदर

इन सबका अर्चन, गन्ध तथा पुष्पों से सम्पन्न होता है।[19]

स्नपन संस्कार

अनेक आगमिक कर्मों में स्नपन या अभिषेक एक प्रमुख क्रिया के रूप में वर्णित है। स्नपन ज्ञान से नित्य तथा नैमित्तिक क्रियाएँ सफल होती हैं। परम संहिता के अनुसार स्नपन सर्वशक्ति प्रदायक तथा सर्वपाप–प्रणाशक है।[20] प्रतिमा–निर्माण के अनन्तर प्रतिष्ठा से पूर्व कर्मशाला में हुए दोषों की शान्ति के लिए स्नपन आवश्यक है।[21] स्नपन को अवभृथ स्नान भी कहा गया है। यह अवभृथ स्नान सिद्धि तथा मुक्ति प्रदायक है।[22] श्री प्रश्न संहिता के अनुसार प्रतिष्ठा क्रम में, उत्सव में, प्रायचित्त आदि के अवसर पर मुख्य स्नपन

किया जाता है।[23] स्नपन–क्रिया–सम्पादन के लिए मण्डल–कल्पन का विधान उल्लिखित है। उसी मण्डप में देवता का विधिवत स्नपन सम्पन्न होता है। यह मण्डल–कल्पन एकबेर प्रतिष्ठा विधि से अतिरिक्त प्रतिष्ठा–विधि से की गई प्रतिष्ठा–विधि वाले आलय के लिए कहा गया है। इस प्रसंग में स्नपन के लिए स्वीकृत तथा निर्दिष्ट बेरों की चर्चा नितान्त अपेक्षित है। नारदीय संहिता ने स्नपन के लिए ग्राह्य बेरों का स्पष्ट निर्देश किया है। स्नपन सर्वदा स्नपन–बेर में किया जाना चाहिए। यदि उत्सव–बेर का भी अभाव हो तो बलिबेर अथवा कर्मबेर में प्रतिसरबन्धन तथा स्नपन विहित है।[24] पर जहाँ 'एकबेर–विधि' से प्रतिष्ठा की गई होती है, अर्थात मूलबेर के अतिरिक्त स्नपनादि अन्य बेरों का अभाव होता है, वहाँ मण्डप–कल्पन की आवश्यकता नहीं होती है; क्योंकि एकबेर–विधि में स्नपनादि सारी क्रियाएं मूलबेर में होती हैं। स्नपन–मण्डप के लिए निम्न स्थान निर्दिष्ट हैं– आलय के अग्रभाग, आग्नेयकोण, दक्षिणभाग, नैर्ऋत्यकोण, पश्चिम दिशा, वायव्यकोण, उत्तर दिशा या ईशान कोण में स्नपन–मण्डप कल्पित होना चाहिए। यह मण्डप आराधक की इच्छा के अनुसार प्रथमावरण, द्वितीयावरण या चतुर्थावरण में कल्पित हो सकता है। स्नपनमण्डप सर्वत्र पूर्वाभिमुख, चार द्वारों से युक्त होता है। सर्वत्र मण्डप के पश्चिम भाग में वेदिका का स्थान कहा गया है।[25] स्नपनपीठ का मानादि यागपीठ के मानादि के समान होता है।[26] स्नपनमण्डप में स्नानपीठ–कल्पन के अवसर पर विधिवत् सूत्र–पातादि के द्वारा स्नपन–मण्डल का कल्पन करते हैं।[27] ईश्वर संहिता ने सौविध्य के अनुसार मण्डप–कल्पन के बिना भी वेदी–कल्पन कर उस पर कुम्भादि का अधिवासन कर देव का स्थापन तथा स्नपन विहित बताया है।[28]

ईशान कोण में स्नपनमण्डप का कल्पन कर उस मण्डप में स्नपन वेदिका का निर्माण किया जाता है। कलशों का अधिवासन कर उनमें ततद्रव्यों का निक्षेप कर चार कुम्भ स्थापित करते हैं।[29] इसके बाद विज्ञानपूर्वक प्रतिमा का कौतुक बन्ध किया जाता है। विज्ञापन के समय गुरु कहता है– **'हे अनामय नारायण, तुममें ईश की पूजा करते हैं, तुम द्रव्य–दोषों से रहित ऋद्धियुक्त बनो।'** कौतुक ऊणमिय होता है। अष्टाक्षर मन्त्र से सात बार कौतुक को अभिमन्त्रित कर प्रतिमा के दक्षिण हाथ में उसे बाँधते हैं।[30] पाद्‌म संहिता ने भी प्रायः इसी प्रकार विस्तार से प्रतिसर बन्धन का निर्देश किया है।[31] पुनः शकुन पाठ आदि के साथ बेर को स्नान–वेदी पर लाते हैं, और भद्रासन पर उसे रखते हैं। अधिवासन मण्डप के मध्य में बनाये हुए स्थण्डिल को लीपकर उस पर रेत और रेत के ऊपर कुशा बिछाकर उसके ऊपर प्रतिमा को सुला देना चाहिए। प्रतिमा का सिर राजा के आसन पर और पाँव तकिये पर होना चाहिए। पुनः पाकर, पीपल, सिरस, और बड़ के पत्तों के काढ़े से; मंगल संज्ञक (जया, जयन्ती, जीवन्ती, जीवपुत्री, पुनर्नवा, विष्णुक्रान्ता और लक्षमणा) सर्वौषधियों से; हाथी और घोड़े से उखाड़ी हुई पर्वत की, वल्मीक

की, नदियों के संगमस्थान की और कमलयुक्त सरोवर की मिट्टियों से; पंचगव्ययुत तीर्थ के जल से तथा सुवर्ण और रत्नों के जल से पूर्व दिशा शिर रखकर, प्रतिमा को स्नान कराकर सुगन्ध, द्रव्य, अनेक प्रकार के तुरही आदि वाद्य, पुण्याहवाचन और वेदध्वनियों से पूजा करनी चाहिए।[32] जो प्रतिमा विशालता के कारण या अन्य किसी कारणवश स्नान–वेदी पर ले जाने योग्य नहीं होती, उसकी छाया स्थाली आदि में लेकर उसका संस्कार करते हैं। भद्रासन पर रखी प्रतिमा का सुगन्ध, आज्य तथा गत्य से अभ्यंजन करते हैं। पुनः मसूरपिष्ट से उस प्रतिमा का उद्वर्त्तन कर जल से प्रक्षालन करते हैं।

नेत्रोन्मीलन

स्नपन संस्कार के पश्चात् मृत्तिका अथवा आमलक से बिम्ब का आलेपन किया जाता है। उसके पश्चात् 'समुद्र जेष्ठ' तथा 'या दिव्या' इत्यादि ऋचाओं से नेत्रोन्मीलन किया जाता है। इस अवसर पर मधुयुक्त घृत तैजस पात्र में रखकर 'मधुवाता' मन्त्र से अभिमन्त्रित करते हैं। पुनः सुवर्णशलाका से 'हिरण्यगर्भ' इत्यादि तथा 'चित्रन्देवानाम' इत्यादि मन्त्र के द्वारा प्रतिमा का नेत्रोन्मीलन किया जाता है। नेत्रोन्मीलन के समय पात्र में स्थापित पदार्थ–विशेष देव को प्रदर्शित करते हैं। उसके अनन्तर पूर्वोक्त चार कलशों के द्वारा देव का स्नपन करते हैं। स्नपनक्रम निम्नप्रकार है :–

प्रथम घट से **'हंसः शुची'** मन्त्र के द्वारा।
द्वितीय घट से **'विष्णोरराट'** मन्त्र के द्वारा।
तृतीय घट से **'सोम राजानम्'** मन्त्र के द्वारा।
चतुर्थ घट से **'विश्वतश्चक्षु'** मन्त्र के द्वारा।
उद्वर्तन 'द्रुपदादिवेती' मन्त्र के द्वारा।
शिरपुर आमलक प्रदान 'मानस्तोक्य' मन्त्र के द्वारा।
शुद्धतोय–स्नपन 'विष्णोरराट' मन्त्र के द्वारा।
पुनः स्नपन 'इदमापः प्रवहतः' मन्त्र के द्वारा।

इस तरह उपर्युक्त क्रम से स्नपन सम्पादित कर भगवान का आवाहन करते हैं और अर्घ्य, पद्यम, गन्ध, माल्य, पवित्र, वस्त्र, उत्तरीय, पुष्पावकीरण, धूप, अंजन, रोचना तथा पुष्पमाल्य से भगवदाराधन सम्पन्न करते हैं। ऋचाओं से पुरुषोत्तम की स्तुति की जाती है। स्नपन के बाद बिम्ब को लाकर शय्या पर सुलाया जाता है। ये सभी कर्म के तत्तमंत्रों से सम्पादित होते हैं।[33]

अर्चाभिमानी जीव का मूर्ति में संयोजन विधान

इसके अनन्तर प्रणव के द्वारा बिम्ब में अर्चाभिमानी जीव का समायोजन किया जाता है। इस क्रम में पंचतंत्रों में एक–एक की विपरीत क्रम से संहति कर अन्ततः बुद्धि में सबका संहार किया जाता है। उसके अनन्तर शान्त अनन्त परमव्योम में परब्रह्म का ध्यान किया जाता है।[34] नारदीय संहिता ने इस प्रसंग में भगवच्छक्ति तथा सृष्टिक्रम का संक्षेप में निरूपण किया है। प्रतिमा में मूर्तिमन्त्रों के तत्तद्वर्णों का न्यास करते हैं। उसके बाद बहिर्मण्डल में बिन्दु के ध्यान करने का निर्देश किया गया है। ईशभावस्थ जीव को पुनः परमेष्ठी, पौरुषी, विश्वात्मिका, निवृत्त्यात्मिका तथा सर्वात्मिका शक्तियों से संयुक्त करते हैं। इसके लिए तत्तद्बीज–मन्त्रों का उल्लेख किया गया है। कहते हैं कि ये पाँच भगवच्छक्तियाँ असंहृत रूप भगवदैश्वर्य को प्रकाशित नहीं कर सकतीं। ये सभी पाँच संहृत रूप से सबके कारण हैं। इन्हीं पाँच शक्तियों से परमात्मा उत्पत्ति, स्थिति तथा संहार में कारण होता है। इन्हीं शक्तियों से वह निग्रह तथा अनुग्रह करता है। मूर्तियों अर्थात प्रतिमाओं को मन्त्रात्मक कहा गया है। शक्तियाँ उसकी उपाधि कही गई हैं। इन्हीं शक्तियों के द्वारा भगवान सर्वव्यापक होता है।[35] इन शक्तियों से संयुक्त देव का मण्डल में विविध अलंकारादि से आराधन आवश्यक है।

शक्ति-संयोजन विधान

प्रतिमा में शक्ति–संयोजन के पश्चात् पुनः दीक्षाधिवास–विधि में उक्त क्रम से प्राक्कुण्ड में अध्व–होम का विधान किया गया है। होम के बाद शान्तत्युदक–सेचन निर्दिष्ट है। उसके अनन्तर यागशालास्य अग्नि–कुण्ड में शत या सहस्त्र संख्या की आहुति प्रदान करते हैं। दक्षिण–द्वार में गंगा, यमुना, गोदावरी तथा सरस्वती नाम की चार गायों से दूध दुहकर उससे चरु निर्माण करते हैं। और पुनः वह देव को निवेदित कर दिक्पालों के लिए बलि–प्रदानार्थ प्रयुक्त होता है। इसके पश्चात् ब्राह्मणों तथा भक्तों को भोजन तथा दक्षिणा प्रदान करते हैं। इस अवसर पर वेदादि के परायण, नृत्य, गेय तथा वाद्यादि का आयोजन किया जाता है।[36] तदनन्तर स्थण्डिल पर होम का निर्देश किया गया है।

अग्नि का प्रणयन विधान

इस क्रम में अष्टाक्षर मन्त्र से अग्नि का प्रणयन तथा विष्णु–गायत्री के द्वारा सर्पिष से अष्टोत्तर शत होम का विधान है। इस होम के पश्चात् सर्वतीर्थमय जल से भगवत्–प्रतिमा की मूर्द्धा का सेचन किया जाता है।[37] इस प्रकार प्रतिमा का अधिवास तथा तदंगभूत होमादि तत्त कर्म सम्पादित किया जाता है।

पिण्डिकाधिवास विधान

होमादि कर्म सम्पादित करते समय पिण्डिका का अधिवास भी किया जाता है। पिण्डिका से यहाँ तात्पर्य प्रतिमा पीठ है। इस अधिवास की कालावधि एक रात या तीन रात कही गयी है। अधिवास क्रम में स्वप्न–दर्शन का भी विधान है। अशुभ स्वप्नादि होने पर शान्ति–होम विहित है। यह स्वप्नदर्शन सामान्यतः दीक्षा–विधि की तरह उक्त है। प्रतिष्ठा–क्रम में प्रथम पिण्डिका स्थापन करते हैं, पुनः उसके पश्चात् प्रतिमा का स्थापना तथा प्रतिष्ठा। इस क्रम में गर्भगृह को परस्पर सात–सात (अर्थात् $7 \times 7 = 49$) पदों में विभक्त करते हैं। उन पदों में मध्य से आरम्भ कर क्रमशः ब्राह्म, दैव तथा मानुषपदों का निर्देश किया गया है। स्थावरार्चा अर्थात एकबेरार्चन–क्रम में ब्राह्म पद में पिण्डिका की स्थापना का विधान हैं। अस्थावरार्चा–अर्थात बहुबेरार्चन क्रम में पिण्डिका का स्थापन–स्थान दैव तथा मानुष पदो के मध्य कहा गया है।

रत्नादिन्यास विधान

पिण्डिका–स्थापन–क्रम में सर्वत्र रत्न–न्यास आवश्यक है। यह रत्न–न्यास नपुंसक शिला के ऊपर किया जाता है। इस रत्न–न्यास के क्रम में विष्णु–गायत्री से शत संख्याक होम कर उससे रत्नों को अभिमन्त्रित करते हैं। रत्न–न्यास के साथ बीज–न्यास भी किया जाता है। रत्न–न्यास से धातु तथा लोह भी विवक्षित है। यह न्यास–क्रम अधोलिखित है–

दिशा	**बीज**	**रत्न**	**धातु**	**लोह**
पूर्व	यव	रत्न	मनःशिला	हिरण्य
अग्निकोण	ब्रीहि	मौक्तिक	हरिताल	रजत
दक्षिण	निष्पाव	वैडूर्य	अंजन	ताम्र
नैर्ऋत कोण	प्रियंगु	शंख	श्यामआयस	
पश्चिम दिशा	तिल	स्फटिक	सीसक	त्रपु
वायव्य कोण	माष	पुष्टिक	सौराष्ट्र	कांस्य
उत्तर दिशा	नीबार	चन्द्रकान्त	रोचन	सुवर्ण कूर्म
ईशान कोण	महाशालि	इन्द्रनील	गैरिक	सुवर्णशंख

मध्य में यथावत् पद्मराग तथा पारद के न्यास का निर्देश किया गया हैं। पुनः ब्रह्मस्थान में हिरण्यक–न्यास का विधान है। इन बीजादि के अलाभ में उनके प्रतिनिधि भी कहे गये हैं। जैसे–बीजों के अभाव में शालिबीज, रत्नों के अलाभ में मुक्ताफल, धातुओं के अलाभ में हरिताल तथा लोहों के अभाव में सुवर्ण प्रतिनिधि रूप में कहे गये हैं। यह

रत्न–न्यास लोहमय पिण्ड होने पर किया जाना कहा है। रत्नमय बिम्ब होने पर रत्न–न्यास अपेक्षित नहीं होता।[38] पारमेश्वर संहिता में भी बीज तथा रत्नादि के न्यास का विस्तारपूर्वक वर्णन किया गया है। यहाँ का वर्णन पाद्म संहिता की अपेक्षा भी विस्तृत है। यहाँ न्यास के लिए निर्दिष्ट रत्नादि की संख्या अधिक है। साथ–साथ रत्नन्यास के अनेक विकल्प भी कहे गये हैं।[39] पिण्डिका स्थापन के पश्चात् उसके ऊपर विविधांग–परीक्षित पादशिला का न्यास किया जाता है। फिर उसके ऊपर प्रासाद के प्रमाणानुरूप प्रतिमा की स्थापना करते हैं।[40]

तत्त्व-चिन्तन विधान

वैष्णव आगमों के अनुसार प्रतिष्ठापित प्रतिमा में सारे तत्वों का होना भी आवश्यक है। अतः उसके तत्त्दंगों में तत्तत् पदार्थों का चिन्तन आवश्यक है। यद्यपि नारदीय संहिता ने आलय के एक–एक अंग का निर्देश कर एक–एक में पृथक्–पृथक् एक–एक तत्त्व के चिन्तन का विधान कहा है, पर कुछ अन्य संहिताओं में प्रतिमा के तत्त्दंगों में ही इन पदार्थों के न्यास का चिन्तन का निर्देश किया है। यह तत्त्व–चिन्तन नारदीय संहिता के अनुसार अधोलिखित हैः–

(क)

1– शिला–पृथ्वी–तत्त्व
2– स्थानवेदी–आपतत्त्व
3– जालान्तर्गत–रविरश्मि–तेजस तत्त्व
4– गवाक्ष–वायुतत्त्व
5– गगन–आकाशतत्त्व

पंच भूतपदार्थ

(ख)

6– कपाटद्वय–करद्वय
7– पाद–पाद
8– जलनिर्गम–पायु
9– आणि ?–योनि
10– कपोतपाली–श्रोत्र

कर्मेन्द्रियों की संख्या में एक न्युन है। ग्रन्थाशुद्धि के कारण यह स्पष्ट प्रतीत नही होता।

11– सुधा–त्वक्
12– शिखरपार्श्व–नेत्रद्वय
13– वेदिका–जिह्वा
14– नासा–घ्राण

पंचज्ञानेन्द्रियाँ

15– श्याम, कृष्ण, पीत, रक्त तथा श्वेत–ये पाँच वर्ण–गन्धादि

तन्मात्राएँ– 5

दीप–मन
पिण्डिका–बुद्धि
पिण्डिकान्तर–प्रकृति
प्रतिमा–परपुरुष
दण्ड एवं कूर्च–केश, रोम[41]

पाँच संख्या

इस तरह उपर्युक्त क्रम से वैष्णव संहिताओं ने आलय के अन्तर्गत परपुरुष से प्रारम्भ कर भूत पदार्थों तक सभी तत्त्वों को स्थित बताकर आलय को प्रायः परब्रह्म की तरह ही बताने का प्रयास किया है, जिसमें ये सारे तत्त्व स्थित होते हैं। कोई भी ऐसा तत्त्व या पदार्थ नहीं, जो आलय में विद्यमान न हो। इस सबके द्वारा प्रायः यह प्रतिपादन अभीष्ट है कि आलय (प्रतिमा) ही सर्वोत्कृष्ट आराध्य है। पारमेश्वर संहिता ने भी तत्त्व–न्यास का विस्तार से वर्णन किया है। यह तत्त्वन्यास प्रतिमा में किया जाता है।[42] तत्त्वन्यास के साथ वर्णन्यास का भी निर्देश किया गया है। नारदीय संहिता में जहाँ आलय के तत्त्दंगों को तत्त्तत्त्वों के रूप में बताया है वहाँ पारमेश्वर में प्रतिमा में इन तत्त्वों का न्यास बताते हैं। अक्षर तथा तत्त्वादि–न्यास एवं होम विषय की चर्चा पाद्‌म संहिता ने भी अपने ढंग से की है।[43]

बिम्ब प्रतिष्ठापन विधान

इन सबके बाद बिम्ब प्रतिष्ठापन का अवसर आता है। बृहत्संहिता में प्रतिष्ठा के सम्बन्ध में वर्णित है कि प्रतिमा का पुष्प, वस्त्र, चन्दन और सुगन्धित द्रव्यों से पूजन करके शंख और तुरही के शब्दों के साथ अधिवासन मण्डप से प्रदक्षिणाक्रम से प्रासाद के अन्दर प्रवेश कराना चाहिए। तत्पश्चात् वहाँ पर अनेक प्रकार की बलि देकर वस्त्र, दक्षिणा आदि से सभ्य जनों का पूजन करके, सोने का टुकड़ा देकर पिण्डिका के गड्ढे में प्रतिमा का स्थापन करना चाहिए। प्रतिष्ठा करने वाले मनुष्य को ज्योतिषी, सभ्य मनुष्य, कारीगर इन सबों का विशेष रूप से पूजन करना चाहिए। इस तरह करने वाला मनुष्य लोक में कल्याणों का भागी होता है और स्वर्ग प्राप्त करता है।[44] इस क्रम में गन्ध, धूपादि से मूल मन्त्र द्वारा देव का आराधन कर, शुद्ध वस्त्रों से वेष्टन करते हैं। शुभ मुहूर्त में वैष्णवों की **'उत्तिष्ठ ब्रह्मणस्पते'** मन्त्र के द्वारा देव का उत्थापन करते हैं। **'अतो देवा अवन्तुनः'** इस मन्त्र के उच्चारण के साथ आलय में प्रतिमा का प्रवेश कराते हैं। प्रासाद में प्रतिमा का प्रवेश कराकर पिण्डका के ऊपर स्थापित करते है। उस समय **'त्रैलोक्य विकाराय विक्रमाय नमो नमः'** इसका उच्चारण किया जाता है। पुनः **'ध्रुवाद्यौरि'** इत्यादि मन्त्र के द्वारा मूर्ति को पिण्डिका में स्थिर करते हैं।[45]

सजीवीकरण विधान

पीठ पर जब बिम्ब स्थिर हो जाता है, तब उसे **सजीव** करते है। यह सजीवीकरण मूल मन्त्र के द्वारा होती है। सजीवीकरण आचार्य के द्वारा सम्पादित होता है। अपने शरीर से प्राण का तत्तन्मात्रादियों के साथ निर्गमन कर बिम्ब के साथ संयुक्त कराने का ध्यान करते हैं। इस क्रम में तत्तन्मात्राओं तथा इन्द्रियादि से मूर्ति को संयुक्त किया जाता है। ऐसा करने से क्षणभर में मूर्ति सजीव हो जाती है। इस प्रकार जीवत्वापादित प्रतिमा का राजोपचारादि से आराधन करते हैं। पांचरात्रागम के अनुसार प्रतिमास्थ देव का प्रसंग युक्तियुक्त प्रतीत होता है, जो कि भक्तिभाव–मूलक इस वैष्णवागमशास्त्र का प्रधान प्रतिपाद्य विषय हैं।

प्रतिष्ठा के भेद

प्रतिष्ठा के पाँच भेद कहे गये हैं:–

1– स्थापना
2– आस्थापना
3– संस्थापना
4– प्रस्थापना
5– प्रतिष्ठा

स्थानक रूप में की गई प्रतिष्ठा को **स्थापना** कहते हैं। आसीन रूप में की गई प्रतिष्ठा **आस्थापना** कही गई है। शयन रूप में की गई प्रतिष्ठा को **संस्थापना** कहते हैं। यान पर की गई प्रतिष्ठा को **प्रस्थापना** कहते हैं। ब्रह्म स्थान के अर्चना–पीठ में जो प्रतिमा स्थापित होती है उसे **प्रतिष्ठा** कहते हैं।[46] उपर्युक्त क्रम से प्रतिमा की प्रतिष्ठा कर उसमें सृष्टि आदि न्यास किया जाता है। स्थित प्रतिमा में **स्थितिन्यास**, आसीन प्रतिमा में **सृष्टि न्यास**, शयन प्रतिमा में **संहतिन्यास** तथा **यानग प्रतिमा में तीनों तरह के न्यास विहित** है। संहारन्यास पाद, जानु, उपस्थ, नाभि, हृदय, मुख, नेत्र, ललाट, शिर तथा मूर्द्धा में मन्त्राक्षरों के द्वारा किया जाता है। **मूर्द्धा से पाद–पर्यन्त सृष्टि न्यास कहा गया है।** नाभि से हृदयान्त मन्त्रन्यास को स्थिति न्यास कहा गया है।[47] विष्वक्सेन–संहिता ने सृष्टि आदि न्यास के साथ–साथ प्रतिमा में मन्त्रादि अनेक न्यास करने का निर्देश किया है।[48]

कर्मार्चा के प्रतिष्ठाक्रम में प्रतिमा का अधिवास कर गर्भागार में प्रवेश कर मूलार्चा से उसका योग किया जाता है और सर्वमन्त्र से पाद–पीठ पर उसे स्थापित करते हैं।

पुनः मन्त्रन्यास किया जाता है। नारदीय संहिता[49] ने तत्तद्देवों की स्थापना के स्थानादि बतलाये गये हैं।[50]

नारदीय संहिता ने प्रतिष्ठा–विधि–निरूपण–क्रम में आलय–वृत्ति कल्पन का विधान किया है, जिससे आलयार्चन भविष्यत्काल में निर्विघ्न चलता रहता है। यजमान आत्मसमर्पण पूर्वक गुरु के लिए विविध वस्तुएँ प्रत्यर्पित करता है। प्रतिष्ठा के अवसर पर स्थपत्यादि का सम्मान तथा बन्धु–बान्धवों को भजनादि से संप्रीणन भी विहित है।

प्रतिष्ठा के दूसरे दिन सविस्तर ध्वजारोहणपूर्वक विष्णु का एक रात्र, द्विरात्र, पंचरात्र, नवरात्र या द्वादशरात्र उत्सवों में से किसी एक उत्सव का आरम्भ करते हैं। अन्त में तीर्थयात्रासवानान्त स्नपन–सम्पादन का विधान है।

पुराण–प्रतिष्ठापित प्रतिमा का प्रतिष्ठा क्रम भी यही होता है, पर उसमें प्रतिमा का अधिवासन नहीं किया जाता है। स्थापित प्रतिमा का उद्धरण सर्वथा निषिद्ध है। स्वयं व्यक्त तथा मुनिकल्पित प्रतिमा के जीर्ण होने पर या प्रासाद के भग्न होने पर भी प्रतिष्ठा का विधान नहीं है। उसका त्याग भी वर्जित है। उसी में उसकी आराधना विहित है। इसी तरह विघ्नाधिपादि की स्थापना कही गई है। **स्वतन्त्र देवताओं की प्रतिष्ठाक्रिया समान होती है।** द्वारपालों का पृथक् स्थापन सर्वथा निषिद्ध है।[51] श्रीमद्भागवत महापुराण के मतानुसार नग्न एवं भग्न प्रतिमा का पूजन नहीं करना चाहिए– **'नग्नं भग्नं न पूजयेत्'।**

स्वतन्त्र तथा अस्वतन्त्र रूप से सामान्यतः आलय दो प्रकार के कहे गये हैं। ग्रामादि के अंगरूप में कल्पित आलय **अस्वतन्त्र आलय** तथा तीर्थ एवं अरण्यादि में कल्पित आलय **स्वतन्त्र आलय** कहे गये हैं। पांचरात्रागम के अनुसार ये उभयविध आलय हितकारक होते हैं। जो देवालय स्वतन्त्र देवों के अंगरूप में नगर, ग्राम या रथ्यादि में पुनः कल्पित होता है, उसे **केवलालय** कहा गया है। केवलालय के साथ देवालय या अन्य देवों का उत्सव आदि करना निषिद्ध है। इस प्रसंग में अधोलिखित 15 देवताओं की स्थापना तथा आराधना का स्वरूप संक्षेप में नारदीय संहिता ने बताया है–

1– अग्नि

2– ब्रह्म

3– धनद

4– गजास्य

5– श्री

6– स्कन्द

7– सूर्य

8– रुद्र

9– दुर्गा

10– यम

11– इन्द्र

12– विष्णु

13– काम

14– अश्विनी कुमार

15– चन्द्रमा

यहाँ इनकी आराधना के उद्देश्य के सन्दर्भ में विवेचन किया गया है।[52]

उपरिलिखित देवताओं के प्रतिष्ठा के अतिरिक्त वैष्णव आगमों में शाला, मण्डप, बलिपीठ, प्रतिमा, घण्टा, अक्षयमाला, गोपुर, महानस तथा प्रपा आदि की प्रतिष्ठा का सामान्य रूप से विधान वर्णित है। यहाँ यह भी उल्लेख्य है कि इन सभी के प्रतिष्ठा–क्रम में अग्निकार्य आदि सामान्य क्रिया प्रतिमा–प्रतिष्ठा के समान ही बतलाये गये हैं।[53]

सन्दर्भ

1. संस्कृत–हिन्दी–शब्दकोश, पृष्ठ 656
2. व्यापिनो देवदेवस्य प्रतिष्ठा कीदृशी मता।
   भगवान संशयानस्य मम निश्चयो बद।।1।।
   सर्वभूतजातस्य हरिरात्मा स्थितोअपि सन्।
   मन्त्रवीर्याच्च माहात्म्यात् स्थापकस्य गुरोस्तथा।।2।।
   —— पाद्म संहिता, क्रियापाद, 26.1–2
3. पाद्म संहिता, क्रियापाद, 26.1–7
4. निवेशनं च मंत्राणां द्रव्यजास्वाकृतिषु यत्।
   विहिता सा प्रतिष्ठा वै मन्त्रिणामाप्तलक्षणा।।
   ——पौष्कर संहिता, 38.4
5. पारमेश्वर संहिता, 15.21–24
6. प्रतिष्ठां श्रृणु विप्रर्षे देव देवस्य शार्गिण।
   सर्वलोकेषु यद्वस्ततु स्थावरं जंगमं तथा।।
   द्रष्टुं यच्छक्यते सर्वैः श्रोतुं वा द्विजसत्तम।
   तेषामन्तर्बहिरपि व्यापकत्वेन संस्थितः।।
   तस्य विष्णोर्भगवतः प्रतिष्ठा की दृशी भवते।
   तथा हि मन्दबुद्धीनां विश्वासायाभिधीयते।।
   —— विश्वामित्र संहिता, 14.1–3

7. श्रीप्रश्न संहिता, 18.1–2
8. विष्णोर्भागवतान् भगांश्च सवितुः श्म्भोः सभस्मद्विजान्
मातृणामपि मण्डलक्रमविदो विप्रान् विदुर्ब्रह्मणः।
शाक्यान् सर्वहितस्य शान्तमनसो नग्नान् जिनानां विदुर्ये
यं देवमुपाश्रिताः स्वविधिना तैस्तस्य कार्या क्रिया।।
——बृहत्संहिता, 60.19
9. प्रतिष्ठा लक्षणं ब्रूहि सर्वत्र मुनिपुंगगव।
स्थापनं सम्प्रवक्ष्यामि क्रमेण मुनिसत्तम।।
प्रथमा च द्वितीया च पंचमी च त्रयोदशी।
दशमी पौर्णमासी च शुक्लपक्षे शुभाः स्मृताः।।
सोमो बृहस्पतिश्चैव भार्गवोऽथ बुधस्तथा।
एते सौम्यग्रहाः प्रोक्ताः प्रतिष्ठायागकर्मणि।।
त्रिषूत्तरेषु रेवत्यामश्विन्यां रोहिणीषु च।
हस्ते पुनर्वसौ चापि पुष्ये च श्रवणे तथा।।
भरण्यां चैव नक्षत्रे विष्णोः स्थापनमुत्तमम्।
——नारदीय संहिता, 15.2–6
10. जयाख्य संहिता, पटल 20.131–132
11. पाद्मसंहिता, क्रियापद, 25.1–16
12. उदगयने सितपक्षे शिशिरगभस्तौ च जीववर्गस्थे।
लग्ने स्थिरे स्थिरांशे सौम्यैर्धीधर्मकेन्द्रगतैः।।
पापैरुपचयसंस्थैर्ध्रुवमृदुहरितिष्यवायुदेवेषु।
विकुजे दिनेऽनुकूले देवानां स्थापनं शस्तम्।।
——बृहत्संहिता, 60.20–21
13. विमानार्चनकल्प, पटल 27
14. वराहमिहिर, बृहत्संहिता, व्याख्याकार : पण्डित श्री अच्युतानन्द झा, चौखम्बा विद्याभवन, वाराणसी, 2005, अध्याय–60.20–21
15. नारदीय संहिता, 15.6–23
16. सनत्कुमार–संहिता, ब्रह्मरात्र, 6.19–25
17. बृहत्संहिता, 60.11–13
18. स्नातामभुक्तवस्त्रां स्वलंगकृतां पूजितां कुसुमगन्धैः।
प्रतिमां स्वास्तीर्णायां शय्यायां स्थापकः कुर्यात्।।
——बृहत्संहिता, 60.14
19. नारदीय संहिता, 15.23–33
20. परम संहिता, 21.42

21. ततः स्नात्वा प्रभाते तु स्नापयेत्प्रतिमां मुने।
    प्रथमं कर्मशालोत्थ दोषविध्वंसनाय च ।।

    ––जयाख्य संहिता, पटल 20.148
22. तत्रैव, पटल 20.363
23. श्रीप्रश्न संहिता, 27.131–134
24. तस्याप्यसन्निद्धौ कुर्याद्वलिबिम्बे विचक्षणः।
    कर्मबिम्बे तु वा कार्यं बन्धप्रतिसरीयकम्।।
    ततोऽधिवासयेद्देवं तीर्थयात्राविधौ यथा।
    एवं सर्वेषु यागेषु कार्यं कौतुकबन्धनम्।।

    ––नारदीय संहिता, 20.21–22
25. नारदीय संहिता, 20.3–9; ईश्वर संहिता, 15.3–5, 15–16
26. ईश्वर संहिता, 15.5
27. तत्रैव, 15.13–14
28. तत्रैव, 15.5–7
29. तत्रैव, 15.33–49
30. तत्रैव, 15.55–58
31. पाद्मसंहिता, क्रियापाद, 26.22–28
32. बृहत्संहिता, 26.7–10
33. नारदीय संहिता, 15.59–81
34. तत्रैव, 15.82–88
35. नारदीय संहिता, 15.115–130
36. तत्रैव, 15.131–145
37. तत्रैव, 15.145–151
38. रत्नन्यासं तु कुर्वीत पिण्डे लोहमये द्विज।।
    तथा रत्नमये बिम्बे न कुयौच्च विचक्षणः।

    ––नारदीय संहिता, 15.171
39. पारमेश्वर संहिता, 15.737–772
40. ततः पादशिलां न्यस्य विविधांगपरीक्षिताम्।।
    उपरि प्रतिमा कार्या प्रासादस्य प्रमाणतः।

    ––नारदीय संहिता, 15.172
41. नारदीय संहिता, 15.173–181
42. पारमेश्वर संहिता, 15.497–560
43. पाद्संहिता, क्रियापाद, 27.107–146
44. बृहत्संहिता, 60.16–18
45. प्रवेशयेत् प्रयत्नेन प्रासादं देशिकोत्तोमः।
    'त्रैलोक्य विकाराय विक्रमाय नमो नमः'।।

पिण्डिकायां तु संस्थाप्य स्थिरी कुर्यादनेन तु।
'ध्रुवाद्यौरि' तिमन्त्रेण प्रयत्नाद्देशिकोत्तमः।।

——नारदीय संहिता, 15.185–186

46. सनत्कुमार संहिता, ब्रह्मरात्र, 9.114–119
47. नारदीय संहिता, 15.210–219
48. विष्वक्सेन संहिता, 19.24–32
49. नारदीय संहिता, 15.207–209
50. तत्रैव, 15.214–235
51. तत्रैव, 15.239–257
52. तत्रैव, 28.1–10
53. पाद्म संहिता, क्रियापाद, 30.37–47; नारदीय संहिता, 16.1–2, 29

अध्याय षष्ठ

उपसंहार

प्रस्तुत ग्रन्थ के प्रथम अध्याय में हमने वैष्णव आगम के उद्भव एवं विकास पर प्रकाश डाला है। वैष्णव आगम परम्परा प्रारम्भ में उत्तर भारत में पुनः दक्षिण भारत में फैलती गयी। कश्मीर से लेकर तमिलनाडु तक इस परम्परा के अनेक लोक विश्रुत केन्द्र बनते गये और चूंकि यह परम्परा मन्दिरों से जुड़ी थी अतः पांचरात्र विधि से उपासना करने के तीन प्रमुख केन्द्र दक्षिण भारत में प्रतिष्ठित हुए। ये केन्द्र हैं– यदुशैल (श्रीरंगम्), मेलकोटे (मैसूर) और कांजीवरम्। प्राचीनतम् वैष्णव संहिताओं में एक जयाख्य संहिता की रचना 'प्रभास' में की गयी। इस तरह प्रभास प्राचीन केन्द्रों में से एक प्रतीत होता है।

त्रिरत्न (सात्वत, पौष्कर एवं जयाख्या), त्रिरत्ननिष्ठ (ईश्वर, परमेश्वर एवं पाद्म) तथा अहिर्बुध्न्य, लक्ष्मीतन्त्र आदि दो दर्जन से अधिक अब तक प्रकाशित हो चुकी अन्य संहिताओं का विवेचन पांचरात्र आगम परम्परा के अभिज्ञान के लिए प्रासंगिक है।

प्रोफेसर खोंदा की यह धारणा युक्ति संगत प्रतीत होती है कि वैष्णव साहित्य एक विशिष्ट देवता की भक्ति द्वारा मुक्ति का उपदेश देता है और यह साहित्य इस वैष्णव धारा की परम्पराओं, सिद्धान्तों, पूजा–विधानों का सम्यक् परिचय देता है। यह साहित्य एक लम्बे अन्तराल तक लिपिबद्ध होता रहा है। इसकी त्रिरत्न संहितायें 600 ई0 के आस–पास अथवा कुछ शताब्दियों पूर्व रची गयीं। डॉ0 खोंदा ने इनकी अवधि 600 से 800 ई0 निश्चित

की है। उनके विचार से बाद की संहितायें दसवीं शताब्दी से चौदहवीं शताब्दी के मध्य की है। इन संहिताओं के अन्तः साक्ष्य– यथा स्थानीय वर्णमालाओं, क्षेत्रीय स्थापत्य की विशिष्टताओं और कतिपय भौगोलिक संदर्भों के द्वारा ऐसा विश्वास किया जाता है कि इस धर्म की उत्पत्ति और प्रसार उत्तर भारत में जिसमें कश्मीर व उड़ीसा क्षेत्र भी जुड़े रहे और अन्ततः इस धर्म का प्रसार दक्षिण में हुआ।

वास्तव में दक्षिण में ही पांचरात्र विधि से अधिकांश वैष्णव मन्दिरों में उपासना होती है। समग्र पांचरात्र साहित्य (प्रकाशित एवं अप्रकाशित) को ध्यान में रखा जाय तो कहा जा सकता है कि प्राचीन संहिताओं में वैष्णव धर्म के महाकाव्यों की परम्परा प्रतिबिम्बित है और प्राचीनतम् पुराणों में इस धार्मिक परम्परा की झलक मिलती है। वैष्णव धर्म के अर्वाचीन स्तरों का बोध हमें उत्तरकालीन पांचरात्र संहिताओं से होता है। इसमें सन्देह नहीं कि पिछले सस्त्राधिक वर्षों का वैष्णव धर्म का इतिहास–ज्ञान सम्भव न हो पाता यदि हम पांचरात्र मत के विपुल साहित्य को न जान पाते।

आगम शब्द की उत्पत्ति एवं उसकी व्यूत्पत्ति परक सिद्धान्तों का विवेचन करते हुए यह कहा कि वैष्णव आगम के दो भेद हैं– वैखानस आगम तथा पांचरात्र आगम। तद्नन्तर वैष्णव आगम के प्रमुख धाराओं का भी विवेचन करने का प्रयास किया है और यह भी बतलाया है कि वैष्णव आगमिक परम्परा के अनुसार आगम के त्रिविध स्वरूप हैं– निगम, तांत्रिक और मिश्र। साथ ही वैखानस आगम निगम तथा पांचरात्र तान्त्रिक एवं भागवत मिश्र हैं।

वैखानस आगम की परम्परा के मूल उद्गाता विखना है, जिन्हें ब्रह्म का एक रूप माना गया है। तिरुपति वैखानसों का प्रमुख दिव्य देश है तो पांचरात्रिकों का श्रीरंगम् दिव्य देश है। वैखानस आगम का साहित्य विशाल है किन्तु लुप्तप्राय है। परन्तु वैष्णव आगमों का साहित्य विपुल है। इसी अध्याय में वैखानस एवं पांचरात्र आगमों में परस्पर निन्दा वचनों के साथ अपने–अपने शास्त्र की प्रशंसा के अनेक उल्लेख मिलते हैं। वैखानस आगम अपने को सौम्य एवं पांचरात्र को आग्नेय कहते हैं। इस प्रकार पांचरात्र आगमों में वैखानस की चर्चा करते हुए यह कहा है कि विष्णु तंत्र दो प्रकार से प्रोक्त हैं।

ध्यातव्य है कि प्रथम अध्याय में पांचरात्र का आरम्भिक इतिहास पर प्रकाश डाला गया है और नारायण तथा पांचरात्र शब्द के मूलार्थ पर विवेचन करते हुए यह अर्थ सर्वमान्य रूप से सिद्ध किया गया है कि पांचरात्र का अर्थ सर्वस्व की उपासना है।

पांचरात्र मतः मूल उद्गाता प्रवर्तक आचार्य के सन्दर्भ में यह कहा गया है कि पांचरात्र आगम परमब्रह्म नारायण वासुदेव द्वारा प्रोक्त है। तद्नुसार नारद एवं इसके अनन्तर संकर्षण, शाण्डिल्य आदि द्वारा प्रवर्तित एवं प्रसारित हुआ।

इस अध्याय में उपास्य ब्रह्म नारायण एवं वासुदेव पर प्रकाश डालते हुए नारायण शब्द की अर्थवत्ता, पांचरात्रागमों में नारायण, पांचरात्रागमों में वासुदेव, भागवत, वैष्णव आगमों की वैदिकता अथवा अवैदिकता का विवेचन करते हुए, पांचरात्र संहिताओं की संख्या तथा त्रिरत्न एवं त्रिरत्ननिष्ठ संहिताएं तथा उनके पूजा–केन्द्रों पर प्रकाश डाला गया है। पांचरात्र आगम व्यापक विषय क्षेत्र का विवेचन करते हुए डॉ0 एफ0 आट्टो श्रेडर द्वारा निर्देशित इन वैष्णव आगमों को दस भागों में विभक्त किया गया है। यथा– दर्शनशास्त्र, मन्त्रशास्त्र, यन्त्रशास्त्र, योग, मायायोग, मन्दिर–निर्माण, प्रतिमा–प्रतिष्ठा विधि, संस्कार, वर्णाश्रम–व्यवस्था, उत्सव–विधान हैं। यह भी कहा गया है कि यह शास्त्र चतुष्पादके रूप में विभक्त है यथा– ज्ञान, योग, क्रिया एवं चर्या।

प्रस्तुत अध्याय में प्रकाशित वैष्णव आगम की सर्व प्राचीन संहिताओं सात्वत, पौष्कर, जयाख्य के अतिरिक्त अगस्त संहिता, अनिरुद्ध संहिता, अहिर्बुध्न्य संहिता, ईश्वर संहिता, काश्यप संहिता, ज्ञानामृतसार संहिता (नारद पांचरात्र), नारदीय संहिता, परम संहिता, पाद्म संहिता, पारमेश्वर संहिता, बृहद्ब्रह्म संहिता, भारद्वाज संहिता, मार्कण्डेय संहिता, लक्ष्मीतंत्र, विश्वामित्र संहिता, विष्णु संहिता, विष्वक्सेन संहिता, शाण्डिल्य संहिता, शेष संहिता, श्रीप्रश्न संहिता, सनत्कुमार संहिता, हयशीर्ष संहिता, भार्गवतन्त्रम्, कपिंजल संहिता, परमपुरुष संहिता, पराशर संहिता, पुरुषोत्तम संहिता, विष्णुतिलक संहिता आदि का संक्षिप्त विवेचन प्रस्तुत अध्याय में द्रष्टव्य है।

द्वितीय अध्याय प्रतिमा लक्षण व्युत्पत्ति एवं अर्थवत्ता पर प्रकाश डालते हुए प्रतिमा के लिए प्रयुक्त शब्द मंत्र स्वरूप, अर्चा, वेर, बिम्ब, प्रतिमा, विग्रह, मूर्ति, कौतूक का विवेचन किया गया है, तथा प्रतिमा भेद, मूलबेर के भेद, प्रतिमा की अवस्थिति के आधार पर भेद, योग तथा भोग के आधार पर भेद, वय के आधार पर भेद पर हमने प्रकाश डाला है। इसी अध्याय में हमने षाड्गुण्य ब्रह्म स्वरूप नारायण, वासुदेव के व्यूह एवं विभव स्वरूपों के अध्ययन के प्रसंग में व्यूह एवं विभव जैसे पदो के मूलार्थ–प्रकाश के साथ–साथ व्यूहवाद एवं विभववाद का हमने विवेचन किया है।

जहाँ तक अवतारवाद का प्रश्न है इस सिद्धान्त के स्रोत तो वेदों तक में खोजे जाते हैं और विश्वास किया जाता है कि वैदिक देवता प्रजापति के अनेक गुणों का अन्ततः विष्णु–नारायण में समाहार होता गया। श्रीमद्भगवद्–गीता में अवतारवाद के प्रयोजन पर स्पष्ट विचार–अभिव्यक्त है कि साधुजनों की रक्षा, दुष्ट जनों के विनाश और धर्म की संस्थापना के निमित्त युग–युगों में श्री भगवान् अवतरित होते हैं। महाकाव्यों, पुराणों में विष्णु के अनेक अवतारों के वर्णन हैं जिनकी संख्या निश्चित करना सरल नही। संभवतः इसलिए 'अवताराः हि असंख्येयाः' यह पौराणिक वचन प्रसिद्ध है। लेकिन ऐतिहासिक युगों

में गुप्तकाल में ही दशावतार की प्रतिष्ठा हो गयी थी। उत्तर प्रदेश के ललितपुर जनपद में स्थित देवगढ़ का दशावतार मंदिर विख्यात है। पांचरात्र साहित्य में अवतार मूर्तियों का अनेक संहिताओं में वर्णन हुआ है। लेकिन इस परम्परा में विभववाद कें रूप में इस दृष्टि को अभिव्यकित मिली है। ऐसा प्रतीत होता है कि अवतारों के लिए विभव शब्द अधिक सटीक और उपयुक्त शब्द है।

इसी अध्याय में कला में चतुर्व्यूह के आरम्भिक शिलापांकन में वैष्णव आगमों में चतुर्व्यूह सम्बन्धी सिद्धान्त का विवेचन करते हुए चतुर्व्यूह प्रतिमा, चतुर्व्यूह प्रतिमा का शास्त्रीय विधान, वासुदेव, संकर्षण, प्रद्युम्न एवं अनिरुद्ध के स्वरूप, आयुध, अलंकरण का विवेचन किया गया है। अवस्थिति के आधार पर चतुर्मूर्तियों का शिल्पांकन, यानभूत वैनतेय का शिल्पांकन, वैष्णव आगमों के द्वादश मासाधिपों के शिल्पांकन में केशव, नारायण, माधव, गोविन्द, विष्णु, मधुसूदन, त्रिविक्रम, वामन, श्रीधर, हयशीर्ष, पद्मनाभ एवं दामोदर के अलंकरण एवं आयुध पर प्रकाश डाला गया है।

वैष्णव आगमों में दशावतार प्रतिमाओं का शिल्पांकन जिनमें मत्स्यमूर्ति, कूर्ममूर्ति, वराहमूर्ति, नरसिंह, वामन, त्रिविक्रम, परशुराम, राम, बलराम, कृष्ण, बुद्ध, कल्कि आदि का संहिताओं के आधार पर विवेचन किया गया है।

ध्यातव्य है कि व्यूहवाद के सिद्धान्त से इस परम्परानुसार सृष्टि क्रम अथवा सर्ग सिद्धान्त का बोध होता है। तद्नुसार व्यूह वासुदेव ब्रह्म स्वरूप, संकर्षण जीव स्वरूप और प्रद्युम्न तथा अनिरुद्ध क्रमशः मन एवं अहंकार स्वरूप माने गये हैं।

चतुर्व्यूह सिद्धान्त के अनुसार ब्रह्म से जीव, जीव से मन, मन से अहंकार स्वरूप अनिरूद्ध ही सम्पूर्ण सृष्टि के निमित्त हैं।

तृतीय अध्याय प्रतिमोपादान द्रव्य है। भारतीय देव प्रतिमाएं विभिन्न कालों में निर्मित होती रहीं हैं और जनमानस पर अमिट छाप छोड़ती रही हैं। प्रतिमा विज्ञान इतिहास की बीती घटनाओं पर प्रत्यक्ष प्रकाश डालती है। अमूर्त्य को मूर्ति रूप देना वैष्णव भक्त के हृदय को पकड़ना होता है तथा संतप्त को चिर शान्ति का दृढ़ साधन प्रदान करना प्रतिमा आराधना का मुख्य लक्ष्य है। अतः मूर्ति निर्माण में शरीरावयवयों के आनुपातिक क्रम, मूर्ति एवं देवताओं की स्थापना संबंधी विधान वैष्णव आगमों में विस्तार से उल्लिखित है। वैष्णव आगम ग्रंथों में उपादान द्रव्य का विश्लेषण हुआ है। सामान्यतः मूर्ति लक्षण निरूपण अध्याय का आरम्भ ही प्रतिमा उपादान द्रव्य के निर्देश से होता है। उपादान द्रव्यों के आधार पर प्रतिमा के पांच भेद कहे गये हैं– शिला, लोह, मणि, काष्ठ, मृद्। कुछ अन्य संहिताओं के अनुसार छः उपादान द्रव्य मान्य हैं– रत्न, स्फटिक, लोह, शिला, दारु और मृद्। कुछ वैष्णव आगमों में सात द्रव्य वर्णित हैं– रत्न, लोह, शिला, धातु, मृद्, काष्ठ, आलेख्य। इन्हें

सभी कामनाओं की पूर्ति करने वाला कहा गया है। इन द्रव्यों से प्रतिमा निर्माण की विधि पर प्रकाश डाला गया है। तदनन्तर प्रतिमोपादान द्रव्य शिला के भेद– गिरिजा, भूमिजा, वारिजा, वारुणि, ऐन्द्रिय, आग्नेयी, वायवी, वय के आधार पर शिला भेद– बाला, मध्या, वृद्धा, शिला के विभिन्न अंग, ग्राह्य एवं अग्राह्य शिला, शुभ शिला, अशुभ शिला, शिला परीक्षण, शिला संग्रह का प्रशस्त काल, शिला दोष तथा फल, शिला–प्रतिमा दोष तथा फल का सविस्तृत उल्लेख इस अध्याय में हुआ है। प्रतिमोपादान द्रव्य लौह, रत्न, दारु, मृद् एवं अन्य उपादान द्रव्य प्रस्तुत अध्याय का प्रतिपाद्य है।

चतुर्थ अध्याय प्रतिमा मान के लिए प्रयुक्त अंगुल, ताल आदि शब्दों की परिभाषा पर प्रकाश डालते हुए मत्स्य पुराण में वर्णित है कि गृह में पूजन योग्य प्रतिमा का आकार अंगूठे से लेकर बारह अंगुल से अधिक नहीं होना चाहिए। किन्तु जो प्रतिमा मन्दिर में प्रतिष्ठित की जाती है उसका आकार सोलह अंगुल से अधिक नहीं होना चाहिए। मत्स्य पुराण में इस सन्दर्भ में विस्तार से प्रकाश डाला गया है तथा प्रतिमा की पीठिका की निर्माण विधि बतलायी गयी है। साथ ही वैष्णव संहिताओं में प्रतिमा मान के लिए अत्यन्त लघु रूप में अंगुलमान का प्रयोग किया गया है। यह अंगुल तीन प्रकार का है– मानांगुल, मात्रांगुल, देहलब्धांगुल, पाद्म संहिता में पांच प्रकार के अंगुल मान का विवेचन है।

प्रस्तुत अध्याय में तालमान, प्रतिमा के अन्य मान, प्रतिमा निर्माण के छः प्रकार के माप जैसे– मान, प्रमाण, उनमान, परिमाण, उपमान, लम्बमान का वर्णन हुआ है। वैष्णव आगमों में विविध प्रतिमाओं के मान का निर्देश किया गया है। कुछ संहिताओं में प्रतिमा की एक–एक अंग विशेष का मान विस्तार से विवेचित किया गया है।

पंचम अध्याय में प्रतिमा–प्रतिष्ठा के सन्दर्भ में वैष्णव आगमों में विस्तार से सूचनाएं उल्लिखित हैं। प्रतिमा, प्रतिमा–प्रतिष्ठा, प्राण–प्रतिष्ठा, जलाधिवास, छायाधिवास, अन्नाधिवास, रत्नोदक, गंगोदक, यमुनोदक जैसे सौ घड़ों से प्रतिमा का स्नपन कराकर मन्दिर के गर्भ गृह में, मन्त्रों के उच्चारण के साथ प्रतिमा को प्रतिष्ठापित किया जाता है। आगमिक विधानों के आलोक में इस प्रतिष्ठा का सर्वाधिक महत्व रहा है। इस अध्याय में प्रतिष्ठा शब्द की व्यूत्पत्ति एवं अर्थवत्ता पर प्रकाश डालते हुए यह कहा है कि बिना प्रतिष्ठा के प्रतिमा देवत्व को प्राप्त नहीं कर सकती। 'स्वयं भी देवो भूत्वा देवो यजेत्' का सिद्धान्त प्रतिपादित किया गया साथ ही देवालय से संबंधित अनेक वस्तुओं की प्रतिष्ठा का विधान वैष्णव आगमों में विस्तार से उल्लिखित है। प्रतिमा–प्रतिष्ठा के प्रशस्तकाल, याज्ञशालादि विषय, शय्याकल्पन, स्नपनसंस्कार, नेत्रोनमीलन, अर्चाभिमानी जीव का मूर्ति में संयोजन, शक्ति संयोजन, अग्नि प्रणयन, पिण्डिकाधिवास, रत्नाधिन्यास, तत्व चिन्तन, बिम्ब प्रतिष्ठापन, सजीवीकरण; प्रतिमा–प्रतिष्ठा के भेद यथा स्थापना, आस्थापना, संस्थापना,

प्रस्थापना एवं प्रतिष्ठा आदि का विस्तृत विवेचन इस अध्याय में वर्णित है साथ ही वैष्णव आगमों में शाला, मण्डप, बलिपीठ, प्रतिमा, घण्टा, अक्षयमाला, गोपुर, महानस तथा प्रपा आदि की भी प्रतिष्ठा का विधान वैष्णव संहिताओं में उल्लिखित है।

सन्दर्भ-ग्रन्थ सूची

वैष्णव आगम संहिताएं (देवनागरी संस्करण)

अगस्त्य–संहिता : सम्पादक– वैष्णव रामनारायण दास, प्रकाशक– सेठ छोटीलाल लक्ष्मीचन्द बुकसेलर, अयोध्या, मुद्रित– जैन प्रेस, लखनऊ, 1898

अनिरुद्ध–संहिता : सम्पादक एवं प्रकाशक– श्रीनिवास आयंगर, मैसूर, 1956

अहिर्बुध्न्य–संहिता : (दो भागों में) द्वितीय संस्करण, सम्पादक– एम0 डी0 रामानुजाचार्य, प्रकाशक अड्यार लाइब्रेरी एण्ड रिसर्च सेन्टर, मद्रास, 1986

ईश्वर–संहिता : सम्पादक– पी0 वी0 अनन्ताचार्य स्वामी, सुदर्शन प्रेस, कांजीवरम्, 1923

काश्यप–संहिता : सम्पादक– श्री यतिराज सम्पतकुमार मुनि, मेलकोटे, प्रकाशक– कबीर प्रिटिंग वर्क्स, त्रिपली केन, मद्रास, 1933

जयाख्य–संहिता : (द्वितीय संस्करण, पुनर्मुद्रित), सम्पादक– एम्बार कृष्णमाचार्य, प्रकाशक– ओरियण्टल इंस्टीट्यूट, बड़ौदा, 1967

नारदीय–संहिता : सम्पादक– राघवप्रसाद चौधरी, प्रकाशक– केन्द्रीय संस्कृत विद्यापीठ, तिरुपति, 1971

नारद–पांचरात्र : सम्पादक– श्रीनाथ चन्द्र शिरोमणि, प्रकाशक– संवाद ज्ञान रत्नाकर प्रेस, कलकत्ता, 1887

परम–संहिता : अनुवादक एवं सम्पादक– एस0 कृष्णास्वामी आयंगर प्रकाशक– ओरियण्टल इंस्टीट्यूट, बड़ौदा, 1940

पाद्म–संहिता : (भाग–1), सम्पादक– श्रीमती सीता पद्मनाभन तथा आर0 एन0 सम्पत, प्रकाशक– पांचरात्र परिशोधन परिषद्, मद्रास, 1974

पाद्म–संहिता : (भाग–2), सम्पादक– श्रीमती सीता पद्मनाभन तथा डॉ0 वी0 वरदाचारी, प्रकाशक– पांचरात्र परिशोधन परिषद्, मद्रास, 1982

पारमेश्वर–संहिता : सम्पादक एवं प्रकाशक– श्री यू0 के0 गोविन्दाचार्य, मुद्रित– श्रीविलासम् प्रेस, श्रीवंगय, 1953

पौष्कर–संहिता : सम्पादक– एच0 एच0 श्रीमतिराज सम्पत कुमार रामानुज मुनि, मेलकोटे, प्रकाशक– ए0 श्रीनिवास तथा एम0 सी0 थिरुमल चैरियर, बंगलौर, 1934

बृहद्ब्रह्म–संहिता : सम्पादक– बेने गावकर शंकर शास्त्री, प्रकाशक– आनन्दाश्रम प्रेस, पूना, 1912

भारद्वाज–संहिता : सम्पादक एवं प्रकाशक– पंचनदीय वेदान्त गोविन्दाचार्य मिश्र, कलकत्ता, 1922

भार्गव तन्त्रम् : सम्पादक– डॉ0 राघवप्रसाद चौधरी, प्रकाशक– गंगानाथ झा केन्द्रीय संस्कृत विद्यापीठ, इलाहाबाद, 1981

मार्कण्डेय–संहिता : सम्पादक–सी0 वी0 शेषचर्युल, प्रकाशक– देवस्थानम् प्रेस, तिरुपति, 1975

लक्ष्मी–तन्त्र : सम्पादक– वी0 कृष्णमाचार्य, प्रकाशक– आड्यार लाइब्रेरी एण्ड रिसर्च सेन्टर, मद्रास, 1969

विश्वामित्र–संहिता : सम्पादक– यू0 शंकर भट्ट, प्रकाशक– केन्द्रीय संस्कृत विद्यापीठ, तिरुपति, 1970

विष्णु–संहिता : सम्पादक– टी0 गणपति शास्त्री, प्रकाशक– त्रिवेन्द्रम यूनिवर्सिटी, त्रिवेन्द्रम, 1925

विष्वक्सेन–संहिता : सम्पादक– लक्ष्मी नरसिंह भट्ट, प्रकाशक– केन्द्रीय संस्कृत विद्यापीठ, तिरुपति, 1972

शेष–संहिता : सम्पादक– एल0 श्रीनिवासाचार्य, प्रकाशक– मैसूर धर्म–संस्था, मैसूर, 1935

शाण्डिल्य–संहिता : सम्पादक– अनन्त शास्त्री फड़के, प्रकाशक– गवर्नमेंट लाइब्रेरी, बनारस, 1935–36

श्रीप्रश्न–संहिता : सम्पादक– श्रीमती सीता पद्मनाभन्, प्रकाशक– केन्द्रीय संस्कृत विद्यापीठ, तिरुपति, 1969

सनत्कुमार–संहिता : सम्पादक– वी0 कृष्णमाचार्य, प्रकाशक– आड्यार लाइब्रेरी एण्ड रिसर्च सेन्टर, मद्रास, 1969

सात्वत–संहिता : (अलशिंग भट्ट) सम्पादक– व्रजवल्लभ द्विवेदी, प्रकाशक– सम्पूर्णानन्द संस्कृत विश्वविद्यालय, वाराणसी, 1982

हयशीर्ष–संहिता : खण्ड–आदिकाण्ड, सम्पादक– पी0 भुवन मोहन सांख्य तीर्थ, प्रकाशक– वारेन्द्र रिसर्च इन्स्टीट्यूट, राजशाही (बंग्ला देश), 1952

ज्ञानामृतसार–संहिताः : (नारद पांचरात्रम्) सम्पादक– के0 एम0 बनर्जी, प्रकाशक– एशियाटिक सोसाइटी ऑफ बंगाल, बिब्लोथिका इण्डिका सिरीज, भाग–38, कलकत्ता, 1865

वैष्णव आगम संहिताएं (तेलगू-संस्करण)

कपिंजल–संहिता : सम्पादक एवं प्रकाशक– राघवाचार्य एवं गोपालाचार्य, टी0 सुब्बाराव, के0 सी0 वी0 प्रेस, चुड्डपह 1896

नारायण–संहिता : सम्पादक– रघुनाथाचार्य, एन0 सी0, श्रीभाष्य भगवद्विषयाचार्य पीठ, श्रीरंगम्, 1970

पराशर–संहिता : सम्पादक एवं प्रकाशक– के0 के0 राघवाचार्य, वागीश्वर प्रेस, बंगलौर, 1898

परमपुरुष–संहिता : सम्पादक– पी0 सीतारामानुजाचार्यायुल एवं जी0 सी0 श्री निवासाचार्यायुल, भद्राचलम्, 1933

पुरुषोत्तम–संहिता : सम्पादक– पी0 सीतारामाचार्य, भद्राचलम्, 1933

विष्णुतिलक–संहिता : सम्पादक एवं प्रकाशक– के0 आई0 राघवाचार्य एवं वाजपेयम् कृष्णशास्त्री, बंगलौर, 1896

वैष्णव आगम सम्बद्ध वाङ्मय

आगम प्रामाण्य : सम्पादक– नरसिंहाचार्य एम0, ओरियण्टल इन्स्टीट्यूट, बड़ौदा, 1976

उत्सव–संग्रह : सम्पादक– सम्पत कुमार रामानुज मुनि, मैसूर, 1956

काश्यप–संहिता : सम्पादक– पंडित रो0 भ0 पार्थसारथि भट्टाचार्य, तिरुपति, 1948

तत्त्वत्रय–भाष्य : बरवर मुनिकृत, सम्पादक– शास्त्री रामचन्द्र, चौखम्भा, संस्कृत सीरीज, वाराणसी, 1928

श्रीपांचरात्र–रक्षा : श्री वेदान्तदेशिक, सम्पादक– पं0 एम0 दुरैस्वामी आयंगर तथा टी0 वेणुगोपालाचार्य, आड्यार लाइब्रेरी एण्ड रिसर्च सेन्टर, मद्रास, 1967

वैखानस–आगम : मरीचि प्रोक्त, सम्पादक– के0 साम्ब शिव शास्त्री

वैखानस–विजय : उत्तमूर टी0 वीर राघवाचार्य, तिरुपति, 1963

शक्ति–संगम–तन्त्र : भट्टाचार्य वी0 एवं द्विवेदी पं0 व्रजवल्लभ, ओरियण्टल इन्स्टीट्यूट, बड़ौदा

वैदिक वाङ्मय

अथर्ववेद : सुबोध भाष्य, दामोदर सातवलेकर, स्वाध्याय मण्डल, पारडी (सूरत), 1950

ईशोपनिषद् : शांकर भाष्य सहित, गीताप्रेस, गोरखपुर, सं0 2016

ऐतरेय ब्राह्मण : आंग्ल–अनुवाद, यमहाग, बम्बई, 1863

कठोपनिषद् : शांकर भाष्य सहित, गीताप्रेस, गोरखपुर, सं0 2016

कौषीतकि ब्राह्मण : ई0 बी0 कॉवेल, कलकत्ता, 1861

छान्दोग्योपनिषद् : आप्टे हरिनारायण, आनन्दाश्रम, पूना, 1913

शतपथ ब्राह्मण : सायण तथा हरिस्वामी भाष्य सहित, बम्बई, 1950

बृहद्देवता : चौखम्भा संस्कृत सीरीज, वाराणसी, 1963

बृहदारण्यक–उपनिषद् : शांकर भाष्य सहित, गीताप्रेस, गोरखपुर, सं0 2025

महानारायण उपनिषद् : द्वारिका दास शास्त्री, प्राच्य भारती प्रकाशन, वाराणसी, 1965

महाकाव्य, पुराण एवं धर्म शास्त्र

रामायण : गीताप्रेस, गोरखपुर, सं0 2017

महाभारत : (क) गीताप्रेस, गोरखपुर,
(ख) श्रीपाद बेलवल्कर, भण्डारकर ओरियण्टल रिसर्च इन्स्टीट्यूट, पूना, 1954

भगवद्गीता : गीताप्रेस, गोरखपुर

भागवत पुराण : गीताप्रेस, गोरखपुर

अग्नि पुराण : सम्पादक– आप्टे हरिनारायण, आनन्दाश्रम प्रेस, पूना

गरुड़ पुराण : सम्पादक– पाण्डेय रामतेज, पण्डित पुस्तकालय, काशी, 1963

पद्म–पुराण : सम्पादक– एम0 सी0 आप्टे, आनन्दाश्रम प्रेस, पूना, 1893

मार्कण्डेय पुराण : सम्पादक– के0 एम0 बनर्जी, बिब्लोथिका इंडिका सीरीज, कलकत्ता, 1962

विष्णु पुराण : सम्पादक– मुनिलाल गुप्त, गीताप्रेस, गोरखपुर, सं0 2014

विष्णु–स्मृति : सम्पादक– एम0 एन0 दत्त, कलकत्ता, 1909

विष्णुधर्मोत्तर पुराण : वेंकटेश्वर प्रेस, बम्बई, सं0 1969

अन्य संस्कृत ग्रन्थ

अभिज्ञान शाकुन्तलम् : कालिदास, चौखम्भा संस्कृत सीरीज, वाराणसी

आगम मीमांसा : द्विवेदी पं0 व्रजवल्लभ, श्री लालबहादुर शास्त्री के0 सं0 वि0, दिल्ली

कादम्बरी : बाणभट्ट, चौखम्भा संस्कृत सीरीज, वाराणसी

न्याय परिशुद्धि : वेंकटनाथ, मद्रास, 1940
विष्णु सहस्त्रनाम : शांकर भाष्य, गीताप्रेस, गोरखपुर, सं0 2010
श्रीभाष्य : रामानुजाचार्य, रामानुज ग्रंथमाला, कांचीपुरम्, 1956

सहायक ग्रन्थ

कुमारस्वामी ए0 के0 : हिस्ट्री ऑफ इण्डियन एण्ड इण्डोनेशियन आर्ट, डोवर पब्लिकेशंस, न्यू देलही, 1965
: इन्ट्रोडक्शन टू इण्डियन आर्ट, मुंशीराम मनोहर लाल, न्यू देलही, द्वितीय संस्करण, 1969
कालिया अशोक कुमार : लक्ष्मी तन्त्र : धर्म और दर्शन, अखिल भारतीय संस्कृत परिषद, लखनऊ, 1977
कालिया आशा : आर्ट ऑफ ओसियन टैम्पल, दिल्ली, 1982
उपाध्याय बलदेव : पुराण विमर्श, चौखम्भा, वाराणसी, 1978
: वैष्णव सम्प्रदायों का साहित्य और सिद्धान्त, चौखम्भा, वाराणसी
शुक्ला द्विजेन्द्रनाथ : हिन्दू केनन्स ऑफ आइक्नोग्राफी, लखनऊ, 1968
भट्टाचाय डी0 सी0 : आइक्नोग्राफी ऑफ कम्पोजिट इमेज्स, मुंशीराम मनोहर लाल, न्यू देलही, 1980
कविराज गोपीनाथ : तान्त्रिक साहित्य, हिन्दी समिति, लखनऊ, 1992
सिंह ज्ञानप्रभा : जयाख्य संहिता : एक अध्ययन, गोरखपुर, 1980
काणे पी0 वी0 : धर्मशास्त्र का इतिहास, हिन्दी समिति, लखनऊ, 1973
चतुर्वेदी परशुराम : वैष्णव धर्म, राजकमल प्रकाशन, दिल्ली
जायसवाल सुवीरा : वैष्णव धर्म का उद्भव और विकास, मैकमिलन नई दिल्ली, 1976
द्विवेदी व्रजबल्लभ : आगम और तन्त्र शास्त्र, परिमल पब्लिकेशन, दिल्ली, 1984
दत्त पं0 भगवद : वैदिक वाङ्मय का इतिहास, वैदिक रिसर्च इन्स्टीट्यूट, पंजाब, 1935
मिश्र विद्यानिवास : हिन्दू धर्म जीवन में सनातन की खोज, नई दिल्ली
अग्रवाल वासुदेवशरण : पाणिनि कालीन भारतवर्ष, बनारस, सं0 2011
: मार्कण्डेय पुराण : एक सांस्कृतिक अध्ययन, हिन्दुस्तानी अकादमी, इलाहाबाद, 1961
: स्टडीज इन इण्डियन आर्ट, विश्वविद्यालय प्रकाशन, वाराणसी
: भारतीय कला, वाराणसी, 1965
उपाध्याय वासुदेव : प्राचीन भारतीय मूर्ति विज्ञान, वाराणसी
विंटरनित्ज : प्राचीन भारतीय साहित्य, दिल्ली, 1966
जोशी एम0 पी0 : आइक्नोग्राफी ऑफ बलराम, नई दिल्ली, 1993
आयंगर एम0 के0 : अर्ली हिस्ट्री ऑफ वैष्णविज्म इन साउथ इण्डिया, 1920

मिश्र भारतेन्दु : भारत कालीन कलायें, दिल्ली, 2004
कृष्णदेव : एक्सटेंशन ऑफ गुप्ता आर्ट : आर्ट एण्ड आर्किटेक्चर ऑफ द प्रतिहाराज, ललित कला अकादमी, नई दिल्ली, 1962
: इण्डियन टेम्पलस्, वॉल्यूम–2, दिल्ली, 1995
: टेम्पल ऑफ नार्थ इण्डिया, नेशनल बुक ट्रस्ट ऑफ इण्डिया, दिल्ली, 1963
मिश्र इन्दुमती : प्रतिमा विज्ञान (वैष्णव पुराणों के आधार पर), मध्य प्रदेश हिन्दी ग्रन्थ अकादमी, भोपाल, 1972
वाजपेयी कृष्णदत्त : भारतीय कला, लखनऊ, 1971
सौन्दरराजन के0 वी0 : इण्डियन टेम्पल स्टाइल : द पर्सनालिटी ऑफ हिन्दू आर्किटेक्चर, मुंशीराम मनोहर लाल, न्यू देलही, 1972
वशिष्ठ निलिमा : स्कल्पचरल ट्रेडीशन ऑफ राजस्थान (800–1000ई0), जयपुर, 1989
रमन के0 वी0 : टेम्पल, आर्ट, आइकॉंस एण्ड कल्चर ऑफ इण्डियन एण्ड साउथ ईस्ट एशिया, दिल्ली, 1995
तिवारी मारुति नन्दन : मध्यकालीन भारतीय मूर्तिकला, विश्वविद्यालय प्रकाशन, एवं कमल गिरि वाराणसी, 1991
: मध्यकालीन प्रतिमा लक्षण, विश्वविद्यालय प्रकाशन, वाराणसी, 1991
द्विवेदी पी0 एस0 : डाइमेंशन ऑफ इण्डियन आर्ट, कला प्रकाशन, वाराणसी, 2004
अवस्थी रामाश्रय : खजुराहो की देव प्रतिमायें, ओरियण्टल पब्लिशिंग हाउस, आगरा, 1967
मिश्र रमानाथ : भारतीय कला, मैकमिलन, नई दिल्ली
: भारतीय मूर्तिकला का इतिहास, इण्डस बुक, दिल्ली
: एनशिएण्ट आर्टिस्ट एण्ड आर्ट एक्टिविटी, इण्डस बुक, दिल्ली
मिश्र, रामप्यारे : वैष्णव पांचरात्र, प्रतिमा प्रकाशन, दिल्ली, 1994
लक्ष्मी आर0 चम्पक : वैष्णव आइक्नोग्राफी इन द कंट्री, न्यू डेलही, 1981

सहायक आंग्ल ग्रन्थ

आर्थर आल्वन : प्रिंसिपुल्स ऑफ तंत्राज, मद्रास, 1969
उडरफ जान : शक्ति एण्ड शाक्त
: इन्ट्रोडक्शन टू तन्त्र शास्त्र, मद्रास, 1952
कालैण्ड, डब्लू0 : प्रीफेस ऑफ वैखानस–श्रौत सूत्रम्, रायल एशियाटिक सोसायटी, बंगाल, कलकत्ता, 1941
खोंदा, जे0 : मेडिकल रैलिजस लिट्रेचर इन संस्कृत, बी0 एस0 बडेन, 1977
: विष्णुइज्म एण्ड शिविज्म
: आस्पेक्ट्स ऑफ अर्ली वैष्णविज्म, 1954

गोस्वामी, के0 जी0 : ए स्टडी ऑफ वैष्णविज्म, ओरियण्टल बुक एजेन्सी, कलकत्ता, 1956
जायसी, पी0 सी0 : स्टडीज इन दी तंत्राज, यूनिवर्सिटी आफ कलकत्ता, 1936
भट्ट, एस0 आर0 : दि फिलासफी ऑफ पांचरात्र, बुटाला एण्ड कम्पनी, दिल्ली, 1980
भट्टाचार्य, हरिदास : कल्चरल हेरिटेज ऑफ इण्डिया (वाल्यूशन), दी रामकृश्ण मिशन इन्स्टीट्यूट आफ कल्चर, कलकत्ता, 1913
एम0 नरसिंहाचारी : आगम प्रामाण्य ऑफ यमुनाचार्य, ओरियण्टल इन्स्टीट्यूट, बड़ौदा, 1976
सिंह, एम0 वी0 : वेदान्त देशिक–हिज लाइफ, वर्क्स एण्ड फिलासफी : ए स्टडी, चौखम्भा संस्कृत सीरीज, वाराणसी, 1958
स्मिथ, एच0 डैनियल : वैष्णव आइक्नोग्राफी, पांचरात्र परिशोधन परिषद्, मद्रास–5, 1916
: ए डिस्क्रिप्टिव बिब्लियोग्राफी ऑफ दि प्रिंटेड टैक्सट्स ऑफ दि पांचरात्र, वाल्यूम–1, ओरियण्टल इन्स्टीट्यूट, बड़ौदा, 1975
: ए डिस्क्रिप्टिव बिब्लियोग्राफी ऑफ दि प्रिंटेड टैक्सट्स ऑफ दि पांचरात्र, वाल्यूम–2, ओरियण्टल इन्स्टीट्यूट, बड़ौदा, 1980
सील, राजेन्द्र नाथ : कम्परैटिव स्टडीज इन वैष्णविज्म एण्ड क्रिश्च्यानिटी, कलकत्ता, 1904
चक्रवर्ती, चिन्ताहरण : द तंत्राज : स्टडीज आन देयर रैलिजन एण्ड लिटरेचर, पुँथी पुस्तक, कलकत्ता, 1963
चट्टोपाध्याय, सुधाकर : इवोल्युशन ऑफ हिन्दू सेक्ट्स, मुंशीराम मनोहरलाल, नई दिल्ली, 1970
पाठक, विश्वम्भरशरण : स्मार्ट रैलिजस ट्रेडिशन, कुसुमांजलि प्रकाशन, मेरठ, 1987
श्रेडर, एफ0 आट्टो : इन्ट्रोडक्शन टू दि पांचरात्र एण्ड दि अहिर्बुध्न्य–संहिता, आड्यार लाइब्रेरी एण्ड रिसर्च सेंटर, 1916

कोश, व्याकरण एवं सूची-ग्रन्थ

वैदिक कोश : डॉ0 सूर्यकान्त, वाराणसी, 1963
अमर कोश : हरगोविन्द शास्त्री, वाराणसी, 1970
उपनिषद् वाक्य महाकोश : गजानन्द शम्भु साघले, वाराणसी, 1940
शब्द कल्पद्रुम : सम्पादक– राजा राधाकान्त देव, दिल्ली, 1961
संस्कृत हिन्दी शब्द कोश : वामन शिवराम आप्टे, मोतीलाल बनारसीदास, वाराणसी, 1975
उपनिषद् वाक्य महाकोश : साघले गजानन शम्भु, वाराणसी, 1940
वैदिक इण्डेक्स ऑफ नेम्स एण्ड सब्जेक्ट्स : मैकडानल एवं कीथ वाराणसी, 1958

शोध-पत्र

अग्रवाल, आर0 सी0 : सम विष्णु स्कल्पचर्स इन द सरदार म्यूजियम, जर्नल ऑफ इण्डियन म्यूजियम, बम्बई–9, 1993

आप्टे, पी0 पी0 : पांचरात्र–नेम एण्ड औरिजिन, सी0 ए0 एस0 स्टीडीज, पूना, 1972

: मण्डलाराधन (डाइग्राम वर्शिप इन आगम), ज0 ओ0 आई0 वाल्यूम 22, 4, पूना, 1977

ग्रियर्सन, जी0 ए0 : दि नारायणीय एंड द भागवताज, ई0 ए0, 1908

चक्रवर्ती, चिंताहरण : मीनिंग एण्ड इटीमोलोजी ऑफ पूजा, ई0 ए0, 1982

चौधरी, ननिमाधव : सम आस्पेक्ट्स ऑफ द वर्शिप आफ नारायण, ई0 हि0 क्वा0, 20, 1944

दासगुप्त, मृणाल : अर्ली विष्णुइज्म एण्ड नारायणीय वर्शिप, खण्ड–7, 1931

दांडेकर, आर0 एन0 : विष्णु इन दि नेम, एफ0 काने

पाठक, वी0 एस0 : अर्ली वैष्णव पैथियान, ज0यू0पी0हि0सो0, 1952

बनर्जी, जे0 एन0 : द वर्शिप ऑफ साम्ब एमंग द अर्ली पांचरात्रिन्स, ई0हि0 क्वा0, 7

राघवन, वी0 : द नेम पांचरात्र, मद्रास

सोवानी, वी0 बी0 : पांचरात्र ऑफ भागवत शास्त्र, ज0रा0ए0सो0, 1911

चतुर्वेदी, शैलनाथ : ए यूनिक चतुर्व्यूह इमेज, आर0 के0 त्रिवेदी फेलिसिहेशन वाल्यूम–1, आगम कला प्रकाशन, दिल्ली, 1989

श्रीनिवासन, डोरिस : अर्ली वैष्णव इमेजरी : चतुर्व्यूह एण्ड वैरियेन्ट फार्मस, आरकाइब्ज आफ एशियन आर्ट, 1979

स्मिथ, एच0 डैनियल : फेस्टिवल्स इन दि पांचरात्र लिट्रेचर इज फेस्टिवल्स परफार्म्स इन स्पेशल टाइम, एडि0आई0जी0आर0 वेल्शन एण्ड जी0ई0 योकम, नई दिल्ली, मनोहर, 1989

: ए टाइपोलाजिकल सर्वे आफ डिफनिसन्स–द नेम पांचरात्र, जनरल ऑफ ओरियन्टल रिसर्च, मद्रास, वाल्यूम 34–35, मद्रास, 1973

त्रिपाठी, एम0 पी0 : भागवत पांचरात्र परम्परा में चतुर्व्यूह उपासना का इतिहास, के0 पी0 जायसवाल शोध–संस्थान, पटना द्वारा आयोजित पो0 अल्तेकर–प्रो0 दत्त स्मारक व्याख्यान

वाजपेयी, कृष्णदत्त : सात्वत वैष्णव धर्म के महान स्रोत–श्रीकृष्ण, आचार्य बलदेव उपाध्याय अभिनन्दन ग्रन्थ, गंगानाथ झा केन्द्रीय संस्कृत विद्यापीठ, इलाहाबाद, 1983

आप्टे, पी0पी0 एवं एस0जी0 सुपेकर : वास्तु पुरुष मण्डल इन द पौष्कर–संहिता एण्ड बृहत्संहिता–ए कम्परेटिव स्टडी, दकन कालेज बुलेटिन, 1982

अनुक्रमणिका

फ

ब

य

र

ल

व

श

ष

स

ह

क्ष

त्र

ज्ञ

श्र

1. वराह प्रतिमा, गुफा संख्या 3, बादामी, कर्नाटक, छठीं शताब्दी ईस्वी

2. विष्णु प्रतिमा, समस, शेखपुरा, बिहार, गुप्तकाल, 7.5 फिट ऊँची

3. त्रिविक्रम प्रतिमा,
गुफा संख्या 2, बादामी,
कर्नाटक, सातवीं
शताब्दी, ईस्वी

4. विष्णु, सारंगपुर

5. विष्णु प्रतिमा, तालाब में खुदाई के दौरान प्राप्त, 600 साल पुराना,

6. विष्णु प्रतिमा

7. नरसिंह अवतार, हिरण्यकशिपु का वध करते हुए, होयसलेशवर मन्दिर, हलेविड, कर्नाटक

8. गोवर्धन को उठाये हुए, हलेविड, कर्नाटक

9. विष्णु 5वी शदी, मथुरा संग्रहालय

10. वराह अवतार,
बादामी गुफा संख्या 2

11. भगवान विष्णु एवं उनके
वराह अवतार, पट्ट, चेन्नाकेशवा मन्दिर,
बेलूर, कर्नाटक

12. कृष्णावतार

13. वराह अवतार, गुप्तकालीन, वराह गुफा, उदयगिरि, विदिशा, मध्य प्रदेश

14. दशावतार पट्ट, दशावतार मन्दिर, देवगढ़

15. शेष शायी विष्णु, दशावतार मन्दिर, देवगढ, मध्यप्रदेश

16. देवगढ़ का दशावतार मन्दिर, देवगढ़

17. भगवान विष्णु, केदारेश्वर मन्दिर,
हलेविड, कर्नाटक

18. भगवान विष्णु, एरण

19. भगवान विष्णु, गदानाथ मन्दिर, अलमोड़ा, उत्तराखण्ड

20. गजेन्द्रमोक्ष विष्णु,
दशावतार मन्दिर,
देवगढ़

21. भगवान विष्णु विश्वरूप,
ग्यारहवीं शताब्दी

22. भगवान कृष्ण, कालियादह, लक्ष्मीनारायण मन्दिर, होसहोलू

23. भगवान विष्णु, भारतीय कला संग्रहालय, सैनफ्रांसिसको, तेरहवीं शताब्दी ईस्वी

24. कल्कि अवतार, रानी की बाव, पाटन, गुजरात

25. कृष्ण, 11 वीं शताब्दी, नेशनल म्यूजियम ऑफ नेपाल, काठमाण्डु, नेपाल

26. शेष शायी विष्णु (ग्रेनाइट) सरार पंचायत, मधुबनी, बिहार

27. मत्स्य अवतार, सोमनाथपुर मन्दिर, कर्नाटक

28. भगवान विष्णु, आधुनिक कला संग्रहालय (बिहार पुलिस संग्रहालय) पटना, बिहार

29. शेष शायी विष्णु

30. कृष्ण, बेलूर, कर्नाटक

31. परशुराम अवतार, रानी की बाव, पाटन, गुजरात

32. नरसिंह अवतार, लक्ष्मी–नरसिंह मन्दिर, नुग्गेहल्ली, हासन, कर्नाटक

33. भगवान विष्णु, कौशाम्बी, उत्तर प्रदेश

34. भगवान विष्णु,
नेशनल म्यूजियम ऑफ नेपाल,
काठमाण्डु, नेपाल, 12वीं शताब्दी ईस्वी

35. विष्णु विक्रान्त,
नेशनल म्यूजियम ऑफ नेपाल,
काठमाण्डु, नेपाल, 467 ईस्वी

36. विश्वरूप विष्णु,
नेशनल म्यूजियम ऑफ नेपाल,
काठमाण्डु, नेपाल,
10वीं शताब्दी ईस्वी

37. महा विष्णु, सोमनाथ पुरा,
केशव मन्दिर, कर्नाटक

38. भगवान विष्णु, संतनगर, झंझारपुर, म0ल0 सिंह, संग्रहालय, दरभंगा, बिहार

39. विष्णु, नेशनल म्यूजियम ऑफ नेपाल, काठमाण्डु, नेपाल, 8वीं शताब्दी ईस्वी

40. विष्णु, नेशनल म्यूजियम ऑफ नेपाल, काठमाण्डु, नेपाल, 8वीं शताब्दी ईस्वी

41. गरुड़ासन विष्णु, नेशनल म्यूजियम ऑफ नेपाल, काठमाण्डु, नेपाल, 10वीं शताब्दी ईस्वी

42. मत्स्यावतार विष्णु, नेशनल म्यूजियम ऑफ नेपाल, काठमाण्डु, नेपाल, 10वीं शताब्दी ईस्वी

43. नारायण, नेशनल म्यूजियम ऑफ नेपाल, काठमाण्डु, नेपाल, 13वीं शताब्दी ईस्वी

44. गरुण, नेशनल म्यूजियम ऑफ नेपाल, काठमाण्डु, नेपाल, 16 वीं शताब्दी ईस्वी